独立学院应用型创业人才培养的理论与实践

石道金 等 著

中国林业出版社
·北京·

图书在版编目(CIP)数据

独立学院应用型创业人才培养的理论与实践 / 石道金等著. —北京：中国林业出版社, 2020.9
　ISBN 978-7-5219-0751-3

　Ⅰ. ①独… Ⅱ. ①石… Ⅲ. ①高等学校-人才培养-研究-中国 Ⅳ. ①G649.2

中国版本图书馆 CIP 数据核字(2020)第 161592 号

封面题字：刘云秋
选题策划：徐小英
责任编辑：王　远　刘香瑞
装帧设计：春　山

出版发行　中国林业出版社有限公司(100009　北京市西城区刘海胡同 7 号)
　　　　　网址　http://www.forestry.gov.cn/lycb.html
　　　　　E-mail　36132881@qq.com　电话　010-83143545
印　　刷　北京中科印刷有限公司
版　　次　2020 年 9 月第 1 版
印　　次　2020 年 9 月第 1 次印刷
开　　本　710mm×1000mm　1/16
印　　张　17.25
字　　数　290 千字
定　　价　120.00 元

《独立学院应用型创业人才培养的理论与实践》
著 者 名 单

石道金　李叔君　何　洋　徐春霞　彭樟林

邓剑刚　刘伯茹　程　博　徐润生　金首文

齐丰妍　韩旖旎　陈　曦　汪　洋　章红霞

万泽民　徐寒建

前　言

进入 21 世纪，依靠创新提升国家的综合国力和核心竞争力，建立国家创新体系成为各国政府的共同选择（Drucker，2002；Acs 1993；Timmons，1999）。我国经济正步入"新常态"，从高速增长转为中高速增长，从要素驱动、投资驱动逐渐转向创新驱动。创新已成为新常态经济的核心推动力，而创新创业是将创新成果转化为现实生产力的最有效途径之一。党的十九大提出加快建设创新型国家，指出在人才培养中应突出创新创业性、培养学生社会责任感。目前政界与学界已经基本达成共识：创新驱动是新的经济增长范式，其显著特征是接受过高等教育的人创业率上升，知识群体的创业活动日益成为经济活力的源泉（Acs，1993；Drucker，2002）。而高等教育的创业教育体系能够培养更多创新创业人才，从而增强创新经济驱动力（Carayannis & Campbell，2006；Gertler，2003；张玉利，2010）。2015 年浙江省出台《关于积极促进更多本科高校加强应用型建设的指导意见》，以部分地方普通本科高校为重点，引导部分有条件、有意愿的本科高校向应用类高校转型发展。新的时代背景要求应用型本科院校在满足自身发展需求与劳动力市场需求的双重需求作用下，不断调整人才培养模式（罗伯特·M·戴尔蒙德，1998）。教育部部长陈宝生强调推进"四个回归"，把人才培养的质量和效果作为检验一切工作的根本标准。因而，将应用型人才培养与创新创业教育、专业教育有机结合，开设相关创新创业课程，强化创新、创业意识和能力的训练，培养创业能力，提高应用型人才培养质量和效果，从而推动加快创新型国家建设，是当前高校亟须思考的时代命题。

在高等教育多种办学模式齐头并进的发展过程中，独立学院作为一种优化高等教育资源的全新办学模式，已成为世界高等教育发展模式的有益探索（万卫华，2009；刘涛，2017；季多武，2017；朱文夫，2016；王志军，2016）。截至 2017 年，我国共有独立学院 265 所。截至目前，独立学院的在校生近 280 万，是一支庞大的知识型和应用型人才的储备力量。短短不到二十年，我国独立学院的发展态势便不容小觑，一方面独立学院不断为我国高

前 言

等教育的发展注入新生力量，另一方面也持续向社会各行各业输送各种专业知识技能应用人才，对于未来促进地方区域经济社会发展，更好地适应经济新常态，找准经济增长点，实现经济结构对称的高速可持续稳定发展发挥着极其重要的作用。我国经济发展进入新常态，各区域经济发展急需相关应用型、创业型的人才，在人才需求侧方面出现很多企业招聘难的问题，而在人才供给侧则出现大量独立学院本科毕业生无法顺利就业的情况。对应用型创新创业人才的供需不平衡，要求独立学院的人才培养目标与国家应用型本科高校的创新创业人才培养目标进行无缝对接，要求独立学院积极探索人才培养模式的改革与创新，因而探索独立学院应用型创业人才培养模式将具有一定的现实意义。

石道金

2020 年 6 月

目录

第一章
大学与城市互动发展：理论基础、互动关系与地方实践

第一节　大学与城市互动发展的理论基础　2
第二节　城市、城市化与高等教育发展的互动关系　6
第三节　地方实践：各级政府对高等教育的政策支持　12

第二章
应用型创业人才培养的内涵与培养途径
——浙江农林大学暨阳学院应用型创业人才培养的实践

第一节　明确了培养应用型创业人才的办学目标　16
第二节　形成了应用型学科专业群，特色优势更加明显　17
第三节　制定专业人才培养方案，构建应用型创业人才培养体系　19
第四节　构建多层次实践教学体系，强化学生实践应用能力　45
第五节　深化教育教学改革，助推应用型创业人才培养　48
第六节　加强产教融合，协同育人　50
第七节　加强创新创业教育，促进项目孵化　51

第三章
浙江省独立学院工程类应用型创业人才培养的实践
——以机械设计制造及其自动化专业为例

第一节　浙江省制造业发展及独立学院应用型创业人才培养的背景　56
第二节　独立学院机械类专业学生的特点及人才培养的定位　67
第三节　基于诸暨特色产业的机械类专业应用型创业人才培养体系的构建　74
第四节　独立学院机械类专业创新创业人才培养的成效　101
第五节　独立学院机械类专业人才培养的趋势　103

目录

第四章 园林类应用型创业人才培养的实践
——以园林专业为例

第一节	浙江省园林专业发展概况及独立学院应用型创业人才培养的背景	114
第二节	独立学院园林专业学生的特点及人才培养的定位	119
第三节	园林专业应用型创业人才培养体系的构建	123
第四节	园林专业应用型人才培养与行业需求对接举措	128
第五节	园林专业应用型创业能力的培养与教学改革	134
第六节	独立学院园林专业人才培养的趋势	143

第五章 独立学院应用型创业人才培养的探索（创新）与实践
——以财会专业为例

第一节	浙江省中小企业发展及独立学院应用型创业人才培养的背景	148
第二节	独立学院财会类专业学生的特点及人才培养的定位	152
第三节	财会类专业应用型创业人才培养体系的构建	155
第四节	财会类专业应用型创业成果孵化体系的构建	160
第五节	财会类专业应用型创业人才培养的成效	162
第六节	独立学院财会类专业人才培养的趋势	164

第六章 独立学院应用型创业人才培养的探索（创新）与实践
——以工商管理、市场营销专业为例

第一节	浙江省独立学院应用型创业人才培养的背景	166
第二节	独立学院管理、营销类专业学生的特点及人才培养的定位	170
第三节	管理、营销类专业应用型创业人才培养体系的构建	171
第四节	管理、营销类专业应用型创业成果孵化体系的构建	181
第五节	管理、营销类专业应用型创业人才培养的成效	182
第六节	独立学院管理、营销类专业人才培养的趋势	184

第七章
艺术类应用型创业人才培养的实践
——以视觉传达设计专业为例

第一节	浙江省视觉传达设计专业发展概况及独立学院应用型创业人才培养的背景	186
第二节	独立学院视觉传达设计专业学生的特点及人才培养的定位	190
第三节	视觉传达设计专业应用型创业人才培养体系的构建	193
第四节	视觉传达设计专业应用型人才培养与行业需求对接举措	196
第五节	视觉传达设计专业"真题实做"应用型创业能力的培养与教学改革	200
第六节	视觉传达设计专业应用型创业人才培养的成效	204
第七节	独立学院视觉传达设计专业人才培养的趋势	206

第八章
中药类应用型创业人才培养的实践
——以中药学专业为例

第一节	浙江省康养产业发展及独立学院应用型创业人才培养的背景	210
第二节	独立学院中药学专业学生的特点及人才培养的定位	216
第三节	中药学专业应用型创业人才培养体系的构建	218
第四节	中药学专业应用型创业人才培养的成效	224
第五节	独立学院中药学专业人才培养的趋势	227

第九章
应用型创业人才培养：大学英语课程教学改革的理念、路径与成效

第一节	独立学院大学英语课程教学基本情况	232
第二节	大学英语教学中应用型人才培养的基本理念	233
第三节	大学英语教学中应用型人才培养的路径与措施	234
第四节	独立学院大学英语课程教学改革成效	244

目录

第十章 在应用型人才培养中思政课堂教学理论+实践的基本经验和成效

第一节　构建全员、全方位、全过程育人的格局	250
第二节　多联互动坚持以推行体验式教学为突破口	252
第三节　积极探索思想政治教育的新途径	255
第四节　思政课提升大学生基本素质和能力的基本经验	258

主要参考文献　261

第一章

大学与城市互动发展：理论基础、互动关系与地方实践

　　大学与城市互动贯穿高等教育发展的各个历史阶段，一部高等教育史可谓是一部伴随着大学与城市互动的历史；大学与城市互动不是一种偶然现象，二者的互动具有内在必然性；大学与城市的关系在本质上反映和折射的是大学与社会的关系。

第一节 | **大学与城市互动发展的理论基础**

一、资源依赖理论

什么是资源依赖理论？在《组织的外部控制：对组织资源依赖的分析》一书中，费佛尔从组织与环境的相互关系出发探讨资源依赖理论。他认为，组织在生存的过程中不能脱离环境、脱离社会而独立生存，在生存的过程中组织必须向环境获取资源，寻求外部的支持，与此同时组织对环境产生依赖性。

在 20 世纪 70 年代，与费佛尔同为资源依赖理论的代表人物为萨兰奇科，他则认为资源对组织生存的重要性、资源使用的竞争性、资源的稀缺性这三个特性是组织对环境依赖程度的三个决定性因素。而在组织与环境的互动过程中，组织往往会采取诸如合并、兼并、合资、联盟、交叉董事会等策略来处理互依性。

资源依赖理论的基本前提是"如果组织不能在其内部开拓自给自足的资源，那么它们就必须与环境要素进行交换获取所需资源。而且，在资源交换的过程中，外部组织不仅会消费组织产品，而且还会对组织行为或变革提出要求"。若要适应外界环境的变化，组织就必须进行内部运行的调整。虽然不存在最佳的大学模式，但是可以肯定的是，最高效的大学一定是能够能动地适应环境要素的组织。

(一) 建立缓冲机制保护组织核心

缓冲的工作原理是从结构和程序两个方面来达到对大学内部活动的隔离，从而消解来自环境因素的干扰。也就是说，缓冲的作用就是一个保护层，它构建在大学与环境之间，这种保护层体现在大学中，就是某一特定部门的建立，其职能包括实施采购、制订计划、人力资源的统筹、课程设置等，它们是环境与大学之间的媒介，负责两方信息、资金、材料和其他资源的交换，保护教师和科研人员与校外复杂环境因素隔离，同时也最大程度降低大学运行环节中对环境中的各种不确定因素的依赖性。大学采用缓冲手段最终目的就是保护校内技术核心部分最大程度上接近于封闭状态，从而提高自身工作效率。

(二)增强规划与预测功能提升组织适应力

当环境中出现高度不稳定的因素或是大学对环境的依赖性增强时，仅靠大学自身的缓冲机制不能为教学工作提供强大的保障，这时，就需要依靠规划与预测机制来帮助大学应对环境的动荡。主要是预测环境中不稳定因素的变化方向，并为大学提供参考和帮助，出台积极的措施来削弱环境带来的负面影响，此时大学会建立一个具备规划职能的独立部门。部门中的工作人员主要负责在充满变数的环境中甄别大学需要的环境资源，进而制定相应的规划，降低大学对环境中重要因素的依赖性。规划工作需要考虑到各种层面，尽量制定出灵活多样的方案。为了应对不同条件下的持续变化，规划工作需时时更新相应的方案，只有大学的规划部门及时准确地预测出环境的变化，大学面临的不确定性才能最小化。

(三)与环境中其他组织建立有利的联系

大学由于其所在环境的脆弱性以及对于环境的极度依赖，其与外界机构的合作和交流对于自身的发展而言显得尤为重要，通过加强和外部机构间的交换及建立有利的往来关系，大学可塑造环境朝着有利于自身发展的方向拓展，在一定程度上控制环境。

(四)调整内部运行提高组织效率

作为开放组织，大学不得不适应环境中的变量提高自身生存的能力，在这一过程中，大学的内部结构以及运行过程都进行着调整，调整的方向由环境中的变量带动。社会的政治、经济、时下的技术发展都是大学发展的大生态。面临复杂的生态环境，大学主要在目标的设定、实现、组织运行的效率等方面来进行及时的调整。大学会通过一些内部的策略应对复杂的环境，如建立特殊的部门来缓冲外界环境的冲击，以保护自身的核心、结构；建立专门的部门负责大学发展的规划与预测。大学内部的生态环境也是其适应外界环境的重要推动因素。

二、大学的社会资本

"社会资本"（social capital）一词最先由法国社会学家布迪厄在1980年发表的一篇法文论文中提出，但直到1985年他用英文写的另一篇论文发表之后，这个概念才引起学术界的广泛注意。到目前为止，关于何谓社会资本还没有一个公认的权威性定义。一般而言，社会资本包括微观社会资本、中观社会资本和宏观社会资本三种类型。微观社会资本强调的是个体对有意投资的关系资源的利用；中观社会资本强调社会资本对形成集体行动的作用；宏观社会资本考察的是一种公共精神对经济发展与民主治理进程的影响。另外，无论微观社会资本、中观社会资本，还是宏观社会资本都必须建立在一定的社会文化规范之上的。早期的一些民办高校，鉴于"三无"的现实，通过实施"以学养学，滚动发展"的办学模式，利用"缴费上学，推荐就业"的招生就业方式，以及专职教师与兼职教师相结合的教师聘用形式，租借校舍等模式，走出了一条独特的创业之路，这在当时中国的高等教育界的确是一大创举。这最大限度地调动了包括学生、家长在内的社会各界的积极性，充分利用了社会各方面的资本，在筹措办学经费、改革招生就业方式和人事制度、优化管理体制等方面，开辟了一条更加符合我国国情的、更加有利于提高教育资源利用效率的途径。

大学组织的社会资本是大学组织内外的学术关系网络以及通过关系网络获得和整合资源谋求发展的能力。大学组织的社会资本是通过关系网络获得的，因而这种能力是嵌入在关系之中的。正是因为大学社会资本对大学组织"能力"的侧重，不同的大学才拥有不同的社会资本，大学才能够在制度约束、结构约束和资源约束的框架下不断提高学术关系网络的强度与厚度，才能提高资源整合和筹措能力，才能有进一步提高自身社会资本存量的努力和行动，从而获得更好的发展。大学社会资本理论对大学组织"能力"的侧重对于大学发展是非常有意义的。

民办高校是在公共财政比较薄弱的条件下，扩大高等教育规模、更好地发展高等教育的必由之路。这是已经由我国民办高等教育的实践证明了的经验。毋庸赘言，民办高校得到社会各界的信任、理解与支持的前提条件，就是根据社会的实际需要确定自身的发展方向，一切教育科研活动为社会的公共利益服务。换言之，民办高校自身的存在与发展符合社会的公共利益，即坚持社会公益性，是民办高校能够整合社会资本，并有效地挖掘和利用社会资源的首要条件。即社会资本在民办高等教育发展过程中发挥重要作用的社会实践决定，民办高等教育必须坚持教师聘用、校舍租借等方面，充分运用了信任、信息、社会网络等资源，成功地开展了一次又一次的合作，有效地利用了有限的社会资本并将其整合成重要的教育资源，以此奠定了发展的基础，进而促进了民办高等教育的健康发展。社会资本像物力和人力资本一样，也是推动我国民办高等教育发展的重要资源之一。社会资本对民办高等教育发展的主要作用是，通过加强人们之间的合作关系来提高人际信任程度，从而减少成本，提高效率，进而促进有限的社会资源，如公办高校的师资资源、闲置的教学设施设备等得到有效配置和高效率的利用。简而言之，社会资本可以整合物力资本和人力资本，能够使它们最大限度地增值并发挥效用。提高社会资本存量就像增加物力资本和人力资本积累一样，可以更好地促进民办高等教育的健康发展。

第二节 | 城市、城市化与高等教育发展的互动关系

一、城市、城市化与高等教育发展的双向关系

城市是人类文明的结晶与象征。在当今经济全球化、信息化、知识化的进程中,高等教育与城市竞争力的关系已经成为新的研究热点(刘晖,2018;杨志卿等,2017)。进入21世纪,在全球化的背景下,世界经济和社会发展进入到知识经济的时代,各国在经济、文化、科技和军事方面的竞争不断加强,城市作为政治、经济和文化中心,开始注重利用其优质的高等教育资源优势制定发展战略(张德祥,2017a)。比如英国伦敦市政府发布的《2003—2006年伦敦创新战略与行动计划》(The London Innovation Strategy and Action Plan 2003—2006)、《伦敦 1991—2021:建设世界城市》(London 1991—2021: The Building of a World City)等呼吁利用创新技术科学知识促进城市发展的战略指南和行动规划中,肯定了高等院校和科研机构在城市创新与变革发展过程中至关重要的作用,伦敦大学作为伦敦高等教育的主要力量,在伦敦向国际化大都市发展的过程中承担了更多的责任,为城市建设和社会经济发展提供了高质量的人力、技术和知识支持。

中国社会科学院的研究成果表明,大学生的入学率以及城市化的水平已经成为影响我国现代化水平的三项指标之一。而大学与城市的双向互动随着全球化以及现代化的进程与日俱增,大学与城市的互进发展将成为城市发展的重要动力源,而城市的发展对于促进大学的发展又起着至关重要的作用。因而,大学与城市互相渗透、互相促进的双向关系已经越来越被人们认识和重视。

二、大学与城市互动的问题及案例研究

（一）大学与城市互动的问题研究

在现有的相关研究中，大部分学者认为大学与城市在互动过程中出现的问题主要表现为以下两方面。

首先，大学规模的扩张与城市发展空间不足的矛盾。大学规模的扩大以及大学校园的扩张，需要城市合理的区域规划以及充足的土地资源作为保障。城市发展过程中土地资源紧张，区位规划缺乏合理性。大学生均用地标准的评价与大学规模的扩张也形成显著的矛盾。该问题的解决需要城市管理者打破传统用地理念，将大学用地规划纳入城市公共设施建设的规划，把投资大学用地与投资公共用地结合起来。

其次，大学与城市缺乏科学合理的互动机制。大学的办学自主权较小，办学机制限制了大学与城市的深度融合。城市政府行政职能的扩张限制了服务职能的发挥，导致大学与城市在互动过程中缺乏顺畅的沟通机制和交流渠道，缺乏科学合理的议事机制，一定程度上限制了大学与城市的积极互动。面对大学与城市互动的矛盾和问题，赵效为在《积极推进高校与城市互动发展》中指出，发挥大学与城市各自的优势资源，实现两者的互动发展，应立足城市发展实际状况，找准大学与城市生产力发展的结合点；从拉动经济增长的三个基本因素投资、消费、出口出发，推动大学与城市多方位合作与交流。

（二）大学与城市互动的模式

刘广明（2011）等学者认为城市发展的不同时期，与高等教育之间互动的社会力量和组织是不同的，因此彼此之间的互动频率、互动关系的强弱就会有所不同。教会、政府、社团、产业在城市发展的特定时期与大学互动强弱也是不同的，某个时期大学主要是和政府处于紧耦合型互动状态，而其他的组织则与大学处于松耦合型互动状态。其次，大学与不同组织之间会形成不同的互动模式，大学与政府之间为科层互动模式，大学与产业组织之间为契约互动模式，大学与社团之间为共同体互动模式。举例来说，大学与政府组织之间的科层互动模式会形成了三种层面的互动模式。垂直分隔：政府作为上级主导指挥，大学则处于下级配合与服从的地位。在这种关系中，两者属

于相互对立或利用关系，无法与之产生紧密合作。水平互补：大学和政府开始认识到本身能力的有限性而寻求对方互补性的支援，大学脱离附和体的地位而开始学习与政府进行合作，但是相应的互动规则还不是很完善。水平融合：大学之间互动从传统的指挥与服从、配合与互补转化为协商、合作的平等关系，组织之间开始了解到彼此的重要性，通过平等、互动及相互学习的行为共同寻求最佳的解决方案。

（三）大学与城市互动的案例

首先，从地缘影响力角度分析，"大学的城市、城市的大学"理念使大学与城市互为名片。例如，哈佛大学坐落在美国波士顿地区，这里先后走出7位美国总统，就使得这座城市的国际知名度大大提升；坐落在纽约的哥伦比亚大学诞生了两位美国总统，使纽约这座世界顶尖城市更加闻名遐迩。而泰晤士河谷地的主要城市牛津，之所以闻名全球是因为英国牛津大学在此诞生并以此命名，这种可遇不可求的收获更加密切了大学与城市之间的关系。

其次，大学的"学术创新"与城市的"科技创新"促使两者互为"发动机"。一方面，大学通过学术创新和科技创新以保证或获取其在教授知识及前沿科学领域的国际领先地位，进而提高其国际化程度。另一方面，大学也为城市国际竞争力的提升奠定了坚实的基础；城市更因大学国际化程度的提高而受到国际社会的关注，国际知名度也将随之提升。以北京北大方正、清华紫光、上海交大昂立等高科技企业为例，他们通过"产—学—研"结合的途径进入了国际市场，不仅提高了所在大学和城市的国际知名度，而且使城市的国际竞争实力得到增强。因此，在国际化进程中，大学和城市因对学术创新与科技创新的共同需要而逐渐融合，互相依赖，彼此促进。

再次，从文化软实力角度分析，大学国际化与城市国际化皆因"多元文化"而互为"助推器"。大学也是一座城市国际化的"名片"，在高等教育国际化的今天，教师和学生在跨国的交流中，不仅是学术的交流，也把这个城市带向了世界，国际交流给交流者留下的是大学与城市双重印记。从与城市互动的关系分析，大学国际化所引领、传播的各国优秀文化完全可以辐射到城市，为城市国际化营造良好的国际文化环境，进而助推城市对多元文化的认可与接纳，增强城市自身的文化软实力。以香港城市与大学的互动为例，百余年来,香港之所以成为著名的国际化都市,其中极为关键的一条经验是开放性地发展教育事业,并对人力智力资源进行最大限度的开发。多年来,香港城市国际化进程与大学国际化发展紧密配合,彼此互动,取得了令人瞩目的成就。香港高校不断根据社会发展制定和调整国际化发展战略,努力适应城市国际化需求创新办学模式、挖掘区域资源,形成国际化的办学特色,多层次、多元化、功能齐全的国际教育体制,为香港城市国际化的实现做出了巨大贡献。另外,香港高等教育的国际化发展所产生的教育、学术和文化氛围,对城市国际化又产生了巨大的辐射作用,加速了其国际化进程。

大学还是一座巨大的"智库",它的智慧之光,为解决城市的各种问题提供帮助,大学对城市的影响是全面的、持续的。例如在一百多年的发展历程中,芝加哥大学与芝加哥市结下了不解之缘。芝加哥大学的建立和初期发展离不开芝加哥实业家的大力支持,芝加哥市为芝加哥大学城市社会学的建立提供了绝好的实验场所。同时,芝加哥大学在芝加哥的城市更新运动中发挥了重要作用。20世纪40年代末,芝加哥大学成立了社会科学跨学科委员会,从事跨学科研究。20世纪50年代以后,由于城市化的迅速发展,大量富裕居民搬到郊区,城市中心区集中了大量贫困人群和无家可归者,给城市带来了严重的社会问题。为了改变中心城市的现状,美国开始了大规模的城市更新运动。城市更新运动也给坐落于城市中的大学带来了不小的影响,大学参与到当地的城市更新运动中去,甚至还和城市政府合作,共同实施城市—大学更新(city-university renewal)项目。这些合作以芝加哥大学所在社区为基础,并辐射到全国。具体的合作计划主要有城市教育计划、大学预科课程、芝加哥公立学校奖学金计划和种族、政治和文化研究中心。

大学的发展离不开城市的滋养,特别是一个美丽而富有生机的城市更为大学提供了得天独厚的条件。大学对城市发展的贡献也是巨大的,大学为城市提供重要的人才和智力支撑的同时,也作为重要的文化辐射源,使这座城市更加具有底蕴、更加具有厚度、更加具有内在的美丽。利物浦大学是英国著名的城市大学,其100多年来的成长经历颇为完整而典型地呈现了英国城市与大学的互动发展。1941年的"英国大轰炸"让利物浦的工业成就彻底化为废墟,战后重建依然无法让其重新振作。利物浦城由此逐渐失去了活力,失业率上升,本地人纷纷赴外谋生。至20世纪80年代初,利物浦的失业率是英国大城市中最高的，利物浦也沦为欧洲最贫困的城市之一。20世纪90年代以来，利物浦实现了城市发展的重要转型，逐渐从工业码头的衰落中走出来，走向文化、商业、旅游业的兴盛，经济随之复苏。今天，作为英国人口第五大的城市，利物浦是全英经济增速最快的城市之一。

在城市转型过程中，利物浦大学敏锐地捕捉到城市发展的新元素：一方面，它从这些新元素中汲取"养分"，挖掘和开拓大学的前沿与特色学科；另一方面，它通过教学与科研服务，为新兴产业注入可持续发展的活力，并推动城市走向更宽广的世界舞台。所以，今天的利物浦大学在整个城市发展中扮演了更重要的角色，并深刻地改变着利物浦的城市面貌，如"披头士"音乐与利物浦大学的音乐产业研究，城市足球文化与利物浦大学的足球MBA。

三、大学与城市互动的启示

大学应立足城市发展，充分发挥社会服务职能。城市中的大学及高等教育，是城市社会结构变迁的重要影响因素之一，而现代大学在日益激烈的竞争中要寻求发展，立足城市、结合区域经济及社会发展现状显得尤为重要。研究型大学可凭借其发展过程中积累的优质科研资源、师资条件及完善的公共服务设施，为所在城市提供政策咨询、经济建设、结构调整等方面的支持和帮助；地方性高校则可以在对所在城市社会调研的基础上，通过明确学校定位、调整专业设置及人才培养方式等途径，培养适应城市产业及经济发展的多方位应用型人才，加强校企合作，建立并完善学生校外实践基地，注重培养学生的创新意识及实践能力，促进城市产业结构调整，服务城市社会发展。

开放共享是新时代高校与地方有效融合的必然选择。可以通过制度化或非制度化的政策、措施、方案等搭建大学与城市各个子社会系统之间开放性的资源互动平台，通过平台建设来活化和强化大学与城市之间的资源流动，从而提高大学与城市互动速率。

共同发展是新时代高校与地方长效合作的路径选择。大学可通过与城市社区的行为主体结成协作关系，从而更加富有成效地处理和解决大学与所在城市及社区面临的问题和困难，促进城市和社区的发展和复兴。大学可在研究成果、技术许可和专利基础之上，形成大学—产业—政府三螺旋发展模式，进而以创新活动的主体即大学、产业和城市社区之间形成相互促进、相互支撑的互动发展过程，从而塑造知识创造者和知识商业化相互联系的理想场所，如改善城市环境、提升城市文化、提高城市生活质量等从而实现大学与城市发展的共赢。

大学应引领城市文化建设，促进城市人口素质结构提升。大学在促进城市人口素质结构中发挥着不可或缺的重要作用，同时作为文化传承和创新的社会组织，在推动城市文化建设中扮演着重要的"引领者"的角色。大学作为围绕高深知识进行活动的学术机构，它既通过教学等活动实现文化的传承与创新，又通过科学研究、社会服务等实现文化的传承创新。在大学与城市社会的互动中，应充分发挥大学的这种文化传承创新功能，同时积极探索大学提高城市人口素质的途径，通过拓宽高等院校辅助成人教育等渠道，降低城市文盲率；完善优秀师资引进和培训机制，提高在校师生比；建立城市企事业单位高校技能培训机制，提高城市人口劳动技能素质等措施，促进城市人口素质结构的完善和提升。

第三节 | **地方实践：各级政府对高等教育的政策支持**

一、国家和浙江省先后出台文件政策，就加快高等学校发展提出意见

教育部出台《关于加快建设高水平本科教育全面提高人才培养能力的意见》，就加快建设高水平本科教育、全面提高人才培养能力提出明确要求。意见中强调，地方政府要科学配置公共资源，指导和督促高校将建设目标、任务、政策、举措落到实处；地方财政要引导支持地方高校推进高水平本科教育建设。

中共浙江省委、省人民政府出台《关于全面实施高等教育强省战略的意见》，就推进浙江省高等教育跨越式发展提出了意见。为了实现这一目标，省委省政府提出了具体的举措，明确地方政府引进高校，必须同步建立高校生均经费长效保障机制。鼓励支持各级城市探索省市共建、部门共建等方式，重点建设好1~2所高校，鼓励高校与科研院所进行资源整合。省委省政府要求各级党委、政府要加大对主办高校和属地高校的支持力度，要结合实际研究制定具体政策措施，加快形成目标一致、重点明确、措施科学、绩效显著的高等教育政策体系，积极帮助高校解决实际困难，形成建设高等教育强省的合力。

浙江省《关于支持独立学院发展的若干意见》第四条指出，要加大对独立学院的支持和保障力度。通过省级验收的独立学院，享受同级政府对民办教育的财政补助政策。全面落实国家有关教育税收优惠政策。独立学院在校园用地、房产以及提供学历教育取得的收入等方面享受与公办普通高校同等的政策，在建设规划、用水、用电、用气、排污等方面享受与公办普通高校同

等的收费优惠政策。支持独立学院加强科研工作，创建科技创新平台，申报自然科学研究、人文社会科学研究和教学研究等各级各类科研项目；支持独立学院创建协同创新中心。通过省级验收的独立学院引进高层次人才应同等享受当地人才引进政策。

二、省内地级市支持高校发展政策措施优厚

中共绍兴市委、绍兴市人民政府出台《关于全面实施高等教育强市战略的意见》。意见就加快推进绍兴市高等教育高质量发展提出了强有力的政策措施，要求各区、县(市)要结合实际研究制定具体政策措施，加快形成目标一致、重点明确、措施科学、绩效显著的高等教育政策体系，形成市、县共建高等教育强市的合力。

绍兴市教育局开展了《绍兴市高等教育内涵建设专项资金使用管理办法》的修订工作。根据修订后文件的精神，绍兴市高等教育内涵建设专项资金将大幅提升到1500万元，但该专项资金只适用于绍兴市区7所高校，暨阳学院并不在适用范围之内。

第二章

应用型创业人才培养的内涵与培养途径
——浙江农林大学暨阳学院应用型创业人才培养的实践

浙江农林大学暨阳学院围绕应用型创业人才培养目标，不断创新人才培养模式，推进学科专业一体化建设，构建创业型师资队伍，完善创业实践教学体系，搭建产学研用创新创业平台，在提升应用型创业人才培养质量、应用科研能力、社会服务和文化传承与创新能力等方面取得一定成效。

第一节 | 明确了培养应用型创业人才的办学目标

培养具有坚实的专业理论知识和实践创新能力的应用型人才，是经济发展的需要，是高等教育大众化背景下高校分层、分类发展的必然结果，是地方院校应对高等教育竞争的有效对策，是增强本科生就业能力的根本保证。教育部《普通高等学校独立学院教育工作合格评估指标体系》中明确指出：独立学院应确立"培养具有创新精神和实践能力的应用型人才的目标定位"。为积极响应国家号召，暨阳学院中长期发展规划（2010—2020年）提出，建设创业型独立学院、培养应用型创业人才，走"特色立院、创业兴院、创新强院"的发展道路。"十二五"期间，学院获得学士学位授权资格；顺利完成迁址诸暨办学工作；构建了四大学科专业群；完成了应用型创业人才培养方案的制订；不断加强师资队伍建设；进一步完善实验室和实习平台建设；初步形成了校园创业文化体系。"十三五"规划进一步明确学院的发展和人才培养的各项工作任务和目标，到2020年建成省内一流、国内知名的创业型独立学院，成为浙江省乃至全国应用型示范院校，形成应用型创业人才模式。近年来，学院始终围绕创业型独立学院建设和应用型创业人才培养定位，不断深化教育教学改革，加强人才培养的平台建设和条件保障，初步形成了学科专业布局合理、教学管理理念先进、教学管理水平精细、人才培养质量逐年提高的良好发展势头。在2015—2016学年浙江省普通本科高校分类评价的38所教学为主型高校排名第20名、独立学院排名第8名；武书连2015年中国独立学院排名第35名、浙江省独立学院排名第8名；武书连2016年中国独立学院排名第42名、浙江省独立学院排名第10名。

第二节 | 形成了应用型学科专业群，特色优势更加明显

专业群是指由单个或者多个实力强大、拥有就业率高的重点专业和多个相关专业构成的专业群。专业群的建设主要是为了通过专业之间的整合来共享资源，促进教师的培养与建设、课程的革新与修正；通过核心专业的示范功能来带动其他相关专业，提高学校综合实力，从而全面提升学校对区域经济和社会发展的服务性能。

暨阳学院按照学科专业一体化建设思路和"做强机电装备、做大商贸服务、做特园林艺术、做精食品环境"的学科专业发展目标，围绕应用型建设试点实施方案对学科专业建设的任务，以省级一流学科、省级优势特色专业、学院品牌专业建设为抓手，主动适应区域经济社会发展与产业结构转型升级对人才需求的变化，不断优化结构布局、凝练特色，注重产教融合、示范引领、点面结合、协调发展，形成了以工学和管理学为主、多学科协调发展的学科专业体系。应用型专业占学校专业总数的比例为100%，应用型专业就读的学生占学校在校生总数的比例为100%，前8位应用型专业就读学生占学校学生总数的比例为49%。学院成功获批农业工程、风景园林学2个省级一流学科；机械电子工程、园林植物与观赏园艺、宪法学与行政法学3个绍兴市重点学科；机械设计制造及自动化、中药学、计算机科学与技术3个"十二五"省级新兴特色专业，园林、会计学2个"十三五"省级特色专业。学院遵循"品牌引领、应用特色、错位发展"的建设思路，制定出台了《浙江农林大学暨阳学院品牌专业建设工作方案》，开展机械设计制造及其自动化、园林、会计学3个首批院级品牌专业建设。

学院瞄准地方产业行业发展重大需求，对接区域产业结构调整和区域产业链，以区域主导产业、支柱产业、战略新兴产业等为导向，不断加强应用

型专业建设,提升专业设置与产业发展的契合度,构建布局合理、特色鲜明的应用型专业体系,形成了契合地方产业行业发展,以应用型为重点的学科专业体系。现有的 26 个本科专业紧密对接诸暨市"6+2"现代产业体系,见表 2-1。

——以机械设计制造及其自动化、计算机科学与技术等 2 个省级新兴特色专业为引领,带动电子信息工程、汽车服务工程等专业对接地方机电装备制造和现代制造产业;

——以省级特色专业园林专业建设为重点,辐射产品设计、环境设计等专业,推动地方现代农业和地方文化产业、珍珠产业发展;

——以工商管理、会计学等 2 个省级特色专业为核心,全面建设电子商务、财务管理、市场营销等专业,对接地方袜业、珍珠、现代服务产业;

——以省级新兴特色专业中药学建设为重点,带动环境工程、食品科学与工程、旅游管理等专业发展,培养面向旅游健康、环保新能源产业发展需要的应用型人才。

表 2-1 应用型专业建设对接地方行业产业一览表

专业群	重点建设专业	辐射专业	对接行业产业
机电装备 (做强)	机械设计制造及其自动化 (省新兴特色专业) 计算机科学与技术 (省新兴特色专业)	汽车服务工程、电子信息工程	现代装备制造业、新型材料产业
园林艺术 (做特)	园林 (省特色专业)	环境设计、产品设计、广告学、土木工程、人文地理与城乡规划、视觉传达设计	现代农业、文化创意产业
商贸服务 (做大)	工商管理 (省重点专业) 会计学 (省特色专业)	电子商务、财务管理、市场营销、信息管理与信息系统、法学、公共事业管理、城市管理、英语、国际经济与贸易	袜业、珍珠产业、现代服务业
食品环境 (做精)	中药学 (省新兴特色专业)	环境工程、食品科学与工程、旅游管理	旅游健康产业、环保新能源产业

第三节 | 制定专业人才培养方案,构建应用型创业人才培养体系

人才培养方案是高等学校实现人才培养目标,保证教学质量和人才培养规格的纲领性文件。大多数独立学院在人才培养方案制定和修订过程中存在人才培养类型及专业培养目标定位不准确、人才培养模式与课程体系构建不成熟、教学组织和教育实施不到位等问题。因此独立学院应该以提升就业竞争力作为人才培养体系构建的驱动杠杆,探索出一条与区域经济和社会发展相衔接的、强化应用能力培养的"高素质应用型"人才培养之路。

2012年,暨阳学院以科学发展观为指导,遵循高等教育教学规律,以市场需求为导向,紧紧围绕学院发展战略和人才培养目标,按照"宽基础、强实践、重创业"的人才培养思路,科学制定了"通识教育+专业教育+个性教育"的121(X)专业人才培养方案。第一学年按专业大类培养,重点强化学生基础知识,拓宽专业口径;第二、三学年按专业培养,加强专业核心课程教学,强化专业教育;第四学年,根据学生自主发展需求设置职场实训、创业实训、考研究生、出国留学、考公务员等综合实训和培训项目,在教学安排上进一步体现以生为本的个性化教育。

一、2012版培养方案的主要创新之处

(一)人才培养模式创新

按照应用型创业人才培养目标和《暨阳学院全面深化学分制改革实施意见》,充分发挥学生的主体作用,实现了学生自主选择教师、选课程、选进程。制定了弹性学制、主辅修制、学分绩点制、免修免听制、重修制、学分互认制等一系列教学管理制度。2015—2016学年第二学期开始取消补考,学

生可多次重修课程。积极开展分层分级教学,实行分类培养,允许学生提前毕业。

(二)课程体系进行了改革

课程体系由通识教育、专业教育、素质拓展三个平台和通识必修课程、通识选修课程、大类基础课程、专业核心课程、专业选修课程、专业发展课程、创新实践课程、文体素质课程等八个模块构成(见表2-2)。每个平台均包括必修和选修两类课程,必修课程和选修课程的学分比例控制在7∶3。加大了选修课程的比例,大大拓宽学生的专业知识面,培养学生的创造性思维和创新能力。

表2-2　2012版本科专业人才培养方案课程体系

课程平台	课程模块	课程类别	学分
通识教育平台	通识必修课程	思政类(17)、军体类(4)、外语类(14)、计算类(2)、文学与写作类(2)	39
	通识选修课程	分为人文社科类、科学技术类、创业教育类三类	8
专业教育平台	大类基础课程	数理化类、信息技术类、专业所属学科的基础课程	20~30
	专业核心课程	专业核心课程(8~10门)	30~40
	专业选修课程	分为专业限选(方向)、专业任选课程两类	35~50
	专业发展课程	职场实训(顶岗实习)、创业实训、考研出国培训、考公务员等综合实训和培训项目	6
素质拓展平台	创新实践课程	科技竞赛、科研训练、实验开放、创业实践、考级考证	2
	文体素质课程	读书报告、文体比赛、社团活动、志愿服务、交流访问	2

通识教育平台,以提升社会责任感为目的加强通识课程资源建设。加强通识平台课程建设与管理,开设思想道德修养、法律、礼仪、文体艺教育等人文

社科类课程、科技前沿、环境科学、信息科学、机械制造等科学技术类课程，和30门以上创新创业教育类课程，同时扩充一部分专业选修课程为通识选修课程资源。

专业教育平台，以专业核心课程为抓手强化专业知识和技能传授。各专业开设并加强建设12~15门专业核心课程，全院打造100门专业核心精品课程，同时开发一批有特色的校企合作课程，建好专业教育课程资源库。以专业基础课、核心课为重点遴选8~12门学位课程，加强学位课程教学引导，确保专业教育教学质量。

个性化教育平台，以培养创新精神、创业意识和职业素养为导向实施个性化教育。充分挖掘第一、二课堂创新创业教育教学资源，引导和鼓励青年教师开展创新创业教育教学研究，不断丰富创新创业教育内容与形式。引入职业资格证书考试制度，鼓励学生考证考级，加强本科层次职业技术技能教育培训。推行主辅修制，鼓励学生辅修双学科(专业)课程，实行"专业+"多证书管理，培养跨学科(专业)复合型人才。

增加了素质拓展平台。为更好地实现应用型创业人才培养目标，培养和激发学生的创业意识和创新精神，提高实践动手能力，学院设置了素质拓展学分。素质拓展学分分为创新实践类学分和文体素质类学分两个类别。学生根据个人兴趣、特长自主选择，每个学生至少修读4个学分。

(三)逐步推进分层分类教学改革

从全院范围支持大学英语、微积分、计算机基础、语文等公共基础课分类分层教学改革，同期开设不同深度、多个层次的课程，学生可根据自身基础知识结构自主选择课程修读层次。按照教学大纲要求，关注本课程与相关课程的联系，科学合理地安排教学内容，做到课程容量适当，难易适度，避免内容偏多、偏深，提升不同基础学生的课堂关注度，提高学习兴趣，培养学习自主性。

(四)毕业学分要求有所降低

2010版人才培养方案，各专业毕业学分要求在166.5学分，2012版人才培养方案，精简了课程的门数和学时，各专业毕业要求控制在155~160学分。

(五) 实践教学比例增加

实践学分要求文法类、经管类不少于25%，理工农艺类不少于30%。各专业实践教学环节包括基础实践、专业实践、科技创新实训和就业创业实训。基础实践包括军事训练、大学英语自主学习、大学体育、上机、课程实验、社会实践等；专业实践包括课程设计、社会调查、中期论文、认识实习、生产实习、毕业设计(论文)等；科技创新实训包括创新实验室开放项目、科技竞赛实训等；就业创业实训包括职场实训(顶岗实习)、创业实训、毕业实习等。

(六) 进一步完善了人才培养特色班教育

开设了园林、会计学创业实验班以及国贸英语复合班(表2-3、表2-4、表2-5)。为提升学生的教育质量及就业质量，提高国际交流水平，培养国际化会计人才，于2016年9月份开设会计学(ACCA)方向班。ACCA考试大纲是全球公认的最先进的财经教育体系，充分表达了雇主和专业人士的意见，反映了现代商务社会对财务人员的要求。ACCA资质具有超过百年的悠久历史，享有极高的国际地位，是国际会计师联合会的重要核心会员。其影响力遍及世界上超过170个国家和地区。实验班学生英语四、六级、计算机通过率均超出学院平均水平。园林创业实验班考研率比较高，国贸英语复合实验班因专业原因出国出境相对比例较高(表2-6)。

表2-3 园林创业实验班情况

年级	在校生人数	入学英语平均分	英语四级过级率(%)			六级过级率(%)	省计算机二级过级率(%)	升本部人数
			四级过级率	首次过级率	学院平均过级率			
2012	29	103.96	96.55	62.07	60.29	13.79	89.66	1
2013	29	102.52	86.21	72.40	60.88	24.14	82.76	1
2014	27	108.81	92.59	77.78	64.70	11.11	96.30	1
2015	31	100.29	67.24	48.39	53.07	22.58	96.77	1
2016	33	110.52	75.76	75.76	42.65	未考	69.70	

表 2-4　会计学创业实验班情况

年级	在校生人数	入学英语平均分	英语四级过级率(%)			六级过级率(%)	省计算机二级过级率(%)	升本部人数
			四级过级率	首次过级率	学院平均过级率			
2012	28	106.82	100.00	75	60.29	35.71	96.43	1
2013	30	102.93	93.33	70	59.27	13.33	96.67	2
2014	29	109.97	93.10	68.97	62.59	22.69	100.00	1
2015	30	107.23	86.67	76.67	36.94	16.67	100.00	1

表 2-5　国贸英语复合实验班情况

年级	在校生人数	入学英语平均分	英语四级过级率(%)			六级过级率(%)	省计算机二级过级率(%)	升本部人数
			四级过级率	首次过级率	学院平均过级率			
2012	30	102.67	100.00	76.67	60.29	65.63	96.88	1
2013	17	103.88	100.00	88.24	59.27	70.59	100.00	1
2014	14	111.43	100.00	85.71	62.59	64.29	92.86	1
2015	9	102.33	77.78	77.78	36.94	33.33	100.00	1

表 2-6　2012级创业实验班就业情况

园林			会计学			国贸英语复合班		
就业人数及就业率	考研人数及考研率	创业人数	就业人数及就业率	考研人数及考研率	创业人数及创业率	就业人数及就业率	考研人数	创业人数	出国出境人数及比例
25 89.29%	6 21.43%	0	26 96.30%	1 3.7%	1 3.7%	25 83.33%	0	0	3 10%

实践证明,"121(X)"人才培养模式取得了明显成效。近三年毕业生的创业率分别为4.79%、4.73%、4.91%,用人单位对学院毕业生的满意度保持在82%以上。

2017年,学院认真总结2012版专业人才培养方案对应用型创业人才培养取得的成绩和不足,按照德育为先、遵循规律、需求导向、以生为本、强化实践的基本原则,以进一步提高应用型创业人才培养质量为目标修订新版专业人才培养方案,更好地适应区域经济社会发展的新形势和新要求。

二、2017 版人才培养方案修订的要点

(一) 进一步完善了课程体系(表2-7)

表 2-7 新版人才培养方案课程体系

课程平台	课程模块	课程类别	学分
通识教育平台	通识教育必修课程	思政类(16)、军体类(4)、外语类(14)、计算类(2)、文学与写作类(2)、心理健康与职业教育类(2)	40
	通识教育选修课程	分为人文与社会类、科学与技术类、历史与文化类、艺术与美育类、创新与创业类五类,至少修读创新与创业类2学分	8
学科基础教育平台	学科基础必修课程	原则上同一专业类的学科基础课保持一致。包括数学类、物理类、化学类、计算机类、图学类、力学类、电工电子类、经管类、设计学类、植物类等课程	20~30
专业教育平台	专业必修课程	各专业自行确定	40~50
	专业限选课程	由各专业按应修学分1.5倍自行确定	≥18
	专业任选课程	由各专业按应修学分1.5倍自行确定	8
	个性发展课程	职业实训、创业实训、研究生考试培训、公务员考试培训、出国留学培训课程等课程模块	8
素质拓展平台	创新创业类	涵盖科研训练、科技竞赛、创业实践、考级考证、实验室开放等	4
	人文素质类	涵盖志愿服务、文体比赛、读书报告、社团活动、交流访问等	

通识教育平台。增设游泳必修课 0.5 学分,构建了内容丰富、层次多样的公共体育课程体系,满足学生的选择要求;将应用文写作设置为必修课,增强了学生的语言文字表达能力;增设创业基础课程,增强学生的创新创业

能力。

学科基础教育平台。根据专业(类)对基础知识的共同需求,以学科相近、基础融通、拓宽口径为原则,同时兼顾目前学院学科专业设置现状等情况,设置了学科基础教育课程平台,主要任务是奠定学生学习专业理论和技术的基础,使学生获得严格的学科基础训练,为学生下一步专业学习及今后终身发展打下扎实的基础。

专业教育课程平台。将毕业实习、毕业设计(论文)设置为专业必修课程,增强学生的专业核心竞争力。进一步加强校企合作,培养学生创新创业能力,要求专业限定选修课,各专业应至少设置1门结合专业特点的创新创业课程,至少设置1门校企合作开发课程为。专业任意选修课程,学生既可以选修本专业设置的任意选修课程,也可以在全院范围内选修通识教育课程以外的其他专业必修和选修课程。

素质拓展平台。为更好地实现应用型创业人才培养目标,培养和激发学生的创业意识和创新精神,提高实践动手能力,学院设置了素质拓展学分。素质拓展学分分为创新实践类学分和文体素质类学分两个类别。学生根据个人兴趣、特长自主选择,每个学生至少修读4个学分。

(二)加强了应用型课程体系建设

学院立足于行业发展现状,推行理论课堂、实践课堂、创新创业课堂和企业生产课堂四类课堂联动,应用型理论课程体系按照"行业前沿动态进课堂、行业导师进课堂、行业标准进课堂"的"三进要求"向技术逻辑转变,实践课程体系按照"教中学"、"学中做"、"做中学"和"边学边做、学做一体"的"四做"环节向创业逻辑转变。

1. 按照"行业前沿动态进课堂"的要求,课堂教学内容紧跟行业前沿动态进行应用性改造

——园林学院。园林学院各专业不断推进课程体系向技术逻辑、创业逻辑导向转变,建立应用型创新创业教育课程体系(表2-8)。将创新、创业教育贯彻于各专业的课程、职场实训、毕业设计之中,要求学生为"用"而设计,要求学生把设计做在职场上,着重培养学生的创新精神及解决实际问题的应用能力。以课程教学与第二课堂教学改革为主要阵地,从教学内容和教

学模式着手进行面向行业需求的应用性改革尝试。在视觉传达设计、产品设计、环境设计、园林专业择取多门课程,开展项目化教学。

表 2-8 园林学院应用型行业课程建设一览表(部分)

专业名称	课程名称	负责人	项目依托	改造手段及其效果
视觉传达设计	图案设计	吴淑晶	大唐袜业产品设计	学生初步掌握图案构成基本知识与技能后,在图案创意环节引入袜子图案设计课题,课题来自于企业需求。设计方案初稿反馈给企业,不断修正,直至符合企业用于实际生产的需求
视觉传达设计	VI 设计	侯国勇	"平安诸暨"视觉形象设计	学生在熟悉必要的专业知识与技能后,以本项目作为"实战"综合实训,让学生熟悉该项目设计的基本要求及其流程
产品设计	室内装饰工程	齐丰妍	居住空间、商业空间等地(室内各个空间界的结构与施工)	根据"室内装饰工程"人才培养模式改革的总体思路与定位,并结合艺术设计专业学生、课程的实际情况,开展一系列的课程实践改革研究。从教学方法、教学内容和教学实践等方面进行了探讨,通过改进教学内容、教学方法和教学手段提高本课程的教学效果,增加学生接触施工现场的机会,去施工现场实地勘察与测量、熟悉各种装修材料及其装修流程
环境设计	公共艺术设计	汪洋	学院"院士林"浮雕景墙及文化长廊改造设计、大唐镇中兴社区党建文化景观设计	把整个项目分成若干部分作为训练课题,分配给班级各个小组。在老师的带领下,实地勘察环境地形、测量,查阅资料、讨论构思、画图做方案、编辑文本,整个过程需团队分工协作,对完成设计作品质量的评判也是以小组为单位

续表

专业名称	课程名称	负责人	项目依托	改造手段及其效果
园林	园林树木学	李根有	《浙江植物志》编写工作	园林植物团队带领学生进行全面的认知野生植物资源，巩固学生课堂所学知识，让学生在全面认知植物的基础上，让学生学会应用植物来美化生活。部分同学在实践基础上开设了园林苗圃公司
园林	花卉学	朱向涛	省教改课题、干燥花制作大赛、花艺制作大赛	打破了原有单一的教学模式和教学方式，注重学生在掌握基本知识的基础上，动手实践，通过花艺设计大赛和干燥花制作大赛，学生具备了一定的制作技能
园林	工程概预算	舒美英	省教改项目、省级精品在线开放课程立项建设项目等	采用项目法教学，以实际项目为主线，教师为引导，学生为主体，边练边讲、边学边教，练中讲、学中教，骑车式的学与教。学生参与老师负责的相关园林绿化预算项目，由老师带领学生共同完成，学生的知识得到了进一步巩固，同时完成了相关实际项目
土木工程	计算机辅助制图	吴新燕	建立工程制图模型室	通过实体模型、计算机绘图教学，将较多三维思考的抽象内容，演变得具体、生动、形象，有利于学生学习
土木工程	钢结构设计	吴新燕	模型制作	通过门式刚架工字型钢放置形式模型的制作、大跨网架结构部分模型制作演示，引入模型制作到课堂教学中，适当的模型制作，并应用于钢结构课程设计的学习中，提高学生的实践教学能力和认知能力，大大提高了学生的学习兴趣和学习主动性

——商学院。为贯彻落实《国务院办公厅关于深化高等学校创新创业教育改革的实施意见》(国办发〔2015〕36号)精神,商学院各系部经过不断学习、探讨和实践,始终将创新、创业教育贯彻于各专业建设之中,修订了各专业人才培养方案,增强了学生的创新精神及解决实际问题的应用能力。并以课程教学与第二课堂教学改革为主要阵地,从人才培养方案修订,具体教学内容和教学模式改革,创新创业课程设计、职场实训、毕业设计等课程环节的分步实施,均进行了面向行业、面向产业需求的应用性改革尝试。其中"跨专业实训平台"实践课程为商学院所有专业而开设的一门跨专业综合实训平台课程,通过为期三周的集中式实训课程的实践训练,培养学生团队合作能力和创新创业能力(表2-9)。

表2-9 商学院应用型行业课程建设一览表(部分)

专业名称	课程名称	负责人	项目依托	改造手段及其效果
商学院所有专业(工商管理、市场营销、旅游管理、电子商务、国际贸易、会计学、财务管理)	职场实训	朱辉	VBSE跨专业综合实训平台,院级教改课题	运用VBSE(虚拟商业社会环境)跨专业综合实训平台,通过博弈、实景、角色扮演、协作、讨论、激励、验证、研讨等多种实训方法,结合理论教学和企业实践,在经济社会、行业供应链、企业运营管理、岗位作业等多个层面,得到认知体验与综合能力的训练。提高人才培养质量和人才对社会的适应能力,实现知识传授、能力培养与素质教育的统一。以社会实践为出发点,兼顾学科发展,实现现代服务产业各相关专业的循环实践教学,面向经济社会,面向企业需求培养人才
财务管理、会计学	中级财务会计	孙玉军	全国初级会计职称考试、浙江省大学生财会信息化竞赛	在学生掌握中级财务会计相关知识之后,结合初级会计职称考试和浙江省大学生财会信息化竞赛的要求,进一步加深学生对改课程的理解

续表

专业名称	课程名称	负责人	项目依托	改造手段及其效果
财务管理、会计学	财务管理	张 如	浙江省大学生财会信息化竞赛	学科竞赛进课堂,在学生掌握财务管理的筹资、融资、股利分配等环节后,采用案例教学等方式,结合竞赛特点引导学生自主学习
会计学、财务管理	成本会计	章红霞	浙江省大学生财会信息化竞赛	学科竞赛进课堂,同时采用项目法教学,结合工业企业实际案例,让学生了解并掌握企业成本核算的程序
会计学、财务管理	会计学原理	程 博	浙江省特色专业、院级重点专业、品牌专业,硕士点培育专业	在学生初步掌握会计做账的流程后,结合具体企业一段时间(一个月)的经济业务,让学生进行仿真实训,了解企业会计实务。以激发学生的积极性、主动性和创造性。运用实践教学管理系统,使教学管理贯穿实践教学设计、实施评价、资源应用全过程,实现了实践教学管理与训练过程一体化
会计学、财务管理	会计学综合实训	程 博	浙江省特色专业、院级重点专业、品牌专业,硕士点培育专业	在学生掌握了会计学原理、成本会计、中级财务会计以及税法的课程之后,通过虚拟仿真实训,让学生得到会计核算、成本核算与控制、纳税申报、报表编制等综合性应用能力的锻炼
会计学、财务管理	管理会计	孙玉军	全国会计职称考试、全国管理会计师、浙江省大学生财会信息化竞赛	在学生掌握中级财务会计相关知识之后,结合会计职称考试、管理会计师考试和浙江省大学生财会信息化竞赛的要求,进一步加深学生对该课程的理解

续表

专业名称	课程名称	负责人	项目依托	改造手段及其效果
电子商务	电子商务实训	张哲	国家级创新创业训练项目，校级特色专业	与行业企业合作，开展以电子商务"双十一"为主题的实训活动，2017年在杭州下沙电子商务园区从事海尔品牌的双十一售前与售后客服工作；2018年在上海宝尊电子商务有限公司从事匡威、Nike、浪琴等品牌的"双十一"售前与售后客服工作
电子商务	区域产业电子商务	张哲	教育部高教司的校企合作项目，校级特色专业	与东方缘袜业有限公司、天使珍珠股份有限公司等公司合作，开展区域电子商务运营和管理，培养专业学生实践应用能力及创新创业意识
电子商务	跨境电子商务	王江姣	院级课程建设项目	借助博导实训提供的速卖通模拟操作平台、跨境电商实训平台等进行模拟商务运作，提高学生的实践操作能力。使学生能够根据国际市场需求，独立寻求货源，建立店铺、运营店铺、维护和管理店铺，了解跨境交易的流程。获得网店运营、阿里巴巴专员、跨境网络零售平台的运营与策划等工作的基础技能
工商管理	管理拓展训练	马晓芸	"管理学原理"精品在线开放课程建设	通过创设管理情境，借助团队的力量，用以提高学生管理素质。即根据大学生心理素质发展的特点，以丰富的内涵、新颖的形式、真实的体验对大学生的认知、情绪、行为等管理素质进行有效的调整和提升，是对传统课堂教学模式的创新和发展

续表

专业名称	课程名称	负责人	项目依托	改造手段及其效果
工商管理	企业经营沙盘模拟实训	万煜琦	浙江省大学生企业经营沙盘模拟竞赛	摒弃了传统的以理论和案例分析为主的方式,用一种全新的视觉和感官冲击效果,通过真实的模拟沙盘进行学习,极大地增强了趣味性,使枯燥的课程变得生动、有趣。通过近乎真实的商业模拟,充分地调动了学生的积极参与和竞争的热情,有利于培养应用型人才
工商管理	网络运营实训	童小军	阿卡服饰网络运营项目	基于企业真实项目的运营,开展相关的网络运营平台及技术培训,让学生熟悉相关网络推广的软件操作,然后对企业真实项目进行网络推广和客户服务,实现校内知识与企业需求的对接和转化,让学生尽早了解相关行业动态,发现自身的优势及不足,为下一步的学习和就业打下良好的基础
市场营销	市场营销学	马晓芸	娃哈哈市场营销大赛、娃哈哈示范性营销实践基地建设	依托杭州娃哈哈集团有限公司,培养学生如何去分析企业市场营销环境,确定企业面临的主要机遇和问题,制定出适合于企业的可靠的市场营销决策方案,并将其转换成为有效地实施计划的基本能力,培养学生从事营销管理、营销策划、营销组织的实际能力,培养学生市场调研、市场分析、推销、公关等方面的基本技能
市场营销	模拟营销和沙盘	万煜琦	浙江省大学生企业经营沙盘模拟竞赛	摒弃了传统的以理论和案例分析为主的方式,用一种全新的视觉和感官冲击效果,通过真实的模拟沙盘进行学习,极大地增强了趣味性,使枯燥的课程变得生动、有趣。通过近乎真实的商业模拟,充分地调动了学生的积极参与和竞争的热情,有利于培养应用型人才

续表

专业名称	课程名称	负责人	项目依托	改造手段及其效果
旅游管理	导游学理论	俞博	全国旅游院校服务技能大赛，诸暨旅游集团合作	由经验丰富的资深导游参与教学，课程结束后以实习性质参与诸暨各景区导游服务；积极组织学生参加导游资格考试，并与课程成绩相挂钩；鼓励学生参加全国旅游服务技能大赛

——工程技术学院。工程学院以"机器换人"为契机，开设工业机器人相关课程，从区域产业结构调整和优势特色产业发展视角确定应用型创新人才能力培养层次，面对地方产业急需的"机器换人"技术应用人才的现状，积极探索地方高校工业机器人人才培养模式改革，构建起适应培养该专业学生基本能力、工程能力和创新能力的多层次、多模块应用性课程体系，以培养不但有理论支撑，还有实践经验的工业机器人应用型创新人才(表2-10)。

表2-10 工程技术学院应用型行业课程建设一览表(部分)

专业名称	课程名称	负责人	项目依托	改造手段及其效果
机械设计制造及其自动化	机械创新设计	刘海军	工程技术学院专利工程、浙江省大学生学科竞赛	通过阐述机械的发展与创新，综合、归纳发明创造过程的一般技术和方法，介绍机构和机械结构的创新设计并联系实例加以分析和引导，以启迪学生的创新思维，开拓创新视野，依托机械设计竞赛、全国三维数字化创新设计大赛等学科竞赛以及工程技术学院专利工程让学生参与竞赛将创新理论转化为创新实践，然后再将优秀成果申报专利，最后实现专利转化创业。通过理论教学—参加学科竞赛—申报专利—专利转化创业四个环节紧密结合，达到培养学生创新创业能力的教学要求

续表

专业名称	课程名称	负责人	项目依托	改造手段及其效果
机械设计制造及其自动化	数控加工技术	何洋	全兴精工实践基地、工程训练中心、浙江省大学生学科竞赛	以常用的数控车床和立式加工中心为载体,以数控机床的机械结构和编程知识为基础,理论讲授数控机床的概论(组成、工作原理、分类、特点等),数控车床的编程和加工中心的编程等内容,实践以数控模拟实验室及工程训练中心数控机床为实践载体,培养学生的实践创新能力。通过实际操作加工浙江省大学生工程训练综合能力竞赛参赛作品以及课外科研训练项目作品,锻炼了学生的创新能力以及实践动手能力
计算机科学与技术	Php程序设计	崔坤鹏	现实信息化建设需求	将全体学生3人一组分为若干组,每组进行调研命题,每年命题范围不同,从文、体、教,到工、农、林,分析不同领域中痛点,用PHP网站开发技术研发基于web的工具、网站、平台解决实际问题
计算机科学与技术	Web前端设计	崔坤鹏	现实信息化建设需求	学生在熟悉html5、js、jquery等专业知识与技能后,以项目中实践问题为专题,进行"实战"实训,让学生熟悉前端设计的主要框架及主要设计技巧
计算机科学与技术	Java语言	胡建华	诸暨润达二手车市场管理系统	学生在掌握java面向对象编程的专业理论知识后,以本项目作为"实战"综合实训,让学生熟悉java web项目开发的基本流程及主要技术

续表

专业名称	课程名称	负责人	项目依托	改造手段及其效果
汽车服务工程	汽车检测与诊断技术	彭樟林	以"汽车服务工程创业型人才培养模式课程体系改革研究""'汽车检测与诊断技术'课程项目化教学实践与评价"等6个校市级教学改革、课程建设、教材建设项目为依托	首先从汽车服务工程专业应用能力、创业能力分析着手,对汽车服务工程专业人才培养方案、教学内容、课程体系及教学方式方法等进行研究;其次,通过汽车检测与诊断技术项目化教学实践和评价的研究提高本课程的教学质量和教学效果,培养学生分析问题和解决问题的能力,同时培养学生良好的安全意识、职业道德和实践能力、创新能力;再次,通过学科竞赛挖掘和深化
信息管理与信息系统	管理信息系统	陈 英	管理信息系统课程实习	每位同学针对实际问题设计一个可行的信息系统,如:移动学生管理信息系统创新平台设计,云计算调度算法与系统设计,旅游管理信息系统等。通过设计与讨论加深对信息系统基础理论和基本知识的理解,掌握使用信息系统分析、设计的基本方法,提高解决实际管理问题、开发信息系统的实践能力
信息管理与信息系统	数据仓库与数据挖掘	李英杰	数据仓库与数据挖掘课程大作业	学生在理解了数据仓库的基本理论后,通过"数据仓库AdventureWorksDW2008的研究"课题,研究数据仓库的背景、来源、内容等。了解示例A数据仓库业务主题。并通过详细研究一个主题的数据表转换,理解数据仓库的设计、构造以及数据转载。理解数据仓库与源数据库的相关点和不同点

——生物环境学院。生物环境学院各专业不断推进课程体系向技术逻辑、创业逻辑导向转变,建立应用型创新创业教育课程体系。将创新、创业教育贯彻于各专业的课程、职场实训、毕业设计之中,着重培养学生的创新精神及解决实际问题的应用能力。以课程教学与第二课堂教学改革为主要阵地,从教学内容和教学模式着手进行面向行业需求的应用性改革尝试。在环境工程、人文地理与城乡规划、中药学、食品科学与工程专业择取多门课程,开展项目化教学(表2-11)。

表2-11 生物环境学院应用型行业课程建设一览表(部分)

专业名称	课程名称	负责人	项目依托	改造手段及其效果
环境工程	环境化学	王敏艳	浙江省自然科学基金项目	采用项目法教学,以实际项目为主线,教师为引导,学生为主体,边练边讲、边学边教,练中讲、学中教,骑车式的学与教
环境工程	大气污染控制工程	王丽丽	浙江省大学生化工设计竞赛	根据人才培养模式改革的总体思路与定位,结合本专业实际情况,开展课程实践改革研究。从教学方法、教学内容和教学实践等方面进行了探讨,改进教学内容、教学方法和手段提高本课程的教学效果,增加学生接触施工现场的机会,去施工现场实地勘察与测量
中药学	中药炮制学	徐润生	浙江省"新兴特色专业",绍兴市课堂教学改革课题	学生掌握中药炮制基本理论与知识后,在实际的药材炮制企业中深入实践炮制技术。通过结合中药制剂分析,分析不同炮制品的有效成分变化,不断改进炮制的火力和火候,以期掌握企业生产所必需的中药炮制熟练技艺

续表

专业名称	课程名称	负责人	项目依托	改造手段及其效果
人文地理与城乡规划	乡村规划	施春华	乡村规划设计大赛	学生初步掌握城乡规划设计基本知识与技能后，将学生分组，选择一个村庄，在老师的带领下，实地勘察村庄环境、地形、测量，查阅自然、人文、产业、交通等资料、讨论构思、画图做方案、编辑文本，整个过程需团队分工协作，进行规划设计，使学生的规划综合能力得以提高
人文地理与城乡规划	测量学	杜泳	工程建设应用	通过实地工程测量的锻炼，提高学生掌握各种测量仪器的操作能力，获得良好的学习效果，也为将来学生从事相关工作奠定基础。在户外的实习过程中，分小组测量，需团队分工协作，对完成的工程测量报告的评判也是以小组为单位
人文地理与城乡规划	地理信息系统	杜泳	大数据空间选址分析	在大数据的背景下，将大型超市、学校等空间选址案例带到课堂教学中，通过案例教学，巩固了学生课堂所学理论知识，同时为生活中的很多决策提供数据依据，为学生将来创业奠定良好基础
食品科学与工程	食品化学	王允祥	指导教师扎实的理论基础和丰富的实践经验，以及教师科研经费	掌握课程基本理论知识与实验技能后，在创新创业环节，成立"发酵乳与豆制品创新与制作小组"，公司化运作，为学生将来走向社会创业奠定基础
食品科学与工程	食品工艺学原理	王允祥	指导教师扎实的理论基础和丰富的实践经验，以及教师科研经费	在熟悉必要的专业知识与技能后，以"焙烤食品的加工工艺"作为实战综合实训，成立焙烤食品创新与制作小组，商业化运作，为学生将来走向社会创业奠定基础

——人文学院。应用型人才应该具有学习能力、动手能力、职业能力、探究能力、创新创业能力等。为培养学生这些能力,人文学院人才培养模式主要特色为:以学生为中心,"教学赛训考研创"为一体,实现教学结合、教赛结合、教训结合、教考结合、教研结合、教创结合。构建实践教学体系,实现第一课堂、第二课堂、第三课堂的有效联动。如广告学专业,近年来都秉持着"以赛促教,赛教合一"与"行业对接"的教学方式,积极建立应用型、创业型教育教学课程体系,构建"思想+技能+实践+孵化"的人才培养模式。将创新、创业教育贯彻于各专业的课程、职场实训、毕业设计之中,要求学生学以致用,并与多个企业建立人才协同培养平台,紧跟不断变化的行业趋势。结合科技竞赛和实习实训基地等第二课堂,广告学专业从教学内容和教学模式上,积极进行了"面向行业,对接企业"的应用型教学改革,在影视广告编导、广告设计、广告策划、广告经营与管理、广告创意、网络广告等多门课程上,采取项目化教学,切实让学生达到"真题实做"与"对接行业"的目标(表2-12)。

表2-12 人文学院应用型行业课程建设一览表(部分)

专业名称	课程名称	负责人	项目依托	改造手段及其效果
法学	刑事诉讼法	刘鹏崇	人文学院模拟法庭和实习基地	使学生比较全面系统地掌握刑事诉讼法学的基本理论,熟悉刑事诉讼法律条文,结合两高判例和专业实习基地提供的案例,开展刑事模拟法庭教学。通过案情分析、角色划分、法律文书准备、预演、正式开庭、法庭审理、判决等环节,提高大学生综合利用法律知识解决问题的实践能力和法律文书写作运用能力,培育学生的角色意识、法律思维、合作能力和实践精神
公共事业管理	公共事业管理学	杨运姣	省教改项目、学院学科竞赛《公共管理案例分析大赛》	学生以研究性的项目为载体,了解真实社会公共需求与问题,并在合作调研、分析和研讨中实现问题的解决,为政府、非政府组织等公共部门献智献策。项目选题来源于社会实践,藉此学生较好地提高了创新应用能力、社会责任感等综合素质

续表

专业名称	课程名称	负责人	项目依托	改造手段及其效果
广告学	广告策划	李巧苗	大广赛和学院奖科技竞赛；实习基地杭州跟上网络科技有限公司相关农创项目	通过课堂教学，让学生熟悉必要的策划知识和基本技能，通过两项大赛对学生进行初步的策划训练； 通过与诸暨和杭州等本地政府与企业的合作，实际训练学生的策划能力，根据合作方的建议与意见，对学生进行专项的训练； 与杭州跟上网络科技有限公司合作负责临安民宿推广及相关农创活动策划
广告学	广告经营与管理	李巧苗	学生工作室；诸暨市开发委；大唐镇政府；学院奖及大广赛学科竞赛相关品牌合作	注重创新实践实训，积极在课堂上引进实战项目，鼓励学生建立工作室自主创业，根据市场需求承揽业务，联系客户，课程最终成绩的评定和实际工作室业绩挂钩，2016年至今，14级、15级、16级已在专业老师指导下建立工作室共计29个，承接各类企事业单位及个人包含京东抖音、诸暨市开发委、大唐镇等广告业务200余项
英语	英语口语	张起俊	英语角、英语戏剧、学科竞赛	开设英语角、阳光晨读、读书会、戏剧社等多种第二课堂，激发学生学习热情，丰富专业内涵，提高语言运用能力和跨文化交际能力。设立跨文化交流中心，促进国际交流合作和文化融通的平台，激发学习热情、实践书本知识、沟通学习心得、促进相互了解。自2015年设立以来，本中心已举办几十场英语角、读书会和中外交流会

续表

专业名称	课程名称	负责人	项目依托	改造手段及其效果
	大学英语	李红莉	大学英语应用型人才培养方案	根据大学英语应用型人才培养模式的总体思路与定位，大学英语教学改革主要表现在课堂教学方法改革、教学过程管理改革和考核评价方式改革等三个方面。课堂教学方法采用"主题式、任务型"教学和线上线下混合教学等方式；同时采用翻转课堂模式，使学生成为"设疑、探疑、解疑"的主体；教学过程管理包括教和学两个方面，教学方面通过各种检查确保教学得以执行，学生采用"学习小组制"，促进学生自主自治；通过"我是校园"微信平台加强课堂考勤；考核评价方式改革主要体现在分层分类评价、过程性动态评价、平时成绩客观化等方面
	大学英语自主学习	金兰芬	大学英语自主学习人才培养方案	根据大学英语自主学习课程人才培养方案要求，教学场所突破传统多媒体教师，要求学生到语音实验室利用网络平台在教师指导下自主学习；教学内容更加多元化，要求完成数字化课程、精读教材自主学习单元等的学习内容与测试；教学目标更丰富，旨在加强语言实践，深化语言知识学习，完善语言技能。同时，利用网络平台的可视化功能，加强对学习过程的管理和监控，加强个性化诊断与辅导，提高学生自主学习能力和实践创新能力

续表

专业名称	课程名称	负责人	项目依托	改造手段及其效果
	高级英语演讲	龙滨	各级各类学科竞赛	根据大学英语应用型人才培养模式的总体思路与定位,并结合高级英语演讲课程的实际情况,开展一系列的课程实践改革研究。从教学方法、教学内容和教学实践等方面进行了探讨,以名人演讲为范例、竞赛演讲题为素材、演讲评价体系为标准,通过专题训练、强化训练等手段,切实提高学生语言运用能力,从而培养沟通能力、自信心和文化意识
	思想道德修养与法律基础学习指导	彭金玉		创新德育课堂实践教学和课外实践教学方式,逐步完善"行走的课堂""对话课堂""经典课堂""创意课堂""叙事课堂""互联网+在线指导"等实践教学系统工程。积极探索专题式教学、问题导入式教学、案例教学、讨论式教学、情境模拟教学等具有实践内涵的教学方法和环节。 (1)构建以德育教育为基础的全新独立学院思想政治理论课教学大纲课程体系。 (2)灵活运用第一课堂与第二课堂、理论教学与实践教学、课堂教学与网络教学相互支撑、多向联动的德育课教学体系。 (3)建立完整科学实用的思想政治理论课的考核体系

续表

专业名称	课程名称	负责人	项目依托	改造手段及其效果
	社会实践	万泽民、陈婵		每年暑期都要组建社会实践示范小分队，由第一线任课老师带队，把课堂由校园延伸到社会，从教室移动到实地，这已成为暨阳莘莘学子学习和实践的重要方式。行走课堂的创新特点是让大学生们充分地身临其境，亲身体验和亲身感受自然及人文环境，将抽象的理论具体化，将生硬的内容生动化，把理论和实践充分地结合在一起，极大地提高了大学思想政治理论课的针对性和实效性。在行走的课堂中，大学生们人与社会、人与自然有生命的体悟、情感的交流、思想的碰撞，有理念的传承、精神的孕育和人格的升华

2. 按照"行业导师进课堂"的要求，引入行业专家进课堂授课

学院邀请企业导师进课堂承担教学任务，发挥企业导师经验丰富、技术娴熟、契合需要的授课优势，实施校企联合双主体育人，实现学校、企业、学生"共赢"的效果，学生的理论知识、实践能力都得到很大程度的提升。商学院聘请了浙江凯利新材料股份有限公司财务总监傅裕、浙江省绍兴市中兴会计师事务所丁晓燕审计师主任、浙江省天健税务师事务所张凌峰副所长讲授"CPA审计实务""事务所审计项目管理""税务筹划"等会计学、财务管理专业课程；聘请诸暨同方豪生大酒店总经理周海全、诸暨开元大酒店人力资源经理骆萍、诸暨旅游局资深导游陈佳女讲授"餐饮服务与管理""前厅客房服务与管理""导游学理论""导游实务"等旅游管理专业课程；聘请中博教育中博教育股份有限公司郑妍妍、朱丽玲、高倩伟等15位教师承担会计学AC-CA方向班的"管理会计""会计师与企业""财务报告"等课程；聘请诸暨市园林管理局郭土利、陈招英等教师为园林专业学生讲授"园林植物保护学""园林工程"等课程（表2-13）。

表 2-13 企业行业(专家)参与教学资源建设一览表

专业名称	姓　名	工作单位	职称/职务
汽车服务工程	朱善隆	广汽新吉奥公司	副总经理
计算机科学与技术	张镇潮	诸暨市教育局	教授/主任
机械制造及其自动化	于凤鹏	青岛前哨精密机械公司	高级工程师/技术部部长
电子信息工程	徐睿滨	浙江力嘉电子科技有限公司	研发部主管
产品设计	包萍萍	喜临门酒店家具有限公司	高级经济师/副总经理
环境设计	王　雁	中国林业科学研究院林业研究所	研究员
广告学	蒋　平	诸暨市市场监管局	主任科员
法学	朱祖洋	嵊州市人民检察院	检察长
公共事业管理	何建平	诸暨市发改局	总经济师
城市管理	何建平	诸暨市发改局	总经济师
英语	斯锦涛	诸暨赛博教育中心	中级
中药学	宣志红	诸暨市中医院	主任药师/药剂科主任
中药学	王　奇	诸暨天寿饮片销售公司	中药职业药师
人文地理与城乡规划	何焕琪	诸暨市国土资源局	高级工程师
人文地理与城乡规划	夏振喻	诸暨市国土资源局	工程师
人文地理与城乡规划	傅荣幸	浙江远卓科技有限公司	高级工程师
会计学、财务管理、工商管理、电子商务、旅游管理、国际经济与贸易、市场营销	陈　波	浙江连连科技有限公司	高级经济师
会计学、财务管理、工商管理、电子商务、旅游管理、国际经济与贸易、市场营销	张凌锋	天健税务师事务所	高级会计师
会计学、财务管理、工商管理、电子商务、旅游管理、国际经济与贸易、市场营销	梅　杭	杭州华尊照明有限公司	总经理
会计学、财务管理、工商管理、电子商务、旅游管理、国际经济与贸易、市场营销	卢　兵	二马环境科技有限公司	副总经理

3. 按照"行业标准进课堂"的要求，引入行业企业参与教学资源建设

按照"行业标准进课堂"的要求，积极引入行业企业参与课程设计、课堂教学，共同编制人才培养方案、开发教材、课程教学大纲等教育资源。坚持双证书制，鼓励学生考取职业资格证书。采用从职业岗位(群)对人才的知识、能力、素质的具体要求进行逆推的方法，参考国家职业资格标准，将专

业学习与考证考级有机衔接，学生获得资格证书数4828人次。学院商学院会计系核心课程"会计学原理""中级财务会计""高级财务会计""财务管理""管理会计""审计学""成本管理""公司战略与风险管理"等课程大纲直接与注册会计师、初级会计师、初级管理会计师的职业标准对接，从而拓展了学生的知识和素质。例如学院开设的"区域产业电子商务"课程，与诸暨本地袜业、珍珠等优势产业相结合，为开展校地、校企合作提供课程对接，培养专业学生实践应用能力及创新创业意识；开设的"网络运营实训"校企共同开发课程与实施，得到学生的一致好评；生物环境学院食品科学与工程专业教师与食品企业专业技术人员、食品质量监督检验单位合作编写实验实习指导书等，自编了实验教材《食品微生物实验》《食品工艺学实验讲义》，开发和完善课程与教材体系，使教材建设与独立学院人才培养定位及区域经济发展需求相同步。

(三) 构建了完备的创新创业课程体系

面向全体学生，构建创新创业课程体系：创新创业教育通识课程(2+2学分)+"1门结合专业特点的创新创业课程+1门校企合作开发课程"(2+2学分)+个性发展课程(职业实训8学分、创业实训8学分)+素质拓展(创新创业类、人文素质类4学分)；开设了品牌策划实务、创业管理、公司运作与创业资本、品牌策划实务、创业创新领导力(网课)、创业精神与实践(网课)、大学生创业基础(网课)等20门创新创业课程；学院教师主编《创业学战略与商业模式》《手工沙盘应用教程》《浙江民营中小企业案例集》《商务谈判》《职场礼仪与沟通》《学会学习与职业规划》等创新创业教材。积极推进课堂教学改革，开设小班授课，采用课堂分组、模拟创业等参与式教学法，体验性很强，特别将创新创业工作室、团队案例渗透到课堂教学过程中，并恰当使用视频、沙盘等，使教学生动形象，培育学生创意能力。改革考核方式，尝试以"项目汇报、路演"等方式来加强过程式考核。面向高年级开设创业实训与职场实训专题课，探索与知名教育培训集团合作新路径，引进IT培训、雅思培训等培训平台，提升学生专业技能和创新创业实战能力。修订《浙江农林大学暨阳学院学籍管理办法》，规定创业可申请休学、保留学籍两年，放宽了修业年限。

学院申报获批了浙江农林大学暨阳学院国家职业技能鉴定所、诸暨市创新创业培训基地等资质。开展普通话等级测试、花卉园艺师（三级）技能鉴定、"8+X"创业实训模拟公司培训、事业单位报考学生考前辅导等系列项目，服务学生成长成才。经常性开展以"创客面对面""创业风采路""全球模拟公司'8+X'创新创业培训"等为代表的创业教育品牌活动，近三年，累计开展学生创业培训5800余人次。

学院先后组织了1600余名学生参加教师资格证、管理会计师、普通话等级考等各类资格证书等级考试和技能鉴定工作。先后孵化50余支创新创业团队，孵化成功团队30余支；注册经济实体7家。在校生创业率4.52%，创业率位列全省独立学院前3名、全国前10名，就业率在95%以上；学生创新创业能力在全省独立学院中位居前列。

三年来学生在各类学科竞赛共获得省部级二等奖以上奖项162项，其中国家级一等奖5项、国家级二等奖28项、国家级三等奖50项、省级一等奖14项、省级二等奖62项；主持各级各类大学生科技创新项目270项，其中国家级项目29项、省级12项；认定16223个创新学分。学生近三年发表论文87篇，取得专利31项。

第四节 构建多层次实践教学体系，强化学生实践应用能力

按照"四层"实践教学目标，建立了"六大平台联动"的实践教学内容体系，开展了"教中学，学中做，做中学，边做边学"四层递进的教、学、做一体化的实践教学模式改革。

一、明确了"四层"实践教学目标体系

在人才培养方案的制定和执行过程中，明确专业的人才培养规格，体现社会对专业人才特有的知识、能力、素质要求，明确在应用型人才培养过程中学生应具备的基本技能(语言表达能力、外语应用能力、计算机应用能力等用于提高学生基本素质的能力)、专业技能(达到岗位能力标准的核心能力)、综合训练技能(分析问题、解决问题能力、人际交往、组织协调、社会适应能力等)和创新创业能力，为实践教学的开展提供了依据。

二、形成了完善的"六大平台联动"实践教学内容体系

学院以创新创业能力培养为核心，以素质拓展学分为抓手，构建起符合应用型创业人才培养需要的创业实践教学内容体系。推进的教、学、做一体化实践教学模式改革，注重创业实践教学、课外活动与创新创业教育教学的相互渗透，切实提升学生的实践动手能力、职业岗位能力和创新创业能力。

解决生产实际问题，毕业论文真题真做。每年学生毕业论文中80%以上的选题来自于企业实际，诸如探讨温州一鸣公司的产品策略问题、兴业银行嘉兴分行的薪酬管理问题、宁波大荣建筑材料公司的绩效管理问题、浙江科盛饲料股份有限公司员工培训问题、工商银行浙江分行客户满意度问题、浙

江李子园食品股份有限公司品牌形象问题、浙江万马股份有限公司的股权激励问题、三吾生文化传播有限公司人才流失问题等等。

坚持双证书制，鼓励学生考取职业资格证书。采用从职业岗位（群）对人才的知识、能力、素质的具体要求进行逆推的方法，参考国家职业资格标准，将专业学习与考证考级有机衔接，学生获得资格证书数4828人次。会计系课程大纲在修订过程中，"会计学原理""中级财务会计""高级财务会计""财务管理""管理会计""审计学""成本管理""公司战略与风险管理"等课程大纲直接与注册会计师、初级会计师、初级管理会计师考试大纲对接，从而拓展了学生的知识和素质。

三、开展了通识教育课程在"教中学"、专业基础知识学习在"学中做"、专业核心课程在"做中学"、专业发展模块"边学边做、学做一体"的四阶段式、层层递进的实践教学模式改革

学院制定了实践课程教学改革方案，推行基于问题、基于项目、基于案例的教学方法和学习方法，加强综合性实践科目设计和应用，有效地解决理论与实践之间的脱节问题。把实践教学分为有机衔接的四个阶段，整体构建通识教育实践、专业教育实践、素质拓展与创新创业教育实践共同组成的实践教学体系。第一阶段，通识教育课程在"教中学"。通过改革通识课程的教学目标、内容、方法，以教师"教"的改革使学生"爱学"、"会学"和"学会"，实现"学"的目标。第二阶段，专业基础知识学习在"学中做"。学生把所学、所想付诸实践中，一方面调动了学生的自觉性、积极性和主动性；另一方面促进了学生对理论知识的学习和接受，实现了"学"与"做"的统一。第三阶段，专业核心课程在"做中学"。学生把间接的经验和知识还原为鲜活的、有实用价值的知识。通过综合实验、课程设计、大作业、实验室开放项目、创新创业训练等，让学生自己动手"做"，通过在实践中的观察和思考悟得新知，注重学生的主体性、体验性和创新性。第四阶段，专业发展模块中实现"边学边做、学做一体"。如职业实训、创业实践、毕业实习、毕业设计（论文）等。例如，在校内构建了融知识、能力、素质训练于一体的开放式创新实践中心、大学生创业工作室和创业园，在校外建立了紧密合作型的实践教学

基地，安排学生到校外基地进行职业实训，教师跟班管理，同时将拓展课程开设到企业，由校企双方教师共同指导，学生"边学边做"，最终达到"学做一体"。

四、形成了健全的管理体系

建立了完备的实践教学管理机构。学院教务部统筹实践教学，并由专人负责实践教学。成立学院实验教学中心，完成各实验室的基本教学任务及编制学院实验室建设规划并组织实施。各学院协助完成教学计划的落实和实施。

建立健全规章制度，确保实践教学各项工作有章可循。制定了《本科生毕业设计（论文）工作管理办法》《科技竞赛管理办法》《素质拓展学分认定办法（试行）》《实习基地建设与管理办法》等相关规章制度，保障实践教学各项工作有章可循。引入第三方信息化平台，做好学生职场实训以及毕业实习的监督和管理。

科学修订培养方案，完善实践教学环节，确保实践教学的学时。在人才培养方案修订过程中，各专业以实验、实习、实训等第一课堂为核心，大学生科技创新训练、科技竞赛、社会实践等第二课堂为辅助，构建多元化的全程实践教学体系，多方位加强实践教学，坚持实践教学课程设置四年不断线。人文社科类专业实践教学学分不少于25%、理工类不少于30%。部分专业实践教学学分占总学生的50%，并建立并完善集科学性、完整性、创新性于一体的实验教学培养计划。

第五节 深化教育教学改革，助推应用型创业人才培养

一、深入推进"互联网+教学"改革，提高课堂教学质量

深入推进互联网+教学改革。全院使用在线网络课程38门次，选课人数达9126人次；组织开展了省级精品在线开放课程建设培训会，为全院省级特色专业的25门学位课程拍摄了课程导学视频；自主研发了"我是校园"移动云端教学平台，进行全程管理专业教学过程。利用云计算技术实现了学生签到、课堂测试、信息推送、资料查询等课堂教学辅助功能。

二、积极推进混合式教学改革

"'高级语言程序设计Ⅰ、Ⅱ'指尖翻转课堂教学改革实践"荣获浙江省高校首批"翻转课堂"优秀教学案例一等奖，实践"指尖翻转课堂"教学模式，将手机辅助教学贯穿整个课堂教学，此项教学改革成果在全院范围内推广。"园林工程预决算"采用微信公众号辅助教学，利用自定义菜单与自动回复实现课前知识传递、利用图文消息推送促进课中知识内化、利用私人订制消息发送与互动提升应用能力。商学院所有专业职场实训环节运用VBSE（虚拟商业社会环境）跨专业综合实训平台，通过博弈、实景、角色扮演、协作、讨论、激励、验证、研讨等多种实训方法，提高人才培养质量和人才对社会的适应能力，实现知识传授、能力培养与素质教育的统一。

2013年以来，获省级教学成果奖1项，市级教学成果奖4项，院级教学成果奖5项，对推动学院教学改革、提高教育质量和人才培养质量起到了积极的促进作用。2013年以来，获市级以上教育教学改革项目立项70项，其中

省级立项 21 项。对慕课、翻转课堂的建设积累了一些经验，"微积分""大学英语""经济法""思修道德修养与法律基础"等 33 门课程进行课堂教学改革取得明显效果，学生的学习积极性、实践能力、创新思维得到了很大提高，课堂教学改革取得明显实效。

三、以深化学分制改革为龙头，促进教育教学改革全面深化

为实现应用型创业人才培养目标，2013 年，学院按照学分制教学管理理念，从以人为本的价值取向和教育思想出发，实施学分制改革与管理，充分发挥教师的主导作用和学生的主体作用。2015 年，学院成立由院长任组长的全面深化学分制改革领导小组，以培养学生的创新精神、创业意识和实践能力为核心，全面深化学分制改革。先后出台了全面深化学分制改革意见等 15 项学分制教学管理制度，为全面深化学分制改革提供基本的制度保障；在 26 个专业中设置 266 门学位课程，以增强学生的核心竞争力；小班化教学和分层分类教学比例达 42%、54%，体现因材施教和以生为本的教学理念；发挥学院优质运动场所的优势，从 2015 级学生开始将游泳课程作为必修课，以提高学生的体育锻炼习惯和学生掌握游泳技能。实行学业导师制，加强对学生选课、课程修读次序等的学业指导以及职业发展规划指导。

第六节 | 加强产教融合，协同育人

深化校企合作，推动行业人才培养与产业创新需求的有效衔接。学院与浙江七大洲集团、全兴精工集团、东方缘袜业有限公司等企业合作，开设"天使珍珠班""全兴精工班""ACCA会计学方向班"等订单班、特色班；与暨阳街道签订战略合作协议，组建党建共建工作团队，积极发挥学生骨干作用，共建社区党建工作。

紧跟行业产业发展动态，加强行业学院建设。基于地方经济社会和产业发展对人才的需求，充分发挥学院在学科专业、人才的优势，与大唐镇政府联合成立了行业学院——中国大唐袜艺学院，紧密对接地方产业，为诸暨市袜业产业和现代服务业提供服务，增强学生的实践应用能力，提高应用型人才培养质量。2018年10月，学院面向社会发展需求和文化创意产业，成立了行业学院——晨晓艺术与设计学院，坚持服务地方发展，立足诸暨、服务当地人才培养建设，紧密结合诸暨产业特色，打造"色彩诸暨"。

目前学院正紧密对接诸暨市袜业、珍珠、铜加工及新型材料、机电装备制造、纺织服装、环保新能源等六大工业主导产业和现代农业、现代服务业等诸暨市"6+2"现代产业，积极筹建中国珍珠学院、轴承轴瓦检测学院、枫桥经验学院、大数据学院等一批行业（产业）学院。

第七节 | 加强创新创业教育，促进项目孵化

近年来，国家高度重视大学生创新创业教育体系的完善和发展。《国家中长期教育改革和发展规划纲要(2010—2020)》明确提出要"充分发挥高校在国家创新体系中的重要作用"，高校的创业教育除了为"提升科学研究水平"外，还应起到"增强社会服务能力"的作用。创新成果孵化体系离不了高校、政府、企业的配合，"校政企协同"育人的关键部分就是产学研的结合。大学生进行创新创业时，服务主体主要包括政府部门、所在高校以及社会资源，因此创新成果孵化体系离不了政府、学校、企业的协同(梁牧云等，2018)。

一、政策引导，提升创新创业孵化意识

地方政府及高校要通过政策引导，在制度设计上要充分考虑创新创业大学生的实际需求，为高校科技转化提供有效支撑。为创新创业大学生提供相应的法律咨询服务、技术指导服务以及市场营销咨询服务等；增强孵化基地对创业工作的指导力度，充分发挥市场机制的作用，将政府管理与市场调节有机结合；充分发挥现有优势，提升创业园区的整体实力；完善现有的创业信息平台建设(李政伦，2018)。

暨阳学院不停留于从理论上让学生认识创业，积极组织学生走进诸暨市科技局下的诸暨市科创园，走进大唐镇、山下湖镇的初创企业，实地感受创业企业的氛围和开展状况，激发创业兴趣，以兴趣驱动学生主动学习创业知识。同时构建创新培养体系，不断拓展校内外创新创业实训平台，推动创新创业训练项目孵化，积极创建创业孵化示范基地。2017年，暨阳学院与诸暨市大唐镇合作共建创业孵化基地，学院学生积极投身创业实践，创办多家生产及贸易公司。

二、搭建平台，政府、高校、企业共建创新成果孵化平台

暨阳学院 2018 年获批浙江省级众创空间，以众创空间为依托，搭建创新成果孵化平台。

暨阳学院以普及教育、重点教育、精英教育及实践教育的四维层次分别面向全校学生、有创业意向的学生、有创业目标的学生及创业实践学生。变革利益分配制度，实行股份制联合研发形式，促进产学研结合，降低不可控因素，进一步增强学生的创业活力。一直以来，学院高度重视创新创业教育工作，积极响应党中央国务院和省委省政府"大众创业、万众创新"的要求，贯彻建设创业型独立学院和培养应用型创业人才的目标定位，按照"求真敬业，经世致用"的办学理念，强化创新创业教育的意识和责任，并不断付诸实践。学院构建并开展了以"创客面对面""创业风采路""创业文化节""创业团队评比""8+X"创新创业培训等为代表的创业教育品牌活动，全年共举办创新创业活动 14 场，累计受益学生 1180 余人次，446 名应届毕业生顺利通过创新创业培训测评，获得诸暨市人力资源与社会保障局下发的创新创业培训证书。

三、产学合作，促进创新项目孵化

暨阳学院和诸暨市各产业、诸暨市科技局等部门配合，探索项目驱动的模式，提升了融合的针对性和实效性。一方面，政府加大对创新创业项目的扶持力度，加大对创业孵化基地的建设与投入，提升"挑战杯"大学生创业计划大赛、浙江省"互联网+"大学生创新创业大赛等项目的影响力，让高校青年学生成为创新创业大赛的主力军，并对一些获奖的项目提供专业指导、政策倾斜等服务，让这些项目能够发展壮大。另一方面，企业与高校可以共同研发项目，给予"命题型"的创新实践项目，并给予资金支持。高校可以与企业共同组建科研团队，并贯穿实践教学的各个环节，让学生参与进来，激发学生的创新意识，提升他们的专业兴趣。高校要为创新创业人才提供全方位的指导，为大学生创新创业营造良好的氛围。要重视大学生规划的指导，重视大学生创新创业意识的培养，鼓励大学生在毕业设计（论文）中带着项目做，带着问题做，切实提升学生人才的培养质量。

四、多方参与,设计创新创业基金

资金匮乏是创新创业转化需要攻克的另一瓶颈。暨阳学院设立大学生创新创业梦想基金,年资助额逾 200 万,用于支持企业的孵化与创新创业教育实践基地的发展。在校企合作方面,以工程技术学院"XXX 杯"大学生创新创业大赛为例,此项赛事由区政府引资入驻企业,学院利用自身特长与盛特石油公司合作,企业根据需求发布赛题并提供项目资助,赛题紧扣生产实际,努力实现赛为所用,孵化高新技术项目,从而有效推动学生创新创业项目转化。

第三章

浙江省独立学院工程类应用型创业人才培养的实践
——以机械设计制造及其自动化专业为例

第一节 | 浙江省制造业发展及独立学院应用型创业人才培养的背景

一、浙江省制造业的发展现状

清华大学国情研究院院长胡鞍钢 2017 年指出，我国自 2006 年工业增加值占 GDP 的比重达到 41.8% 的峰值之后一路回落，到 2017 年已经降到 33.9%，根据国际通行规则，工业增加值占 GDP 的比重持续上升还是下降，是判断工业化阶段的一个重要指标，从这个指标可以看出，我国已经提前实现了原定于 2020 年基本实现工业化的目标，成为世界第一制造大国，意味着我国工业化进入了后工业化时代（胡鞍钢，2017）。著名经济学家许小年指出，在后工业化时代，企业的突破口是创新（许小年，2018）。创新是民族进步之魂，科技是国家强盛之基。习近平同志指出，必须切实提高我国关键核心技术创新能力，把科技发展主动权牢牢掌握在自己手里，为我国发展提供有力的科技保障。在中国进入后工业化时代的历史转折点上，国家适时提出了《中国制造 2025》（王喜文，2015）这一行动纲领。纲领指出，经过几十年的快速发展，我国制造业规模跃居世界第一位，建立起门类齐全、独立完整的制造体系，成为支撑我国经济社会发展的重要基石和促进世界经济发展的重要力量。但我国仍处于后工业化时代初期，与先进国家相比还有较大差距：制造业大而不强，自主创新能力弱，关键核心技术与高端装备对外依存度高，环境污染问题较为突出；产业结构不合理，高端装备制造业和生产性服务业发展滞后；信息化水平不高，与工业化融合深度不够。推进制造强国建设，必须着力解决以上问题。通过对中国工业发展进程的分析，《中国制造 2025》为我国后工业化时代制造业的发展指明了方向。

第三章
浙江省独立学院工程类应用型创业人才培养的实践
——以机械设计制造及其自动化专业为例

在这快速发展的几十年，中国制造业经历了从弱小到发展壮大的过程。在此过程中，传统制造业始终冲锋在前，一直是拉动浙江经济增长的主要动力，使浙江从资源小省发展成为工业大省。传统制造业为浙江经济社会发展作出了重要贡献，是浙江发展之基、富民之源。如今，传统制造业仍是浙江实体经济的主体，是具有竞争优势的重要领域，并且在未来相当长一段时间里，其仍将对浙江经济起重要的支撑作用。传统制造业经过长期发展，在先进制造水平、市场占有率、产业生态链等方面优势突出，实施改造提升的基础好、潜力大（朱慧子，2017）。

成就不容置疑，问题也迫在眉睫。当前，浙江传统制造业正处于转型升级的关键期和阵痛期，面临着一些亟须解决的困难和问题，素质性、体制性、结构性矛盾十分突出。创新能力总体不足成为制约传统制造业发展的最大短板。我省传统制造业中，除了各行业中的上市公司等规模大、实力强的企业外，研发投入比例普遍不高，自主创新能力普遍较弱。当前，传统制造业已成为制约浙江建设工业强省、制造强省的短板。浙江传统制造业转型升级弯弓已满箭在弦上。加快推动传统制造业改造提升，是浙江巩固扩大传统优势、加快新旧动能接续转换的关键所在，也是培育发展战略性新兴产业的重要来源，更是浙江制造由大变强的战略任务，既是当务之急，更是长远之策。

随着经济增长进入了新常态，转型升级是不得不面对的问题，在这样的历史机遇下，转型升级具有以下几个特性：

（1）必要性。这是经济发展"新常态"的倒逼。在当前增长速度换档期、结构调整阵痛期、前期刺激政策消化期"三期叠加"的大背景下，资源环境不堪重负，人口红利优势逐渐消失，过去那种拼资源、拼环境、拼投资的老路再也走不通了，除了积极探寻新的发展路径，别无他途。新旧转换间，发展动力从何而来？毫无疑问，只能从转型升级中来，从结构调整中来。唯有加快产业转型升级，走集约化、内涵式的发展道路，才能主动适应并引领新常态，充分释放发展内生动力，调动各种积极因素来对冲经济下行压力，实现有质量有效益的增长。互联网的发展对传统行业产生巨大的冲击，传统行业必须通过转型升级以适应时代变革。

（2）迫切性。从2011年开始，美德法英日等发达国家纷纷从国家战略层面提出再工业化战略，试图推进国家制造业转型升级（见表3-1）。一方面强调用高科技对传统制造业进行改造升级；另一方面则以创新为核心，以人才培养为支撑，大力发展以智能制造为重点的先进制造业，集中力量发挥各自优势，布局和抢占新一轮工业革命的战略制高点。各国顶层战略凸显了发达国家重点瞄准工业4.0，大力发展高科技和先进制造业，试图通过"新产业革命"来促进各国工业的转型升级，但也不放弃传统制造业，采取了一种重点突破与整体推进相协调的发展方式。安东尼·范·阿格塔米尔在《智能转型：从锈带到智带的经济奇迹》一书中将智能制造等新型制造业聚集处称为"智带"。阿格塔米尔设想的"智带"体系，如同一个以创新为中心的微型社会：每个智带都是由诸多参与者构成的联系紧密的协作生态系统，一般由研究型大学、社区大学、地方政府、拥有先进的研究部门的成熟企业、创业公司等组成。欧美发达国家"智带"的崛起无疑会对当前低成本制造业地区造成破坏性影响，尤其是中国（安东尼·范·阿格塔米尔等，2017）。因此我国必须尽快进行产业升级。

表3-1 主要发达国家的再工业化战略一览表（唐志良，2019）

	战略或计划名称	发布年月	主要内容	主要目的
美国	美国创新战略：推动可持续增长和高质量就业	2009.9	提出了包括底、中、顶三个层次呈金字塔型的国家创新战略架构	强调创新，重振国家制造业，优化产业结构，增加就业，转变经济发展方式，抢占新一轮工业革命的制高点，保持美国全球创新优势和经济主导权
	美国创新战略：确保我们的经济增长与繁荣	2011.2	基本沿用了2009年版的战略框架，但做了进一步的补充和完善	
	"先进制造业合作伙伴"计划	2011.6	强调"管产学研"协同振兴先进制造业；重点关注关系国家安全的高端制造业	
	先进制造业国家战略计划	2012.2	提出了实施美国先进制造业战略的三大基本原则和五大目标	
	美国创新战略	2015.10	强调"创新要素、战略举措"指出重点发展工业互联网、智能制造等先进制造业	

续表

	战略或计划名称	发布年月	主要内容	主要目的
德国	工业4.0	2013.4	强调互联网与制造业的深度融合，构建智能工厂，实现智能制造，并成为国际上"智能生产"设备的主要供应者	支持人类工业革命性技术的研发与创新
法国	新工业法国	2013.9	强调创新驱动法国工业转型升级；聚焦无人驾驶汽车等3个优先项目	通过创新，重塑工业实力，使法国重回全球工业第一梯队
	"未来工业"计划	2015.4	强调通过数字技术改造实现工业生产的转型升级；聚焦数据经济等9大领域	
英国	英国工业2050计划	2013.10	强调信息通讯技术等高科技对生产的改变；提出未来英国制造业的特点	以合作创新为核心，提高生产力，振兴国家工业
	产业战略：建设适应未来的英国	2017.11	加大对创新的投入；强化工业产出的5个基础；优先重点关注人工智能等四大行业	
日本	日本再兴战略	2013.6	强调产业振兴、贸易自由化、刺激投资等	以创新为驱动，充分发挥比较优势，发展日本特色制造业，提升国际竞争力
	机器人新战略	2015.1	明确机器人发展的三大目标，抢占世界机器人产业的战略制高点	
	新版"日本再兴战略"	2016.6	进一步将人工智能技术视为新一轮工业革命的核心技术	

（3）可行性。转型升级必然受到政策、资金及科技创新的影响，随着"中国制造2025"的发布，国家出台了一系列的有利于转型升级的政策措施；近几十年的发展，政府、企业也积累了一定的资金；互联网技术的快速发展也为转型升级奠定了基础。科技创新和传统产业的转型升级存在紧密的联系，新时期在全面推动科技创新的基础上，要想实现传统产业的稳定发展，创造更

大的经济效益，进而逐步实现传统产业转型升级的目标，就应该从多角度对科技创新和传统产业的耦合进行分析，为传统产业的转型升级提供相应的指导（吴程等，2018）。首先，传统产业的发展需要科技创新的支持。科技创新在传统产业中的应用能够促进传统产业的结构调整，促进传统产业不断向外围扩散，为新主导产业的形成创造良好的条件。传统产业要想实现良好的发展，就需要借助科技创新的力量促进产业机构的优化调整，为转型升级奠定基础。其次，科技创新能对传统产业的发展起到相应的驱动作用。在传统产业的发展过程中，科技创新力量的应用能够辅助生产力的发展，促进劳动生产效率和生产要素质量的进一步提高，推动产业格局的不断调整和变化，而传统产业发展过程中新兴业态的生成起到一定的促进作用，有助于促进传统产业的转型升级。

在此背景下，我国也实时推出了《中国制造2025》等一系列的战略性规划。从2014年12月首次提出"中国制造2025"这一概念，到2015年3月，短短几个月的时间国务院就审议通过了这一行动纲领。"中国制造2025"是对接德国的"工业4.0"，主要特征是以智能制造为主导的第四次工业革命，目标是建立一个高度灵活的个性化和数字化的产品与服务的生产模式，通过充分利用信息通信技术和网络空间虚拟系统相结合的手段，将制造业向智能化转型，突破了传统的行业界限，催生出新的活动领域和合作形式，创造新的价值网络，重组产业链分工。"中国制造2025"将促进生产方式进行深刻变革，从大规模流水线生产转向定制化生产模式，从生产型制造向服务型制造转变。

2017年6月，浙江省根据"中国制造2025"战略，针对浙江省的实际情况，印发《浙江省全面改造提升传统制造业行动计划（2017—2020年）》，提出"力争通过4年努力，重点传统制造业在国际产业分工和价值链中的地位明显提升，基本建成全国传统制造业转型升级示范区"。

二、浙江省制造业对人才培养的新需求

制造业产业结构调整成为加快转变经济发展方式的着力点，必然带来技术结构、就业结构的变化，影响人力资源的需求结构（杨林等，2015）。

"中国制造2025"智能化生产模式可以把工人从单调、程序化的工作中解放出来，员工将从简单执行操作转化为更为复杂的集成处理上，而且在一线生

产的员工对产品的判断和马上作决策的能力要求也越来越高，特别是第一线接触生产资源和市场信息资源的人要及时作出正确的判断，这对员工的组织、沟通等综合能力的要求也越来越高。同时企业一是需要传统制造业和信息化的交叉人才，这类人才通晓机械工程等传统工程学科以及信息、计算学科相关知识，成为企业的"数字—机械"工程师；二是需要数据科学家，主要从事的工作包括统计、数据工程、模式识别与学习、先进计算、不确定性建模、数据管理以及可视化等；三是需要用户界面专家，在人机互动的工业设计领域，用户界面专家能够根据产出目标，高效整合所需投入的最低硬件和软件资源，或者最小化机器设备的购置，并实现目标。这些人才培养要求打破了高度专业化的人才培养模式，因此若想更好地发展"中国制造2025"，在人才培养上需打破不同学科、不同专业之间的壁垒。

多学科交叉融合是创新的源泉，当今世界，学科前沿的重大突破和重大创新成果大多是多学科交叉、融合和汇聚的结果。实施创新驱动不仅需要多层次、系统化链接配套的专业技术人才，更需要大批具有协同能力，能够驾驭"政产学研资介"战略合作的复合型人才。在"中国制造2025"时代，人才培养更加强调基础化、综合化、个性化、实践化，形成通识教育基础上的专业教育人才培养模式(方大春等，2017)。

2014年教育部《国家教育事业发展第十三个五年规划》指出："加快创新人才培养观念，提高学生创新创业能力"，"培养更大规模更高质量的技术技能人才"。《教育部关于中央部门所属高校深化教育教学改革的指导意见》(教高〔2016〕2号)提出，要把创新创业教育作为全面提高高等教育质量的内在要求和应有之义，将创新精神、创业意识和创新创业能力作为评价人才培养质量的重要指标。2018年3月，国务院总理李克强在《2018年政府工作报告》中强调，要"促进大众创业、万众创新上水平"，要提供全方位创新创业服务，打造"双创"升级版。创新已成为每个人必须具备的能力，而高等教育在创新创业教育方面还很匮乏，这一矛盾在开放发展的潮流中越来越凸显，大学生创新创业能力的锻炼和培养已成为日益紧迫的新要求。

高校是创新创业人才的培养基地，高等教育的主要任务是要培养既能适应经济社会发展，又能引领经济社会发展高素质人才，创新创业就是"引领"作用的主要表现。

社会上对创新创业人才的认识有所不同。在大学生就业压力下，国内地方院校多将创新创业教育与就业教育混为一谈，具有明显的功利性价值取向。创业的"创"，应从创意、创造、创新、创客、创投、创业"六位一体"去理解。创业的"业"不应仅理解为创办"企业"，以创造性的精神和能力成就事业都可看作创业。创办企业固然是创业，创新管理模式、创新研究领域、在就业岗位上从事创造性工作，都可说是创业。如此理解创新创业，才更为科学全面（郭士清等，2018）。创业活动可以真实地发生，也可以是一种意识或者精神的培养。创业教育更是一种企业家精神的孕育，是要让学生知道创业是如何有效发生的，如何把自己的知识技术去与市场的要素结合。今天的不成功不代表明天的不成功，有市场创业也有岗位创新创业。

当前，我国大学生创业的成功率还很低，有关统计在1%左右，其实这并不足为奇。因为绝大多数的大学生并不拥有创业的基本要素——资本、经验、人脉、市场。相反，它们恰恰是处于学习阶段的学生的弱项。这不是说我们不该去提高创业率，而是要进一步找到问题的根本，即创业教育的长远价值。

中国传统教育培养的人才呈现出"高均值、低方差"的现象，拔尖创新人才少，缺乏领军人才、原创型人才、创业人才，不适应新时代发展需求的问题越来越突出。我国要建设世界科技强国，关键是要建设一支规模宏大、结构合理、素质优良的创新人才队伍，激发各类人才创新活力和潜力。浙江省制造业对创新创业人才的需求会越来越大。

三、浙江省独立学院机械类专业人才培养的现状

近年来，浙江省应用型本科院校主动适应地方经济社会发展需求，抓住机遇、深化改革、合理定位、科学发展，办学条件明显改善，办学水平和办学质量稳步提高，培养了大批应用型本科人才，为服务本省经济社会发展作出了积极贡献。

浙江省共有独立学院 21 所。2017 年独立学院共招生 4.15 万人，在校生 16.39 万人。独立学院的本科招生数和在校生数分别占全省普通本科招生数和在校生数的 26.3%、26.6%。独立学院在浙江省经济建设及人才培养方面扮演了极为重要的角色。

独立学院工程类专业中，机械类专业有着举足轻重的地位，全省 21 所独

立学院中，开设机械类专业的有15所。机械类专业人才的培养模式必将对新时期我国从制造大国迈向制造强国产生重要影响。在目前的高等教育中，普遍存在着教学内容、教学方法和教学手段不能完全适应创新教育开展的现象。机械类专业教学以传统工业为依托，已经跟不上时代的需要，主要表现为（郑庆柱，2008）：

（1）培养目标不够明确。当前，独立学院机械类专业在人才培养目标上最为突出的问题就是定位不准，发展思路不清晰，多数独立学院照搬母体学校机械类专业的人才培养目标、人才培养模式、教学计划、教学管理乃至教材选用，几乎完全照搬母体高校。不能依据自己的情况很好地适应当地经济结构及社会经济发展水平和学生实际需求，缺乏明确的培养目标，导致一些独立学院缺乏活力和市场竞争力。

（2）培养方式缺乏特色。独立学院脱胎于公办本科高校，在人才培养观念上还存在着浓重的精英教育色彩。大部分独立学院由于课程资源有限和对学生缺乏指导，学生的个性化培养流于形式，人才培养出现"产品式、批量化"的现象，导致独立学院培养出的人才模式化，以至出现"不上不下"的现象，即在理论水平上不如一本、二本的学生，实际动手能力不如高职高专的学生，在就业市场上出现"上下"不要的尴尬局面。这是人才培养模式落伍，办学缺乏特色的结果。

在实践中，各地独立学院为形成有特色的应用型人才培养目标，进行了积极的探索，形成了不少有益的经验（林伟连等，2006）。例如，浙江大学城市学院"立足杭州，服务浙江"，按照浙江省和杭州市经济建设和社会发展的需求设置专业，将高素质、应用型、创新型人才确立为培养目标；浙江大学宁波理工学院结合宁波港口化国际城市的特点，提出要发挥浙江大学的学科优势，立足宁波，服务宁波，培养应用型、复合型、外向型相结合的"三型"人才，并紧紧抓住宁波市构建服务型教育体系的契机，结合自身学科特点，积极打造适合宁波市经济发展的应用型人才培养基地。对于同在浙江省的其他独立学院有一定的借鉴意义。

（3）培养方案与培养对象不匹配。有些独立学院在制定人才培养方案时，没有充分考虑生源的实际状况，培养方案与学生实际不匹配。大多数独立学院就培养目标进行了区分，但教学计划、培养路径的基本一致，决定了高校人才培养类型实际上无法区分。如"数控加工技术"这门课程，本科高校用的教材一般讲解数控机床的基本原理、机械结构、伺服系统、数控系统、加工工艺及编程，其中，加工工艺和编程所占篇幅普遍较小，一门实践性很强的课变成了理论课，如何能体现实践性呢？针对应用型本科院校，有些课程的设置、教材的选择等都需要重新审视。

（4）创新创业教育有待加强。独立学院现有的培养计划、教育模式还没有根据双创人才的需求进行调整。对于创业教育重视不够，没有充分认识到创业教育对于学院发展和人才培养的重要性和必要性，加之要控制办学成本，使得创业教育难以获得足够的支持而流于形式，并未真正融入学院的教学规划。

四、浙江省独立学院机械类专业人才培养面临的新形势

随着呼唤中的以"新工业"为主导的第四次工业革命初露端倪，在智能制造领域，计算机学科更会成为基础性的学科领域，作为传统专业的机械专业，就业薪资是无法和当红的计算机专业相比的；同时，作为独立学院机械专业毕业生，就业去向基本都是中小企业，毕业初期工作环境相对较差。因此，机械专业招生的生源质量近几年下滑得很厉害。

表3-2为浙江省21所独立学院及机械专业开设情况，从专业开设情况可以看出，各校对机械专业的重要性还是有着清醒的认识的，除几所财经、医药、艺术出身的院校外，几乎都开设了机械专业。图3-1和图3-2分别为2017—2018浙江省15所开设机械专业的独立学院招生投档分数线的情况。从统计数据中可以看出，几乎所有的独立学院都面临着同样的生源质量问题：机械专业录取分数线几乎在每个学院所有专业里面都是比较低的，大部分仅仅比最低的投档线高一点，整个生源质量不容乐观。除此之外，部分独立学院还招了一批中职院校和职高单独考试的毕业生，学生的理论知识和学习方法都存在比统招的学生差一些的问题。在浙江大力开展智能制造和机器换人这样的大背景下，这显然对浙江省制造业的发展会造成不利影响。

表 3-2 浙江省独立学院及机械专业开设情况

编号	学院名称	机械专业开设情况
1	浙江大学城市学院	开设
2	浙江大学宁波理工学院	开设
3	浙江工业大学之江学院	开设
4	浙江师范大学行知学院	开设
5	宁波大学科学技术学院	开设
6	杭州电子科技大学信息工程学院	开设
7	浙江海洋大学东海科学技术学院	开设
8	浙江农林大学暨阳学院	开设
9	杭州师范大学钱江学院	开设
10	湖州师范学院求真学院	开设
11	绍兴文理学院元培学院	开设
12	温州大学瓯江学院	开设
13	嘉兴学院南湖学院	开设
14	中国计量大学现代科技学院	开设
15	同济大学浙江学院	开设
16	浙江理工大学科技与艺术学院	未开设
17	浙江财经大学东方学院	未开设
18	上海财经大学浙江学院	未开设
19	浙江工商大学杭州商学院	未开设
20	浙江中医药大学滨江学院	未开设
21	温州医科大学仁济学院	未开设

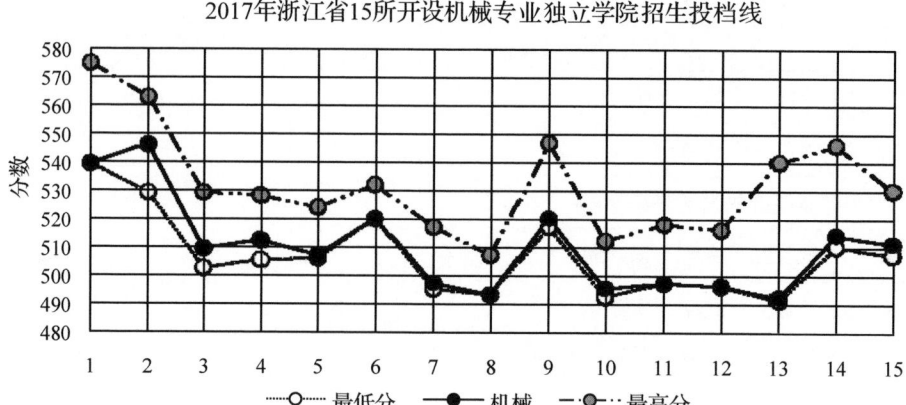

图 3-1　2017 年浙江省 15 所开设机械专业的独立学院招生投档线

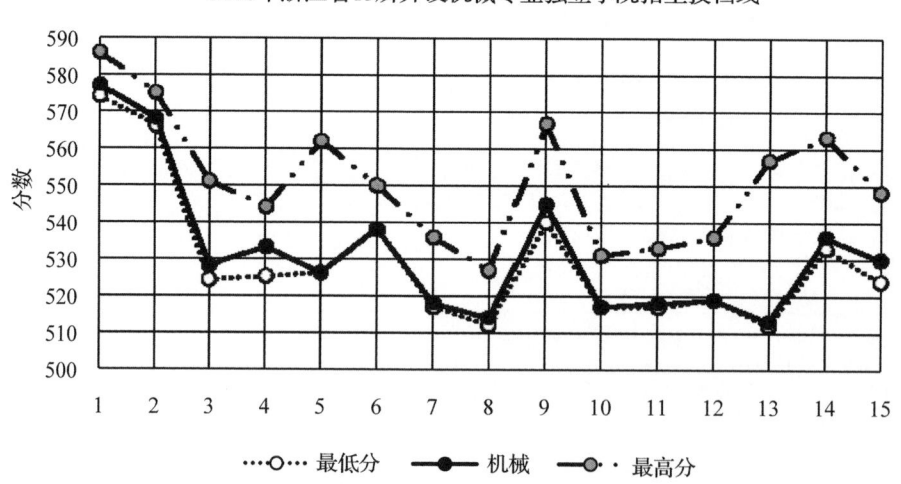

图 3-2　2018 年浙江省 15 所开设机械专业的独立学院招生投档线

第二节 | 独立学院机械类专业学生的特点及人才培养的定位

一、独立学院机械类专业学生的特点分析

独立学院生源来源目前主要来自于学校所在地省份，跨省招生数量相对较少。本地生源比例高达70%以上。本地生源比例是国外进行大学评价时用于描述高校生源结构的重要指标。一所高校本地生源比越低，表明其办学水平越高，影响力越大。因此，当前独立学院的生源结构不利于其推进人才多元化培养。同时，浙江省大部分独立学院招生层次为第二批次，经调查近几年录取分数线，与公办普通本科院校均分落差通常在80分以上。而据前述统计结果，独立学院机械专业的生源质量在独立学院里面也是比较差的，基本上专业投档分数线在学院投档线上徘徊。生源特点主要表现在学习基础不扎实，理论基础知识方面不全面，学习习惯较差，学习主动性和自主性不够，自律性较差等。

然而，这类学生也有自身优势，如大多数家庭条件较好，多来自城市，兴趣广泛，喜好文娱体育，求新、求异意识较强，能较快接受新事物、新观念、新潮流，这种和公办大学不同的生源质量决定了独立学院本科教育在应用型人才培养上必须走差异化道路(康贤刚，2014)。

二、独立学院机械类专业应用型人才培养的定位

要想培养出符合社会需求的人才，必须根据生源情况、地域产业情况、师资力量等做好对人才培养的定位。首先要根据实际情况将高等学校和人才规格进行分类。

(一) 高等学校的类型

有学者根据人才培养规格的不同,将我国高等学校分为学术研究型大学、应用型本科院校和职业技术高校三种类型(杨晓宏,2018)。学术研究型大学主要以"一流大学"高校和部分"一流学科"高校为主体,主要培养拔尖人才;应用型本科院校包括一部分"一流学科"高校、一般部委属院校、地方高校、民办本科院校以及独立学院,是一个相当庞杂的院校群,主要培养应用型人才;职业技术高校主要指专科层次的高职院校,培养技能人才。

也有部分学者较为赞同另一种观点(林伟连,2006),将国内高校分为四个层次:研究型大学以研究生教育为主,重点培养学术型、创新型人才;教学研究型大学以本科生教育为主,重点培养某一领域的高级专门人才;教学型大学以教学为中心,培养适应当地社会经济发展的应用型人才;高职高专以职业教育为主,培养第一线从事实际工作的技能型应用人才。

(二) 人才的规格分析(梁秋荣,2006)

要明确应用型人才的内涵,我们首先必须从现代社会人才类型的结构谈起。从本质上说,社会所需的人才类型是由社会发展的不同需要所决定的。而任何社会的发展都倚赖于两种需要的推动:一种是认识世界的需要,即认识世界的本质属性及其客观规律;另一种是改造世界的需要,即利用客观规律以服务于社会实践。在客观规律转变为社会直接利益的过程中,存在着两个转化:一个是把客观规律转变为科学原理;另一个是把科学原理应用于社会实践从而转化为产品(物质的或非物质的)。从严格的科学立场看,第一个转化是科学原理的发现过程,应属于科学"研究"的范畴,第二个转化显然属于科学"应用"的范围。相应地,这两个转化就需要两类人才:

1. 学术型人才

学术型人才是指从事研究客观规律、发现科学原理的人才,他们的主要任务是致力于将自然科学和社会科学领域中的客观规律转化为科学原理。学术型人才的主要特点是:以客观规律为研究对象,从事学术性的工作,与具体的社会实践关系不是很直接。在现实中,学术型人才主要指那些从事基础科学研究的科学家,如数学家、物理学家、化学家、生物学家、经济学家、法学家、语言学家等。

2. 应用型人才

应用型人才是指从事利用科学原理为社会谋取直接利益而工作的人才，他们的主要任务是将科学原理或新发现的知识直接用于与社会生产生活密切相关的社会实践领域。在实践中，常把应用科学作为工程科学和技术科学的总称。应用型人才的主要特点是：以科学原理及人工自然为研究对象，从事与具体的社会生产劳动和生活息息相关的工作，能为社会创造直接的经济利益和物质财富。

应用型人才是将科学原理转化成工程原理进而再转化成产品的人才，主要从事与社会生产生活紧密相关且能产生经济效益的工作。在科学原理转化为产品的过程中，存在两个阶段：第一个阶段是将科学原理演变为工程原理或工作原理，我们将从事这个阶段工作的人才称为工程型人才。第二个阶段是将工程原理或工作原理应用于社会实践从而将其转化为具体的产品等。该阶段通常包括两类人才：一类主要从事实际操作或具体运作；另一类主要从事组织管理操作活动并处理操作过程中的技术问题，我们将前者称为技能型人才，后者称为技术型人才。据此，可以将应用型人才划分为三种类型：

(1) 工程型人才。工程型人才的主要任务是把学术型人才所发现的科学原理转化成可以直接运用于社会实践的工程设计、工作规划、运行决策等在现实中，像建筑师、软件设计师、统计师、经济师、会计师等就属于工程型人才。

(2) 技能型人才。技能型人才是在生产第一线或工作现场通过实际操作将工程型人才设计出来的图纸、计划、方案等转变成具体产品的人才，他们主要从事具体的社会生产实践活动，例如工程建设、加工制造、提供服务等具体的操作工作。在现实中，技工、商贸服务人员等就属于技能型人才。

(3) 技术型人才。技术型人才是介于工程型人才和技能型人才之间的一种人才。与技能型人才一样，技术型人才也处于生产第一线或工作现场，但他们不是具体的操作者，而是从事组织管理生产、建设、服务等实践活动以及技术工作的人才，诸如工艺水平的设计，工艺流程的监控，生产工具、机器、设备的运行与维护，以及产品、服务的改进和更新等。在现实中，那些在生产现场从事技术工作和管理工作的人才就属于技术型人才。

从现代社会生产活动的全过程看，工程型人才处于研发、规划、设计、决策等环节，技能型人才处于生产、建设、服务等实际操作一线环节，技术型人才主要处于操作一线环节中的技术岗位和管理岗位，这三类人才都具有彼此难以替代的职责。从知识层面上看，工程型人才强调学科知识的深度和系统性，技术型人才突出学科知识的广度和实用性，其深度相对较浅，但技术型人才又需要具有比技能型人才较复杂的专业理论知识与技术。从能力要求上看。工程型人才侧重于工程科学的研究和工程设计，强调科学研究能力；技术型人才侧重于生产、建设、管理和服务等方面的技术应用与开发，强调综合应用能力和解决实际问题的能力；而技能型人才则侧重于职业岗位的具体操作，强调动作技能和经验技能。

(三) 应用型人才培养目标分析

独立学院建院时间短，师资队伍尚不够健全和稳定，科研和服务社会能力不强。根据学者按科研规模的分类标准，大多数独立学院应属于教学为主型院校。根据三分类法，独立学院应属于应用型本科院校。因此，综合起来看，独立学院属于以教学为主的应用型本科院校，因此其培养目标应该是工程性人才和技术型人才。毕业生主要从事一线工程师、企业车间的技术指导、班组长为主的基层管理工作。以数控技能人才为例（梁秋荣，2010），独立学院的学生并不要求像高职学生那样熟练地操作数控机床，但是他们应当能够熟练地为一个被加工零件编制合理的加工工艺及编写出合理高效的数控加工程序，而且在必要的时候，这个零件可以是他们自己设计出来的，或者是在生产实践中，当发现零件不完全符合工艺要求时，他们有能力合理地修改这个零件的模型。

作为本科院校首先要明确人才培养目标，要明确对学生培养的方向，以及人才培养的相关要求，根据学生的实际情况综合性地制定出学生培养目标，并且做出人才培养方案的调整，使学生能够接受针对性的培养，而不是传统模式下的千篇一律。

因此，不同高校在办学过程中，应根据自身在高等教育体系中的位置，依据区域社会发展需求、学校实际和生源条件，确定人才培养目标。

(1) 社会需求是导向。不同类型的高校尤其是教学型和教学研究型高校，在定位各自的人才培养目标时必须考虑社会经济发展的需要，考虑在完善社会主义市场经济体制过程中，产业结构调整对从业人员要求普遍提高的趋势以及人才需求多样化的趋势。

（2）学校实际是基础。不同类型的高校办学实力有着很大差别，即使是同一类型的高校，在学科建设、师资力量、设施条件、管理水平等诸多方面也各不相同。高校在定位自身人才培养目标时，要充分考虑校情，突出优势，发挥特色，切忌好高骛远。生源条件是根本。不同类型高校的生源条件有着很大差异。在现行教育体制下，高校招生按照高考成绩分批次进行，一本、二本与高职高专学生在考分上的差距是很大的，但需要明确的是，不同录取批次的考生只是知识结构不同，能力侧重点不同，并不代表素质高低之分。高校确定人才培养目标需要充分重视生源条件的差异，明确人才培养的职业去向。

根据自身实际确定合适的专业人才培养定位，制定差异化的人才培养模式。针对自身办学条件和生源状况，准确定位学生主体的培养类型和目标方向。由于受到办学条件和生源质量的制约，应以"专业型、复合型"人才的培养作为立足点，同时结合自身学科优势，依据因材施教、分类培养的原则，在基础知识宽度、厚度和技能培养实用度之间寻求差别化、多样化、个性化的平衡点，建立起自身特色的新课程体系，将人才需求与人才培养模式相匹配。

从独立学院的实际情况和未来发展趋势来看，结合学生的实际情况和社会需求，独立学院应该定位于教学为主型，因此在人才培养目标上也应该与普通院校定位不同，应更强调实践性（刘光华等，2006）。同时又应该比高职高专培养的技能应用型人才有更强的学习能力和适应能力，比普通本科高校培养的人才有更强的实践动手能力和创新能力，能较快地适应各岗位需求，解决实践问题，或者自主创业。因此，独立学院人才培养目标定位应该是培养高层次"应用型、创业型"人才（于慧力等，2010）。

根据独立学院机械类专业生源的实际情况，暨阳学院机械专业将培养目标定位为：面向区域性地方经济建设，培养德、智、体、美全面发展，掌握扎实的机械设计制造及其自动化专业基本知识、基本方法和基本技能，具备较强的实践技能与创新精神，能够在工业生产第一线从事机械工程领域内的机电产品的设计、制造、应用、管理和营销，具有较强的创新创业意识、专业实践能力和社会适应能力的应用型创业人才。

三、独立学院机械类专业应用型创新创业人才培养面临的机遇和挑战

独立学院培养应用型人才，与培养研究型人才的重点高校有所不同，其突出的特点是培养的学生既有一定的理论基础，又有很强的运用知识解决实际问题的能力，大部分学生毕业后直接就业，而作为机械工程这样一门传统专业来讲，高级应用型人才的培养一定要有自己的特色和优势，这样才能在我国目前竞争激烈的用人环境下，有立足之地。

（1）浙江省制造业的发展为浙江省独立学院机械类专业应用型人才培养提供了前所未有的机遇。浙江省制造业是推动浙江经济发展的主导力量，但中小企业较多，整体水平仍然较低，尤其是在产品研发和科技创新方面，呈现整体相对落后的不利局面。高素质的技术、管理人才匮乏已经成为制约浙江制造业进一步提升竞争力的主要瓶颈。随着"中国制造2025"这一行动纲领的发布及浙江省提出的制造业相关政策，产业升级刻不容缓。在这一系列的以技术为中心的企业升级过程中，需要大量的人才，而机械专业的人才其适用性非常广泛，在制造业企业中均有大量需求，所以为机械工程专业高级应用性人才提供了大量的就业机会。而独立学院本身的运行机制决定了就业情况与招生的规模的统一，这为独立学院机械专业高级应用型人才的培养提供了机遇。

（2）传统本科高校及高职院校人才对独立学院人才的双重挤压是独立学院人才培养面临的重大挑战（刘向阳，2008）。机械专业是一个传统专业，几乎所有含有工科的大中专院校以及高职、中职、技校等各层次的教育机构均设有这个专业。提供的人才分为学术型人才、应用型人才、技能型人才等。所以独立学院该专业培养的高级应用型人才就面临着上下两方面的夹击。而由于企业对该专业人才的需求量的迅速增加，也导致了许多院校该专业的人才培养规模迅速扩大，但是作为这个专业来讲，一方面要有大量的硬件支持，另一方面在教学经验上要有多年的积累，所以出现了仓促上马、硬件不足、师资队伍缺乏、教学经验不足等现象，导致办学水平参差不齐，使企业对应

届毕业生的能力在认识上带来了一定的负面影响。另外，此专业虽然容易就业，但普遍薪水不高，这会使收费比其他院校高得多的独立学院面临更大的压力。培养出企业用得上，用得好，而且对企业能发挥重要作用，占据重要岗位，有着令人满意的薪酬的高级应用型人才，独立学院要付出更大的努力。

第三节 | 基于诸暨特色产业的机械类专业应用型创业人才培养体系的构建

暨阳学院地处浙江省诸暨市,诸暨位于浙江省中北部,北邻杭州,东接绍兴,南临义乌,是中国百强县市、浙江省首批科技强市、浙江省首批教育强市。诸暨市的特色产业主要有:大唐袜业、山下湖珍珠产业、店口铜加工及汽配产业、浣东街道刺绣产业。暨阳学院紧跟诸暨产业的发展,与诸暨各级地方政府和企业建立了不同层次的合作,探索出了一套完整的基于诸暨当地特色产业的机械类专业应用型人才培养体系。

一、机械类专业应用型创业人才培养体系的构成

习近平总书记在全国教育大会上指出,坚持把立德树人作为根本任务,并强调要努力构建德智体美劳全面培养的教育体系,形成更高水平的人才培养体系,强调深化教育体制改革,健全立德树人落实机制(孟繁华,2018)。

党的十八大以来,习近平总书记关于教育工作的重要论述,思想深刻,内涵丰富,其中贯穿始终的一个鲜明主题就是"培养什么人、怎样培养人、为谁培养人"这一根本问题。在全国教育大会上,习近平总书记强调,培养什么人,是教育的首要问题。我国是中国共产党领导的社会主义国家,这就决定了我们的教育必须把培养社会主义建设者和接班人作为根本任务,培养一代又一代拥护中国共产党领导和我国社会主义制度、立志为中国特色社会主义奋斗终生的有用人才。这一重要论述从党和国家事业发展的战略高度,进一步明确了教育工作的根本任务,指明了教育现代化的方向目标。

为实现这一目标任务,习近平总书记特别指出,要努力构建德智体美劳全面培养的教育体系,形成更高水平的人才培养体系。这是人才培养工作的

重要认识论和方法论，集中体现了习近平总书记对社会主义办学规律、教书育人规律、学生成长规律的科学把握，具有很强的战略指导性和现实针对性。高校要把形成高水平人才培养体系作为一项基础性工作来抓，统筹推进学科体系、教学体系、教材体系、管理体系和思想政治工作体系建设，培养德智体美劳全面发展的社会主义建设者和接班人。

首都师范大学校长孟繁华教授根据习近平总书记的讲话精神，总结出了人才培养体系的构成主要包括：学科体系、教学体系、教材体系、管理体系和思想政治工作体系。笔者仅从学科专业角度论述人才培养体系，主要有学科体系、教学体系（理论教学及实践教学、创新创业教育体系）、教材体系、专业教师队伍体系等几个组成部分。

二、产教融合背景下应用型学科体系的建设

学科建设是提高大学教学、科研及社会服务能力和水平的重要基础。要立足学校办学定位和一流学科建设目标，凝练方向，广引人才，扩大影响。要在加强系统规划和统筹设计、优化学科结构布局、梳理学科优势亮点、凝炼学科发展方向、完善学科体系、强化团队建设、激发内生动力、提升学科自我更新能力、做大做强优势特色学科下工夫，立足国家大局需求，争创一流学科。人才资源是第一资源，要加强人事制度改革，用好用足教师编制，充实壮大教师队伍，加强年青教师培养，提升队伍质量；不拘一格引进高层次人才，做好"柔性引进"，为学科建设增强动力；完善并实施激励措施，营造良好的学术环境，健全激励约束机制，支持优秀人才成长和优秀成果不断涌现。要做好学科发展规划，统筹用好学科建设经费，提高经费使用效率。各个职能部门都要回归到"育人"初心和轨道上来，为人才培养、学科建设、教学科研提供最优质的服务保障。学科的影响力是学科的软实力，要积极开展学术交流，举办和参加高水平学术会议，不断提升学科声誉和影响力，增强学科话语权。

学科的建设毋庸置疑是大学建设的核心内容（姚思宇，2019）。应用型本科院校的学科主要有以下几项职能：

1. 人才培养

人才培养是大学最本源、最基础、最核心的职能，人才培养主要依托一

流学科,学科建设在人才培养的过程中起着至关重要的作用。学科建设是大学建设的主旋律,人才培养工作和打造师资团队都与学科建设密切相关。而大学是由若干学科构成的学术共同体,学科的布局合理性、科研原创性、人才创新性和发展可持续性等直接决定了大学的办学质量和学术水平。从人才培养的职能上来看,一方面,学科是承担培养创新人才和打造一流师资的重要载体,大学建设过程中能否培养出拔尖创新人才一定要植根于学科的建设;另一方面,拔尖创新人才应具有宽阔的学术视野和创新思维,大学可以通过学校整体的学科布局,形成良好的学科群环境,通过综合各方面学科的通识教育、交叉互动,培养复合型人才。

2. 科学研究

学科的科研水平就是大学的科研实力,科研实力是大学的核心竞争力,科研产出是高校赖以生存的基础。2015年8月,中共中央全面深化改革领导小组第十五次会议审议通过了《统筹推进世界一流大学和一流学科建设总体方案》中明确提到"以国家重大需求为导向,提升高水平科学研究能力,为经济社会发展和国家战略实施作出重要贡献"。科学研究是科学之本、技术之源,是提升原始创新能力的根本途径,是创新驱动发展的力量源头,是提高社会生产力和综合国力的战略支撑。在创新驱动发展战略下,科学研究为国家的经济腾飞、产业升级、社会转型提供了颠覆性的力量。

科学研究是大学的重要职能,学科或者专业是承担科学研究的重要主体。有学者认为学科建设是大学科研的代名词(马陆亭,2017)。提高科学研究水平的关键抓手就是提高一流学科的科学研究水平,通过提升一流学科的科研实力来提高大学的核心竞争力。

3. 社会服务

一流学科通过自身科技优势服务社会,大学作为创新集合体提供社会服务功能。当前大学的社会服务能力不断增强,既承担知识生产传播、人力资源供给的重要职责,也提供了大量的科技成果服务经济社会发展。通过推动大学协同创新过程进行成果转化和知识转移,加速科技进步与经济社会发展,已成为世界各国的共识。高等教育主要通过以下几种途径来服务社会:一是培养科技型、应用型、创新型、基础型、复合型等各类高素质人才,为社会输送大量的优质人才。二是原始创新向应用科学技术转化，如重大共性关键技术的突破。一流学科可以依托自身的科技优势，为产业部门提供共性技术研发、关键技术转移、人力资源开发、知识生产传播等综合服务，并通过大学这个创新集合体广泛开展技术转让、共建技术中心、共同开发课题等多种形式合作，增强企业的技术创新能力，有效地促进科技力量向经济社会的转移。三是智力集成优势资源向策略性应用转化，如新型智库对政府、企业、行业提供的战略性咨询服务。大学应充分发挥其科研资源优势和智力集成、创新思维优势，对国家、地方和社会重大问题进行研究分析，提出对策，成为实施公共管理、制定内政外交政策的智囊团和思想库。四是公共研究平台的建设和共享，如开放国家重点实验室，通过校企平台共建重点实验室、工程中心、研发中心、研究院、大学科技园等科技平台，促进校企合作不断向战略联盟方向发展，进而促进创新要素在区域内的流动与优化配置。从社会服务角度，一流学科应发扬学科特色和优势，推进原始创新并力争完成颠覆性创新，为产业升级提供弯道超车的动力，而大学应综合考虑作为一个创新集合体，打破学科界限，贯通整个学科体系，提供创新服务。

4. 以机械设计制造及其自动化专业为依托的农业工程浙江省一流学科建设情况

（1）统筹推进学科高水平师资队伍建设。自农业工程一流学科建设以来，农业工程学科自主引进和培养了3名学科方向负责人，引进了8名优秀青年博士，培养了15名学术骨干。开展创新团队建设，获得市级创新团队2个。截至2018年底，学科专业教师人数已达到52人，其中，教授人数达到11人，副教授达到11人，提前达到原定目标。重点支持学科方向负责人、学术骨干、青年博士开展前瞻性、创造性研究，争取国家级科技项目，实施"团队津贴和绩效奖励分配办法"等激励措施，遴选、资助优秀教师出国交流、访学，以及开展具有国际、国内领先水平的原创性研究和关键技术攻关。统筹推进学科高水平师资队伍建设，已初步建立了开放、竞争、择优的师资动态管理机制。

（2）着力构建特色鲜明的学科专业体系。把握农业工程学科发展前沿动态，紧扣浙江经济社会发展实际，进一步凝练科研方向，设立"农业机械技术及智能装备、林特产品加工技术与装备、农业信息技术、设施农业技术"4个研究方向。初步构建成具有一定特色的学科专业体系，本科专业涵盖机械设计制造及其自动化、汽车服务工程、计算机科学与技术、信息管理与信息系统、电子信息工程、食品科学与工程等多个专业。通过学科和专业的优化和与整合，构建"农学与工学融合发展"特色鲜明的学科专业体系，打造省内独立学院特色鲜明的农业工程一流学科，使相关领域的研究成果达到或接近国内先进水平。

（3）全面提升教学科研水平、人才培养质量。立足浙江、面向华东地区培养农业工程领域不同层次的高级科技人才，并在现有学科建设规模基础上稳定本科生招生规模，注重内涵发展，在现有基础上提高各类人才的就业率和就业质量。已获批成为浙江省硕士点建设高校单位，农业硕士点培育建设工作已经全面启动，在取得专业学位研究生招生资格后，使研究生培养规模达到15人/年。同时，在本科生培养方面，加强教学改革、管理和建设工作，提高师教学科研的整体水平，实施人才培养质量提升工程。已在国家和省级大学生科技计划项目立项、机械创新设计大赛等一类竞赛获奖方面实现了新的突破。

（4）优化学科平台、提升地方社会服务能力。积极搭建"政—产—学—研—用"科研机构，构建和完善农业工程学科平台体系。紧紧依托华东地区行业优势，继续推进与地方农林产业合作共建。校企合作、产学研基地建设逐步推进，为浙江省和诸暨市等地方各级政府及企业提供各种咨询建议20余次，参与起草或制订各类政策研究、行业标准、地方标准及规划报告等10项，主办或承办各类工程技术人才培训班3场次，培训各类专家、优秀人才达500名，编写农业工程相关方面的科普著作2部，大力支持浙江经济建设和地方经济发展。

2002年以来，农业工程学科负责人姚文斌教授竹原纤维项目组主持完成国家及省部级科技攻关项目"天然竹纤维高效加工成套技术装备研究与开发""天然竹纤维制备关键技术研究及产业化开发"等10多项，完成企业横向项目20余项。项目系统研究了竹子纤维制备的主要方法，首次提出了热—力耦合的机械开纤方法，建立了碾压开纤、梳解开纤的宏观力学模型及裂解开纤的力学细观模型，揭示了天然竹纤维的分离机理，构建了竹子机械开纤的理论体系，发明了"一种竹原纤维的制备方法"，成功研制出竹材定向制纤机等核心设备(其中：获省级工业新产品5个)，开发出竹原纤维成套技术装备，完成了多个竹原纤维产品项目开发，生产的产品在国内外获得市场订单并占据垄断性优势。其专利技术已在浙江、福建、四川等省多个企业获得推广应用。

2012年，项目组与四川省长江林业集团有限公司合作，一条1500吨竹原纤维产品示范生产线投入使用。该生产线采用适应性广、制取率高的竹材定向开纤制取机械，实现了吃竹纤维的高效生产，解决了竹原纤维生产过程中粉状物及加工剩余物的去除、回收与利用，实现了竹原纤维生产过程质量控制，保证了竹原纤维产品质量的稳定性。该项目获授权发明10多项，制订"竹原纤维及测试方法"共8个四川省地方标准(已获四川省科技进步奖)，开发出竹原纤维、天然橡胶竹纤维高弹性材料、环保竹原纤维复合垫芯材料、竹原纤维床垫、棉型纺织原竹纤维及面料、竹原纤维汽车内饰板等系列产品6个。近年来，与厦门盛方科技发展有限公司等企业签订战略合作协议，订货量达8000吨，与家居行业巨头全友、掌上明珠等签订长期供货协议，2018年上半年已取得1500多万元销售额。该项目在汽车制造、装饰家居等产业领域发展前景广阔。

日前，学院姚文斌教授竹原纤维项目组研制的一条5万吨/年竹原纤维生产线已经通过专家可行性论证及四川省林业厅党组一致通过，即将正式开工建设。该项目的实施，标志着项目组在竹原纤维成套技术装备研发和产业化示范等方面取得了重大突破。预计可消化当地竹资源15万吨，并提供就业岗位530个，实现年销售收入4.5亿元，利税1.2亿元。

三、基于课程群的专业课程教学体系的整合与重建

(一) 机械专业课程体系的设置

针对独立学院学生的学习基础、学习能力、学习习惯和个性特征，在制订教学计划时应扬长避短，设计适合他们的培养方案，寻求错位发展，以"应用型"为培养目标构建相应的知识、能力和素质结构，不断优化课程体系、教学内容、教学方法和教学手段，逐步形成具有自身特色的人才培养模式。独立学院要对原有的培养计划进行必要的取舍，在实行"总量控制"的前提下对课程和教学内容进行取舍，取舍的依据是要建立"以培养学生具有更强的实践

能力、分析和解决实际问题的能力"的人才培养目标。加强实践、实习和实训，实践教学环节在整个教学计划中要占到相当的比例，以体现和确保"应用型"人才培养目标的要求。在培养计划中要以必修课、选修课、特色班、模块课、学习团队等教学层次和不同形式来体现和实施分类教育，以适应学生和社会不同层次的需求。

同时，独立学院的培养计划应根据社会人才需求的变化，结合自身的发展不断调整和修订。培养计划应着力于提升学生的专业能力、动手能力、岗位适应能力和应变能力，强化学生职业技能、劳动技能的培养和训练。

通过对机械专业特点的分析，并结合大学生创新创业教育实际情况，发现机械专业创新创业能力有其自身的特点（江帆等，2018）：机械专业根植于工程实践，要求学生对机械设计、机械制造、机电控制方面的知识具有综合应用能力，以及对现代网络技术、大数据、云计算、物联网、智能制造等新兴行业知识有较深的了解，同时具备与管理、销售等部门的沟通交流能力，综合起来，机械专业创新创业能力需要专业知识全面、创新能力强、沟通有力、积极主动实践。

根据上述对机械专业学生创新创业能力特点的分析，构建机械专业的培养目标为：通过机械专业创新创业新训练体系的培养，使学生具有全面的专业知识与创新创业知识，拥有卓越的创新能力和主动实践能力，能够适应社会、经济、工程技术发展要求，敢于尝试创造、创新与创业。

暨阳学院机械专业培养方案于2018年重新进行了修订，专业相关课程的设置如下：

（1）学科基础课程：专业导论、数字化造型基础、机械制图；

（2）专业必修理论课程：理论力学、材料力学、工程材料及成形技术基础、机械原理、互换性与测量技术基础、机械设计、机械制造技术基础、流体传动与控制；

（3）专业必修实践课程：工程训练、材料及力学实验、机械原理实验、认识实习、机械设计课程设计、机械制造技术基础课程设计、毕业实习、毕业设计（论文）；

（4）专业限选理论课程：机械创新设计、计算机辅助设计、数控加工技术、机械工程测试技术基础、机电传动与控制、微机原理及应用、机械系设计、机器人技术基础、特种加工技术、复合材料加工工艺、科技论文写作及文献检索；

（5）专业限选实践课程：控制实验（机电控制、测试技术）、电气控制系统设计；

（6）专业任选课程：生产与运行管理、3D打印技术及应用、机械专业英语、企业管理与技术经济、有限元方法及ansys应用、先进制造技术、工业机器人技术及其应用、机械制造自动化技术、自动化生产线、先进材料、汽车构造与拆装；

（7）创新创业类课程：社会实践、创业基础、机械创新设计、创意机器人欣赏与制作。

该培养计划既体现了机械专业理论知识的重要性，又将实践课程提高到了一个新的高度，体现应用型本科的特质，通过这些课程的学习，学生除了能掌握机械专业必需的理论知识，还能够掌握一定的实践技能，在以后的深造或工作中能够利用这些知识更好地回报社会。

(二) 基于课程群的机械专业课程体系重建

独立学院既不同于重点本科院校，又不同于高职高专，属于以教学为主的应用型本科院校，其培养目标应该是工程性人才和技术型人才。根据这一人才定位，将机械专业本科生所修课程分为通识课程、大类基础课、专业核心课和专业选修课等几个模块。通过压缩理论教学总课时，增加实践教学课时，增加涵盖新思维、新知识、新技术的公选课和选修课，逐步构建了宽基础、通用型、应用型人才培养模式（赖惠芬，2010）。

根据本专业培养的目标要求，在理论方面强调以应用为目的，以必需、够用、会用为度，对理论教学体系实行整体优化，将理论教学内容整合为机械设计课程群、机械制造课程群、机电控制课程群，通过对课程体系和教学内容进行重新整合，加强基础理论知识，满足对基本概念、基本原理和基本方法的要求，培养学生掌握科学思维及解决实际问题的方法，同时兼顾学生文化素质的教育。将课程群内课程进行整合，减少不适应独立学院学生特点的理论深度较大的内容的教学学时，去除各课程内重复的内容，增加实践性较强、动手较多的课程学时，增加新技术、新工艺的相关知识，这样知识体系会更明显,理论和实践能力要求更明确,使理论与实践相互渗透融合,强调知识之间的内在联系,拓宽学生的知识面、教会学生掌握所必需的科学原理、方法及使用这些原理和方法的分析、判断,解决生产一线实际问题的能力,强化学生工程实践应用能力的培养。机械专业各课程群课程分布如图3-3所示。

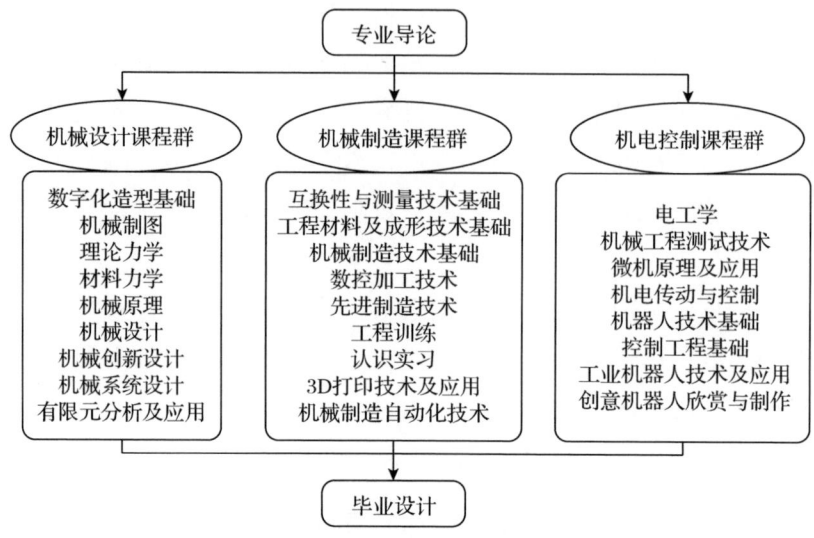

图 3-3　机械专业课程群构建示意图

课程是决定教学质量的基本要素,课程建设的好坏直接影响培养目标的实现甚至影响人才培养质量。各课程群之间有一定的独立性但又在知识结构上相互关联。课程群中的各课程有一定的独立性和相关性,还具有严格的逻辑系统性,纵向衔接,承上启下,横向交叉,相辅相成,各课程组成的课程群实现整个体系的特定功能,应根据本专业培养方向的侧重点合理设计各基础课程与专业课程连接关系。

四、基于产教融合的分层实践教学体系的构建

(一) 校内外实践教学体系的分层(梁秋荣,2010)

围绕独立学院机械专业人才培养目标的定位,处理好知识与技能的培养关系,打好基础的同时,又要保证本科生的培养要求,既要有一定的实践技能,又有一定的知识深度和厚度的体现,实现由单项能力、应用能力到综合

能力的不断提高,并通过产、学、研和实践环节的有机结合,保证实践教学的质量。

(1)实践层次。实践教学应遵循技术知识认知循序渐进的原则,从简单到复杂,从传统到先进,从单一到综合,使学生逐步掌握适应岗位要求的职业技能,从而形成基本技能、专业技能、综合技能的三阶段纵向阶梯式的实践教学体系。

(2)实践内容。针对机械类专业宽口径的特点,以机、电并重,机、电、液结合,并按功能类别组合为两大类八大模块:计算机类(通用软件模块、程序设计模块、专业软件模块),机械类(材料模块、设计模块、制造模块、电控模块、机电综合模块)。

(3)实践方法。实践教学体系的横向结构可分为:实验、实训、课程设计、生产实习及毕业设计(论文)五个横向结构。五个横向结构相互交叉与融合,形成了结构完整、层次分明的实践教学体系,使实践教学体系与理论教学体系互相交叉、渗透、补充、促进,并贯穿专业教学的始终,使学生既掌握必需够用的基础知识和专业技术知识,又具备很强的技术应用能力和操作技能,能够在毕业后立即上岗工作。实践教学体系的层次分解如图3-4所示。

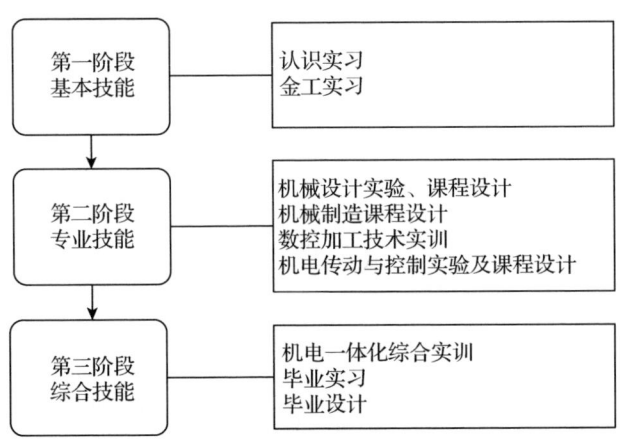

图3-4　实践教学体系分层框图

(二)暨阳学院校内实验室建设的创新与实践

实验是学生用于验证理论并将理论与实际相结合的一个重要过程,是培养学生应用能力的第一步。独立学院在加大基础实验室建设的同时，更应注重实用性。暨阳学院创办初期，实验室主要依托浙江农林大学母体，实验教学也由浙江农林大学实验员授课。随着学院迁建诸暨，办学规模的扩大及两校区的距离问题，必须自建实验室，机械专业实验课程逐渐由母体共享过渡为全部使用自建实验室。2014年建成机械工程实验教学中心，开设有力学实验室、机械设计实验室、机械制造实验室、机电控制实验室、创新设计实验室等，并开设多个实验分室，总投资800余万元。机械工程实验室结构体系如图3-5所示。

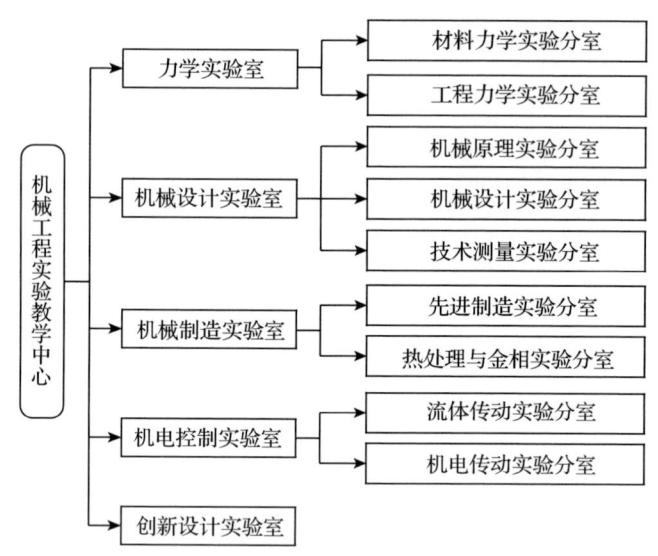

图3-5 机械工程实验室结构体系图

(三) 探索多种形式的校企合作，推动校内外实习基地建设

综合实践场所(如金工实习中心等)需要大量的建设资金，独立学院难以在短期内建成规模。可以充分利用母体高校或周边院校的资源等多种途径，保障综合实践的学时数与质量。暨阳学院机械专业充分利用绍兴本地的教学资源，与浙江工业职业技术学院及浙江诸暨技师学院合作，利用其雄厚的实习中心及国家级数控培训基地，统一制定实习实训计划，完成整个机械专业学生的金工实习及数控实习。这样一方面弥补了自身实践资源不足的缺陷，另一方面将高职、中职院校先进的实习设备和优秀的"双师型"教师引入其中，以达到提高学生技术应用能力的目的(肖猛，2008)。

而实习基地的建设就需要学院和企业的协同，一方面，企业可以和高校共建实践基地，企业可以在高校建立实践基地，高校也可以为企业提供所需的场地以及实训人员，增加实践基地的使用率。高校应给予企业在校内共建基地中一些政策和资金支持，确保双方共建共享。另一方面，企业可以为高校提供大量的实践岗位，让部分教师参与企业科研部门的管理与研发工作，让一部分大学生参与到企业的生产以及部分的科研之中。在校政企合作中，企业与学校一起联合攻关技术难题，加强产品的科学研究，使科研成果转化成批量生产的产品，以此提高企业的市场竞争力。暨阳学院积极探索合作模式，一方面为企业安排员工到高校充电学习，承担企业的成人继续教育义务；另一方面将老师派遣到相关企业和岗位，增强老师的实践技能。例如，暨阳学院与浙江全兴精工集团有限公司联合举办"全兴精工班"，以机械制造人才需求为导向，联合开展课程建设、专业建设，联合开展实验室和实习基地建设，培养基于汽配产业的工程技术人才。通过这种无缝对接，真正实现人才培养对接人才需求，专业对接产业，教材对接技能，促进教育教学改革发展，从不同维度拓展校企合作新模式。除此之外，暨阳学院还与诸暨多家企业合作，其学生在这些企业中进行生产实习和毕业设计，走出了一条较好的校企合作之路。暨阳学院机械专业与企业、院校共建、共享实习基地见表3-3。

表3-3 暨阳学院机械专业实习基地一览表

实习基地名称	合作形式
浙江全兴精工集团有限公司	全兴精工班合作办学
浙江海亮股份有限公司	实习基地
浙江万安科技集团有限公司	实习基地
盾安集团	实习基地
浙江申发轴瓦股份有限公司	实习基地
浙江工业职业技术学院	工程训练基地
浙江诸暨技师学院	工程训练基地

(四)基于特色产业的产学研基地建设

中国大唐袜艺学院是暨阳学院和诸暨市政府双方继共建诸暨发展研究院、

陶朱商学院、大唐产学研基地等平台后校地合作的又一项成果,实现了专业与企业、专业群与产业链的有机对接,与地方产业深度融合发展。

中国大唐袜艺学院的创建,旨在积极整合校内外人才、科研、硬件资源,围绕诸暨"袜艺小镇"建设和袜业产业转型升级的切实需求,充分发挥艺术设计、文化创意、风景园林、电子商务、市场营销、机械装备等专业优势。重点培养袜艺产业技术型、紧缺型、技能型人才,通过"政、校、行、企"共同合作努力,助力建设品牌荟萃、智造发达、市场活跃、创意汇聚、引领时尚的"天下袜道、时尚之郡",把中国大唐袜艺学院建设成为袜业高端人才培养与培训的基地、科技创新的阵地、袜艺文化时尚的高地(图3-6)。

关于师资力量,一方面是学院的老师,另一方面是知名专家包括以大唐袜业相关的企业家作为创业导师,以设计师作为实践导师。

如今,大唐正在全力打造全球高端袜业原料研发生产基地、顶尖袜机制造基地、智能化高端品牌生产集聚地、线上线下一体化销售基地的新产业经济体系,继续引领国际袜业的发展。

图3-6 中国大唐袜艺学院揭牌仪式

五、以学科竞赛、创新项目、专利工程和职业技能鉴定为依托的创新创业教育体系的构建

(一)以学科竞赛为依托,构建创新型教学体系

独立学院由于办学时间相对较短、科研项目较少、没有政府固定投入等

原因，存在着教师以课堂教学为主，较少参与科研工作的状况。如何培养独立学院大学生的创新能力，如何营造学校的学习和创新氛围，是独立学院教学工作者面临的一项难题，经过多年的实践，独立学院逐步以学科竞赛为载体，因地制宜推进教学内容、教学方法的改革和创新实验室的建设，从而推动学生创新能力的培养（丁剑波，2008）。开展科技竞赛活动对师生各项能力的培养及新型教学体系的创建都有很大的意义。

（1）开展学科竞赛活动对于学生的创新思维和动手能力的培养、团队精神的培养有积极意义。科技竞赛的主题都是专家学者根据大学生的实际情况，结合产业需求，设置的一系列的具有创造性、实践性和趣味性的竞赛题目，这些题目往往都是综合性的，需要多学科知识的融合，团队成员必须齐心协力、相互配合、共同参与、分工协作才有可能取得成功。这些团队在竞赛指导教师的指导下进行经常性的理论探讨、实验研究、技术创新活动，并通过听课、实验及参加学术讲座等形式，增强了团队协作的精神。

（2）开展学科竞赛活动有利于培养教师队伍。培养创新人才，关键在教师。独立学院教师以年轻教师为主，大部分都是研究生毕业进入教学岗位的，科研能力普遍较弱，亟须提高实践创新能力，以适应培养创新型人才和科研工作的需要。大学生科技竞赛的指导工作恰好为他们提供了提高实践创新能力和科研能力的平台，通过竞赛的组织和指导工作，能使他们获得与兄弟院校同行的交流机会，弥补实践环节不足的问题，将竞赛作为提高专业知识和科研能力的平台，从而跨入科研行列。

（3）开展学科竞赛活动有利于创新型教学体系的构建。针对独立学院培养计划的现状，大部分还是在精英教育的基础上修修补补，人才培养的成效不明显，甚至暴露了一些问题，如培养方案和学生基础不匹配，造成培养的人才成不了精英，也没有应有的实践能力。通过学生参与科技竞赛活动暴露的问题，将教学活动中与教学对象不匹配的培养方案进行修订，如增加实践教学环节、科技竞赛所需理论知识融入理论教学、创新实验室的开放及开放项目的申报等，对于提高教学质量效果显著。

暨阳学院以大学生学科竞赛为依托，将大学生学科竞赛作为专业教学及培养学生创新实践能力的重要形式与延伸。通过开展挑战杯、机械创新设计、工程训练、互联网+创新创业大赛等各类大学生学科（科技）竞赛，鼓励学生参加校外学科（科技）竞赛，激发学生的创新实践热情，增强学生的创新意识与工程实践能力。

（二）以创新项目为依托构建创新型教学体系

(1) 基于大学生科研训练计划项目的创新创业实践教学模式构建。以国家级、省级、校级、院级等各级科研训练计划项目的立项与实施为契机，探索基于科研训练计划项目促进创新实践能力培养的新模式。学生团队在导师指导下，自主完成创新训练项目、创业训练项目、创业实践项目等各级各类项目的研究设计、研究条件准备和项目实施、研究报告撰写、研究成果交流、研究成果发表等工作。

(2) 基于科研项目驱动的创新创业实践教学模式。以研究性学习为基础，通过吸收学生团队参与教师主持的科研项目，实现基于科研项目驱动的创新创业实践教学。每年通过学生自发组织和校、院组织的形式参与教师的科研课题的学生，在专业教师的指导下完成科研调研、资料收集与阅读、科研实验、论文撰写、专利申请等科研训练，进一步提升学生的创新实践能力以及就业创业能力。

（三）以专利工程为依托的创新思维培养

在当今这个经济飞速发展的社会，无论国内还是国外，涉及知识产权的争议和纠纷显得越来越多。知识产权在促进经济经发展、科技进步，以及文化繁荣等方面逐渐发挥出了越来越重要的作用。国家、企业，甚至个人，都开始意识到了知识产权的重要性。

学院机电系于 2018 年 9 月与浙江纳祺专利事务所合作开展了"专利工程"项目，鼓励学生在老师的指导下申报发明专利，并邀请专利代理人来校指导，代理人结合自身多年申报专利经验，围绕"专利申请流程""专业文件申报"两大内容，指导学生申报专利要专注三大要点：问题、方案和效果，并解释到：首先要结合实际提出问题，接着能利用一切可以利用的资源查找资料，最后讨论出方案来，效果也就出来了，重点是要抓住"问题"和"方案"。浅显易懂的解释了一个专利申报的由来。在专利文件撰写方面，代理人从专利请求书、权利要求书、说明书这几个方面进行了具体地、详细地说明，并且在 PPT 中简要罗列了专利的撰写要求，让同学简单明了地知道如何形成专利文本。

2018年共组织学生申报发明专利30余项，学院根据专利撰写情况，着重就部分专利进行修改并申报，据统计，机械专业同学共获得申报14项。通过专利工程项目，增强了学生知识产权意识，提高了参与科研创新活动的积极性，对于提高学生的创新创业意识有极大帮助。学院根据2018年的执行情况，在2019年继续加强了宣传和资助力度。

（四）以职业技能鉴定为依托的实践技能提升

应用型本科院校是以培养应用型人才为特色的高校，这类人才具有基础实、素质好、能力强、后劲足的基本特点，具备从事特定工作的职业能力。所谓职业能力，是指以成熟的技术和规范为基础，具有某种职业岗位的职业技能、技艺和运用能力，并要具备较强的理论基础和技术的应用能力，应用知识进行技术创新和技术的二次开发的能力、科学研究的能力。由此可见，注重人才的职业能力培养，提升人才的职业素养，深化人才培养的职业取向应当成为应用型本科院校关注的重点。当前，虽然就业压力很大，但是劳动力结构性矛盾还很突出。一方面高素质、一专多能的劳动者稀缺，而素质低、技能单一的劳动者很多，很多先进的设备、设施由那些技术水平低，无法掌握正常操作规程的劳动者操作，其使用效率极其低下；另一方面，随着时代的发展，生产将越来越智能化，设备更新、技术更新的速度不断加快，更多的岗位要求劳动者具备良好的科学文化素养，坚实的专业技术基础知识和知识更新、知识迁移的能力，要求他们不但能熟练操作原有的机器设备，而且能迅速学会新设备的使用和维护。当前我国初、中、高级技工的比例为6：3.6：0.4，呈倒金字塔型，缺乏高级技工，这是目前广大企业的通病，更是将来的大病，根本不适应经济的发展。因此，本科院校完全可以瞄准这一空档培养人才，兼顾另一条人才培养之路——技能人才培养之路，通过职业技能鉴定，引导学生在掌握扎实的理论基础的前提下，走高级工、技师、高级技师成才的道路，使广大学生获得更多的就业机会和更大的发展空间，提升学校为经济社会发展服务的能力。

机械专业是一个传统专业，独立学院机械专业的毕业生大部分进入企业生产一线、对制造业零部件的生产工艺、新型数控加工装备的使用等知识技能要求较高，而传统的本科机械制造专业仅仅介绍基于传统机床的生产工艺，显然不符合当前数控设备已经普遍应用的企业环境。因此借鉴高职院校职业技能鉴定的方式，有助于本科毕业生尽快适应岗位的需要。暨阳学院首次针对2015级学生进行了数控车工职业技能鉴定，学生不仅掌握了常见数控零件的数控加工工艺分析、切削参数的确定、数控程序的编写和数控机床的操作等技能，极大地提高了学生在企业实习时的适应能力，对于他们在企业的发展打下了坚实的基础。

(五)创新课程、竞赛、项目、专利、技能鉴定五位一体的创新创业教育体系构建

德国的"工业4.0"和"中国制造2025"都强调创新是制造业发展的动力，全面展开创新创业教育，让学生在创新创业教育课程上认识其重要性和必要性，提高学生创新意识、创业精神，对我国在新常态下制造业的发展意义重大。

1. 机械类专业创新创业人才培养指标体系

机械创新创业人才培养目标可以归结为掌握创新创业知识、具备创新创业素质和能力三个方面(图3-7)。建立这三个方面的指标体系为：

①知识目标：创新方法、机械专业知识、机械发明与知识产权、创业基础知识；

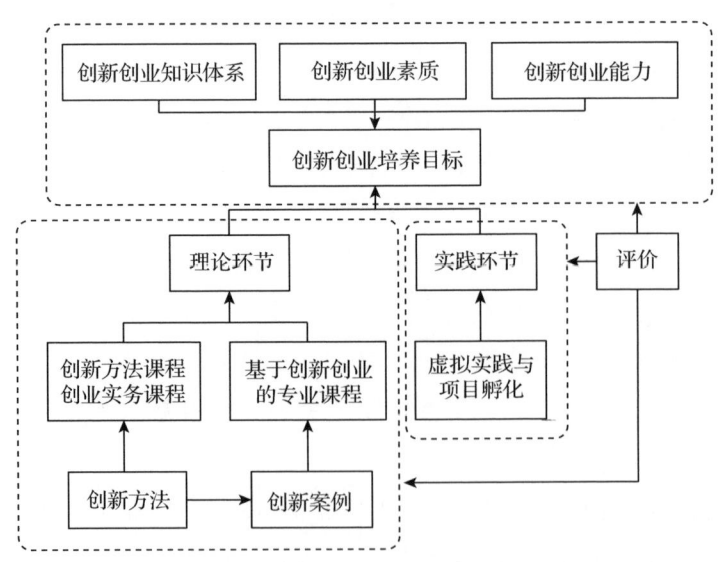

图3-7 创新创业能力目标的达成方式

②素质目标：创新精神、专业技能的钻研精神、协作与共赢精神、创业精神、实践创新精神；

③能力目标：创新方法与专业知识的应用能力、团队与管理能力、知识产权保护能力、主动实践能力。这些指标为后续评价奠定基础。

2. 机械类专业创新创业人才培养创新课程体系

在重构专业课程体系的基础上，将原来碎片化、体系不尽完善的创新创业教育的内容进一步整合构建创新创业教学体系，形成既各自独立又相互融合的"理论教学+实践教学"双模块教学体系，该教学体系具有创新创业教育与专业教育融合、理论与实践结合的特点。

①理论教学模块：主要包括创新创业基础理论教学（以公共选修等为主）、专业课程教学（融入创新创业内容）等。

②实践教学模块：主要包括开展大学生学科竞赛、实施"专利"工程、参与大学生科研训练计划项目等。

创新创业教育课程体系应由多学科及综合学科组成，课程内容具备了创新创业所需的交叉性和综合性、实践性强、创造性强等特点。首先创新创业教育课程应高度紧密地与专业基础课程衔接，在扎实的专业技能基础之上进行可操作性的技术创新；其次创新创业教育课程的实践性强，更多的是将理论应用于实践，实践环节明显增多；第三创新创业教育课程有很强的创造性，注重激发学生的创新意识和创业精神，极易形成头脑风暴。课程设置与安排上逐步完善由核心课程与相关课程结合、专业课程与跨专业课程结合、必修课与选修课结合的课程体系，进一步促进专业教育与创新创业教育的有机融合。

创新创业课程体系如图3-8所示，包括：

（1）建立"机械创新设计""创业基础"等课程，内容涵盖TRIZ理论与可拓创新方法、知识产权相关知识、创业基本知识，并完成规定的学校创新创业公选课。

（2）优化"机构设计基础""机电传动与控制""机械制造技术基础"等主干课程内容，将课程相关的创新创业应用案例融入到相应的专业课程中，并动态更新前沿知识，拓展学生专业知识面。实践表明，将创新创业方法融入到专业课程中，能潜移默化提升学生创新创业技能。

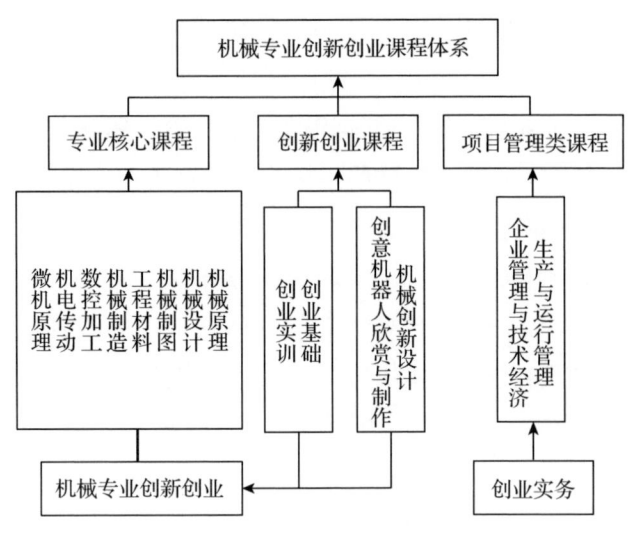

图 3-8 创新创业课程体系

（3）深化"团队管理与沟通""工业企业管理"等课程内容，注重与创业实务知识的结合，强化学生的沟通交流、项目推进与管理能力及创办新事业的能力。

其中在专业主干课程融入创新创业知识对强化专业教育全过程创新创业能力培养具有重要作用。根据专业主干课程的特点，将创新创业知识点融入到专业主干课程中。例如，"机构原理"课程中，在机械运动方案设计、执行机构选型、连杆机构设计、凸轮机构设计等知识点的教学过程中，将创新方法（TRIZ理论与可拓创新方法）融入，建立机械运动方案创新设计实例（绣花机、缝纫机机构设计等）供学生创新设计时参考，这样有利于学生在专业知识学习的过程，自觉地利用创新方法寻求设计创意。在"机械制造技术"中，对于机械制造工艺、夹具设计等知识教学设计，将创业知识融入，在加工工艺设计和夹具设计时考虑具体生产设备、加工成本，这样对学生理解毛坯体积、加工工序、工时等确定有较大的帮助。又如在单片机课程加入 Arduino 的相关知识，让学生利用 Arduino 制作一些小创意产品(呼吸灯、航模、3D 打印机等)，为创新型产品的创业打下坚实的基础。

3. 以创新课程体系为核心的五位一体创新教育模式探索

创新创业实践体系对创新创业教育实施进程与效果产生重要影响，因而建立创新创业实践体系是对课程体系与创新创业能力与素质具有重要支撑作用。根据本专业实际情况，实践体系以实验教学中心机电实验室为基地的创新创业实践平台，通过拟定的创新创业项目、学生自拟项目（含大学生科研训练计划项目）与引导参与教师科研项目，加深学生对所学领域知识和基本理论的理解，促进学生掌握实施项目的基本方法和技能及利用创新方法求解实践中的复杂问题，培养学生主动实践、创新能力、团队协作意识。

以创新课程为中心，学科竞赛、创新项目、专利工程和职业技能鉴定为依托建立创新创业教育体系，如图3-9所示。

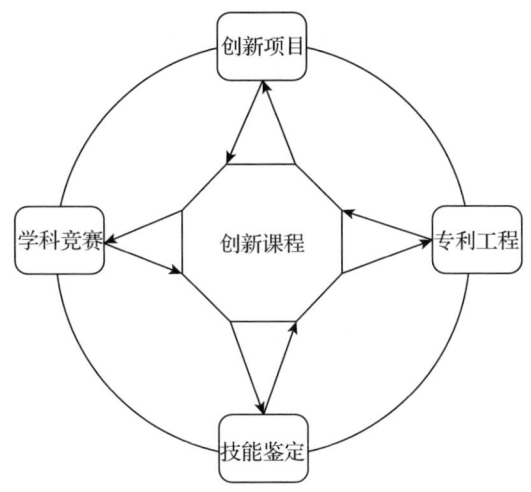

图 3-9　五位一体创新创业教育新模式

4. 五位一体创新创业教育平台建设

拓展实验室功能，促进创新实践基地建设，在完善校内实习实训基地、开拓校外创新实践基地基础上，全面开放大学生创新实验室，同时开放实验室、专业实训室等实践场地拓展实验室的功能，搭建大学生创新实践平台，为学生参加大学生学科竞赛、各类科学研究等科技创新实践活动提供场地及必要的设备、技术等支持，为五位一体的创新创业教育提供必要的实践平台。

搭建"教室+实验室+实习基地"教、学、做三位一体的教学平台。结合制造业人才需求特点，建立能满足职业能力要求的实践教学体系，通过基本技能训练、专业技能训练、专业综合能力训练等实训环节，使学生的实践能力得到较为系统的培养。改革教学方法和手段，融教、学、做为一体，推进案例教学、实景教学、任务驱动、项目导向等教学模式的实施,实现"校内—校外"结合、"教师—师傅—学生"结合、"仿真—实操顶岗"结合、"毕业证—职业资格证—顶岗实习证"结合,切实提高学生的各种能力。创新创业实践平台如图 3-10 所示。

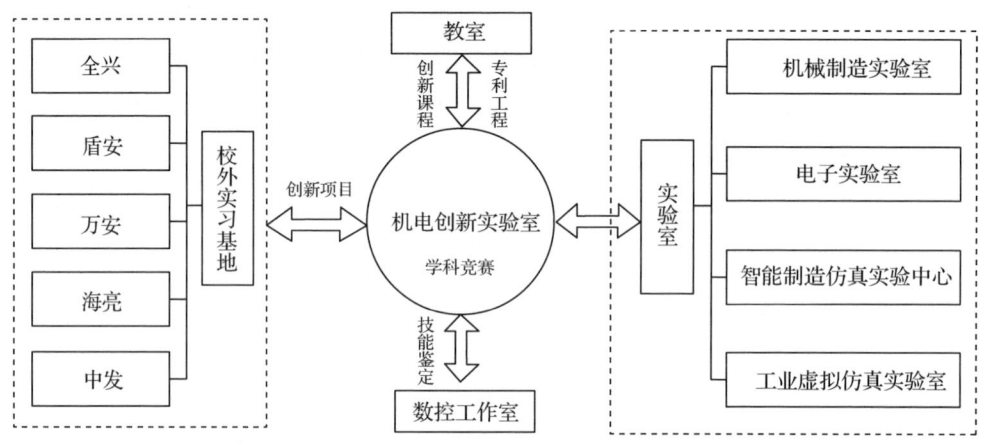

图 3-10　创新创业实践平台

六、基于"互联网+"的新形态教材建设体系的构建

新时期,我国高等教育课程与教材建设面临着新形势与新任务,如何紧紧围绕提高高等教育质量这一主题,全面贯彻党的教育方针,落实立德树人根本任务,以支撑创新驱动发展战略、服务经济社会发展为导向,着力推进教育教学改革,服务人才培养,全面提升教学水平和创新能力,必将是广大高校、教师、出版单位需要重点研究和狠抓落实的重要工作。以在线开放课程为依托,分析新形态教材的产生背景、学生需求、新形态教材的特点,建设一批符合新时期学习需求的新形态教材,并根据机械专业课程体系的构成,逐步建立和完善机械类专业新形态教材体系(魏振水,2016)。

(一)新形态教材及其产生

我国传统的教材,基本上是以"文本+图片"形式呈现的。编写者观点、主要教学内容、教学案例等主要通过文字形式表现。原本鲜活的课堂教学案例以文字形式呈现，很多教学情境无法准确展示。随着信息技术的发展，特别是计算机技术在教学中的应用，国家开始通过网络课程建设促进教学内容和方式的改变。学校教学从纯依据文本教材的讲授向"文本内容+网络课程学习"发展。教材形式也出现新的变化，由原来的纯文本教材变为文本教材配网络课程学习卡、文本教材配网络课程学习光盘等形式。这种教材组合形式增加了学习辅助材料，对鲜活的教学案例等视频材料也有一定数量的呈现，方便了教学和学习，但由于受学习设备（主要是有线网络和计算机）、资源存储介质（VCD或DVD容量）的影响，大面积应用仍受到制约。随着信息技术、无线网络技术的快速发展，智能手机和以PAD为代表的移动设备的大面积应用，移动学习风尚渐起。与传统文本教材和文本配套网络课程学习卡的形式相比较，新形态教材将文本学习内容与相关资源更紧密地结合在一起，学习者通过使用移动终端扫描文本中的二维码，关联资源即可呈现，达到随时、随地学习的目的。在新形态教材中，文本仍然是最主要、直观的内容呈现形式。通过二维码关联的多种形态资源主要有以下几种类型：一是教学微课程，即文本教材中相关知识点、重点、难点、关键点内容讲解的教学微课程；二是教学PPT以及与文本紧密关联的背景知识，拓展阅读材料、图表、图片等；三是相关测试题及答案等。

(二)新形态教材的特色

社会政治、经济、文化的发展，特别是信息技术、互联网技术的发展，已经深深影响着人们生活的各个方面。新形态教材的研发，坚持将这些改变引入学习资源的组合和呈现中，使得师生通过应用新形态教材，进而改变教学行为，提高教学和学习的有效性。

(1)新形态教材强调"以学生的学习和发展为中心"理念。新形态教材中资源的组织与整合坚持以学生为中心，即以学生的发展需要为中心，帮助和引导学生主动学习本领域的专业知识和能力、形成实践智慧并有效运用；引导学生以已有经验为基础，在反思基础上生成和建构新的经验。

(2)新形态教材的内容呈现出更强的先进性、选择性和生成性。新形态教材强调经典理论简明化，同时要将教育教学最新理论、最新研究成果、典型案例引入教材。使得学生通过教材能基本了解基础教育改革最新动态、国内外教育教学领域最新进展，始终与教育教学发展同步。在教学过程中产生的新的资源和内容，可以整合并及时收入学习资源库，使得学习资源不断更新和优化，滚动生成，为更深入、更适切地开展教与学提供有效资源，有效解决了传统教材内容更新慢、更新手段复杂、周期长等弊端。

（3）新形态教材具有全新的形式。首先是内容呈现形式新颖，通过二维码将教学微课程、拓展阅读文字、图片、图表、动画、音频等有机关联到文本。其次是表达方式新，新形态教材体现教学设计思想和教学实施过程，将教学设计、教学实施、教学资源、教学评价等有机地整合在文本中；文本教材内容框架清楚，知识点明确清晰；栏目板块设计针对性强，支持学习从接受式转向自主、合作、探究式；语言简明，易懂。再次是资源整合途径新，通过二维码关联的相应资源，是应用现代信息技术和网络技术，建设在相关数字学习平台上。数字学习平台不仅可以提供学习资源、学习支架，丰富案例支撑，同时可以方便地进行资源的维护和更新。扫描二维码所呈现在移动终端上的内容，永远是及时维护和更新后的内容。

（4）新形态教材是立体化、数字化的教学资源包。新形态教材的文本内容、教学微课程、学习资源等有机关联，可读、可视、可听，整个文本教材及二维码关联的资源形成了完整的教学、学习资源包，是完整的数字化、立体化学习解决方案。通过二维码关联的相关资源，如教学微课程、教学案例、学习资源等均以数字化形式呈现。资源的获取通过数字化平台来支撑，教与学的互动也通过数字化平台来实现。教学过程中生成的资源也通过数字化平台进行集成。

（5）新形态教材促进教材变学材。信息技术、网络技术的发展，使学习条件和环境发生变化，以学生为中心的教学强调学习的个性化、自主性，强调先学后教，线上线下结合的学习方式。通过新形态教材与传统教材几项关键指标比较可以看出，新形态教材由单一文本教材变为"简明文本+数字化学习资源包"的形式后，资源的丰富性可以有效支持翻转式课堂教学以及混合式、探究式学习方法的应用，促进教学改革，支持教师在保证课程基本教学质量的基础上创新和提升。

（三）新形态教材体系建设

2016年5月17日，习近平总书记主持召开哲学社会科学工作座谈会。总书记在重要讲话中强调:"学科体系同教材体系密不可分。学科体系建设上不去,教材体系就上不去;反过来,教材体系上不去,学科体系就没有后劲。"总书记深刻阐明了哲学社会科学学科体系和教材体系之间密不可分的关系。教材体系是用于培养人的,人才培养的水平和质量提高了,才能支撑和创新发展学科体系。习总书记这一指导思想同样适用于自然科学相关教材体系的建设。

从新形态教材的特色可以看出,新形态教材的建设需要教师付出更多的心血,教师要将原有教材中的理论知识进行梳理,将原来理论晦涩难懂,但通过视频、动画、VR等手段能够容易理解的部分,在纸质教材上进行简化,通过二维码扫描获取讲解视频、原理动画、虚拟现实视频等,将学习难度极大地降低。如机械制图新形态教材的建设中,学生只要对投影关系有个清晰的认识,再加以虚拟现实的视频、三维建模软件的重现,对于学生理解并绘制机械零件工程图有极大的帮助。如工程材料及成形技术基础这门课程新形态教材的建设中,将工程材料的微观组织结构、热处理过程中组织的变化、新材料新工艺、成形工艺等知识通过链接于教材中二维码的生动的视频、动画等文件,学生就没有必要再对书中很多难懂的组织变化过程闻之色变了,同样对于成形技术,在学校里很难看到所有成形技术,文字介绍再多也很难在学生脑子里形成很清晰的成形过程。如机械制造技术基础这门课程的新形态教材建设中,对于各种形状表面零件的加工方法、选择合适的加工设备、加工工艺编制,知识点多,如将零件型面及加工过程用动画或视频的方式展现,学生根本不需要专门识记这些加工方法,对学生的视觉冲击会使学生更好地掌握这些知识。

七、以"双师"型教师培养为抓手的教师队伍体系的构建

要完成高质量的应用型创业人才培养,必须建立高水平的师资队伍,高水平的应用型创业师资队伍一定是由多元化专业教师组成,以浙江省大学生工程综合能力竞赛及浙江省大学生机器人竞赛为例,涉及单片机编程、数控编程与加工、车辆工程、机械设计等多门学科,指导教师团队须有多元化知识背景,单一专业教师无法全面有效指导,必须是由多学科或是跨专业教师指导团队才能更好地完成创新创业教育指导工作。建立一支专业理论知识扎

实、实践经验丰富、研究水平较高的师资团队决定了创新创业教育的层次。创新创业教育内容基本属于课本之外，始终以学生为"主角"，教师为"导演"模式。"以学生为中心"的成果导向来展开创新创业教育工作。教师自身需要不断地补充新知识、开拓眼界，顺应时代发展，紧跟行业最新发展动态，不断积累实践指导，真正意义上对学生的创新创业教育起到"引路人"的作用。

创新创业教育不是高校的闭门造车型教育，它需要社会和产业界的支持和参与，是开放式的。因此，高校在进行师资队伍建设时眼光不能仅仅只放在校内，还要加强与外界的联系。一方面，学校可以聘请各类专家或者政府官员作为学校的兼职老师，建立一支专兼职结合的创新创业教育师资队伍，实现校内校外资源的整合。另一方面，对于兼职教师的聘任条件、聘任程序、薪酬奖金及教学内容等聘任机制还要进行严格的规范，兼职教师讲授的课程要对学生有具体的实践指导作用，例如创业的规划、创业的融资及相关法律知识等。另外，要加强"三师型"即理论型、综合型和实践型师资队伍建设，其中理论型教师主要是侧重于创新创业教育相关的知识的传授；综合型教师主要是偏重于创业精神和创业意识的培养，同时又在创新创业实践方面给予咨询及指导；实践型教师主要是让学生有实践的体验，促进其理论向实践的转化。

八、暨阳学院机械专业应用型创业人才培养的特色

办学特色是指一个学校区别于另一个学校特殊的质量和品质，是学校在特定的经济环境和长期办学实践中积淀形成的独特优质内涵与风貌，是有利于学校自身发展的，能够灵活应对外部环境的动态变化，在相关的各类竞争中，学校的某一方面或几方面能始终得到社会、家长和学生的肯定，始终拥有相对核心竞争力。随着生源问题逐渐凸显，独立学院的生存和发展面临着越来越严峻的局面，走特色发展之路，是独立学院面临的刻不容缓的问题；同时，人才需求的多样性也决定了独立学院必须走特色发展之路；各地经济发展水平不同对人才的需求也不尽相同，为服务地方经济发展，也必须走特色发展之路（智文媛，2012）。

暨阳学院机械设计制造及其自动化专业设置于2003年并同年招生，是省新兴特色专业、校级重点专业以及学院首批品牌建设专业，是省一流学科农

业工程的重要参与建设专业,"机械电子工程"学科被列为绍兴市重点学科。拥有一支教学经验丰富、年富力强的教学科研队伍,专业以数字化虚拟设计及制造、数控加工、工业机器人以及自动控制技术为特色,以现代自动化机械装备为主线,以机为主,机电结合,突出自动化技术与计算机技术在现代机械装备设计、制造、运行、维护与管理中的应用。以人才培养为中心,以就业市场为导向,不断更新教育观念,推进教育教学改革,提高人才培养质量,形成了鲜明的办学特色。

(一)人才培养特色

我国独立学院教育坚持与生产劳动和社会实践紧密结合,服务于社会主义现代化建设,着力培养适应经济社会发展需要的具有国际视野的应用型专门人才。暨阳学院建院以来,为适应社会用人机制的变化和市场对应用型人才的要求,在实施教育教学体制改革的同时,努力探求体现自己办学特色的人才培养模式。暨阳学院在人才培养特色建设过程中,紧紧抓住三个环节:

(1)围绕着培养什么样的学生,强化人才培养目标建设。结合独立学院学生自身的特点,实施因材施教,着力培养具有创新意识和创新能力的应用型高级专门人才。

(2)创新人才培养模式,强化人才培养过程的特色建设。积极深化教育教学改革,大胆进行培养模式等方面的改革尝试,通过对理论课程教学体系的课程群整合,分层的实践教学体系构建,以学科竞赛、创新项目、专利工程和职业技能鉴定为依托的创新创业教育体系的构建,基于"互联网+"的新形态教材建设等创新人才培养模式。着力培养具有创新意识和创新能力的"高素质、强能力、应用性"创新人才。

(3)健全教学质量监控体系,注重人才培养质量。始终坚持以教学为中心,强化教学管理,建立教学运行、教学督导两条线并行的管理模式,进一步加强和完善教学督导、学生评教和专家评价三位一体的教学质量监控体系,不断提高人才培养质量。

(二)学科专业特色

对于农林本科院校来说,创办有特色的学科和专业是体现办学特色、增强办学实力的有效途径和必然选择。现在,各个高校都把学科建设放在首位,然而，新建高校在学科建设上不能很好地与地方经济发展结合起来。在高等教育多元化的办学格局下，暨阳学院秉承浙江农业大学几十年优良传统与办学特色，依托优质的学科体系，立足社会和市场需求，发展特色学科，打造专业品牌。结合自身特点，大胆进行教育创新，对从百年农大"移植"而来的原专业进行改进和再建设，拓宽专业面，灵活设置专业方向，并且与母体学校错开定位、配套发展，在人才培养、科学研究、服务社会和文化传承创新方面进一步挖掘特色，创造品牌，形成了农林和机械结合的农业工程省一流科学（B类）。

（三）开放式办学特色

开放式办学是高等教育发展的必然趋势，独立学院应该树立开放式办学理念。暨阳学院坚持走产学研相结合的运行机制，积极加强学校与企业之间的联系，发展教育和培训机构与产业界、科研机构、文化机构及创新产业的伙伴合作关系，开放性地建立校内外生产性实习实训基地，面向学生、行业企业和社会开放。信息学院高度重视对外交流与合作，围绕"提升内涵、办出特色"的科学发展主线，积极引进国际优质教育资源，国际化的办学水平不断提升。以农业工程学科、机械专业先后与乌克兰苏梅国立农业大学等国外高校开展多种模式的校际交流合作项目，为学生创造了更多到国外接受教育与就业的机会，逐渐走出了一条培养适应社会需要的高质量国际化应用型人才的新路子。

第四节 | 独立学院机械类专业创新创业人才培养的成效

通过上述基于新培养方案的创新创业人才培养模式的实施,取得了一些成绩,主要体现在:①人才培养质量;②教学改革项目及教学成果奖;③学生创新项目、论文、专利。

一、人才培养质量显著提高

经几年来,暨阳学院机械专业结合诸暨地方特色产业,与诸暨各级地方政府及企业建立了不同层次的合作,探索出了一套完整的基于地方特色产业的机械类专业应用型人才培养体系。通过此体系的培养,学院机械专业毕业生整体上基础理论比较扎实,工程实践能力较强,综合素质高,受到了用人单位的普遍好评。

二、教学改革项目及教学成果奖

经过多年的探索,学院机械专业教学成果显著。目前,机械专业已经主持农业工程省级一流学科、机械设计制造及其自动化省级新型特色专业、基于产学协同项目制的机械制造课程群一体化教学模式探索等3项省级课题;主持机械电子工程绍兴市重点学科1项、暨阳学院转型发展背景下机械制图教学改革思路探索和应用型本科数控加工技术课程实践教学模式探讨与研究等绍兴市教学改革项目2项;主持独立学院机械类专业现场工程实训教学研究、独立学院机械设计制造及其自动化专业基础课程教学改革与实践、机械设计制造及其自动化特色专业及机械设计基础课程课堂教学改革及理论力学教学改革与探索等院级教改项目5项。

经过多年教学改革,教学成果突出,其中郑红平博士参与的《独立学院

"三维四层"实践育人体系的创新与实践》荣获 2014 年省级教学成果奖高等教育类二等奖，修树东教授参与的《产学研用协同培养木材科学与工程专业人才的探索与实践》荣获 2014 年省级教学成果奖高等教育类二等奖。

三、学生创新项目、竞赛、论文及专利

近年来，学院积极重视大学生科技创新活动的申报，2016 年获国家级大学生创新创业训练计划项目 1 项，获院级大学生创新创业训练计划项目 13 项。机械专业是一个实践性很强的学科，相关科技竞赛较多，主要有大学生机械设计大赛、大学生工程综合能力竞赛、大学生 3D 大赛、挑战杯科技作品竞赛等。

学院对知识产权极为重视，2018 年推出专利工程项目，支持学生申报专利，当年申报发明专利 20 余项。

第五节　独立学院机械类专业人才培养的趋势

本科教育是近代西方高等教育最早形成的一个层次，迄今已有八百多年的历史。本科生指的是"尚未在所学领域取到学士学位或者第一专业学位的学生（马骥雄，1985）。本科教育即"尚未获得毕业资格的大学生教育"或"尚未取得学位的大学生的教育（杨汉清，1997）。后来，本科教育分别向上、向下发展形成了研究生教育和专科教育，而本科教育则演变为居于高等教育系统的中间层次。早期，本科教育培养学术人才或专业人才（如医师、律师等）；自20世纪中叶以后，随着专业知识的激增和高等教育的分化，本科教育转向为培养学术人才或专业人才做准备，因而趋向于通识教育。与此同时，信息网络化、经济全球化、社会知识化、高等教育大众化接踵而来，促使社会和个体对于高等教育的需求日趋多元化，进而推动本科人才培养模式在转向的同时发生分化。本科应用型人才培养模式开始崭露头角，从依附于本科教育传统模式中独立出来，由模糊变得清晰，由次要变得重要。西方国家高等教育在20世纪60、70年代开始分化出应用型本科，而我国直到20世纪末才明确提出应用型本科的概念（王立人，2008）。

近几年，关于工程类专业应用型人才培养在高等教育教学中讨论的越来越多，形成了应用型人才培养的高潮，各种改革方案、培养体系层出不穷，为我国下一阶段应用型本科人才培养提供了参考。关于独立学院机械工程类应用型人才培养的趋势主要有：①跨界融合；②互联网、智能制造、机器人等技术支撑下的课程系统重构；③部分独立学院培养方式向高职本科转型；④国际化。

一、机械类专业跨界融合的培养模式将成为应用型人才培养的基本模式

(一) 基于"知识"的学科融合将成为学科发展的方向

为了适应全球范围内新一轮科技革命、产业变革、新经济发展以及人类社会未来面临问题的复杂性程度的不断提高,需要现有多个不同学科、甚至过去毫无关系的学科之间的交叉融合,在此基础上产生新技术,形成新产业,培养出具有跨学科能力和创新创业能力的各种类型的高素质人才,推动和引领未来技术、产业和经济社会的发展。事实上,在高度分化基础上的现代科学和工程技术正在呈现高度综合的趋势,不同学科的知识、理论、方法、技术、手段的交叉渗透正发生在广泛的学科领域,人类社会已经步入了多学科交叉融合的时代(林健,2018)。

随着知识间的边界越来越模糊,专业及课程设置跨学科性更加明显,跨学科的专业和课程利于培养大学生更广阔的视野,掌握多样化的研究方法与解决问题的能力。国外一些名校已经越来越重视跨学科的课程。例如,哈佛大学 2018 年秋季开始实行的新通识教育体系中将"社会科学与技术""伦理与公民"等跨学科课程列入必修的范畴。我国大学在专业的设置上已经出现了越来越多的跨学科倾向,如近年多所大学设置的人工智能领域的交叉学科和专业(孙晓园,2018)。

(二) 基于人的全面发展、强化知识的融会贯通和独立思考的通识教育将成为教育的主要模式

19 世纪以后,专业教育成为大学人才培养的主要特征,但是由于学术分科太细,知识被严重割裂,人才片面发展的状况日趋严重。在这种背景下,立足于人的全面发展、强化知识的融会贯通和学生独立思考的通识教育理念应运而生(李荣,2018)。

实现"两个一百年"的奋斗目标,建设社会主义现代化强国,必须依赖全面发展的创新型人才。未来一段时间,中国高等教育不仅要实现由数量到质量的转型,更为主要的是实现由关注现实到关注未来的转型,充分体现高等教育的超前性和引领性,这是新时代中国高等教育的一个显著特征。

通识教育作为一种教育理念，并非是"通才"教育，而是着眼于人的全面发展所进行的核心素质教育，它既强调人对现实社会的良好适应，又强调对现实社会的改造，是适应性和创造性的有机结合。在过去很长一段时间里，通识教育之所以未能很好落实，是教育的功利性价值观所导致的必然结果。通识教育所培养的学生基础厚、能力强，但也容易出现学而不专的问题。因此，它和专才教育并非决然对立，而是相互支撑、相互补充的关系，理想的人才培养模式应该是通识教育与专才教育的有机结合。

通识教育改革应该是未来大学人才培养改革的重头戏，落实通识教育的根本途径是加强对大学通识教育的顶层设计，全面修订大学人才培养方案，大学一年级、二年级为通识教育，大学三年级、四年级为专业教育，要大幅削减专业课程的学分与学时，让出更多的时间，大量开设通识教育课程，赋予学生学习更多的自主选择权利。要打破多年形成的利益格局，重塑课程团队，凝练通识教育核心课程，避免因人设课、因好设课；要凸显人的全面发展的核心要素，从人对自身和社会的认知、创新思维和品格的培养、中文写作与表达等诸多方面，打造十门左右的通识教育核心课程。同时，要立足于中国传统文化的传承创新和中西文化的融合，设立一般必修课和选修课，形成与专业教育有效衔接的、科学的课程体系。

(三) 基于政产学研的多元主体协同育人模式将成为应用型人才培养的一大趋势

以产学研结合不断增强区域技术创新能力，是当今世界主要发达国家作为优化科技资源配置、提高创新要素效率的主要战略路径，而且产学研结合水平不断向纵深发展，合作层次不断提高，合作模式不断创新，取得了巨大的成功。

20世纪90年代初，我国产学研结合得到长足的发展。在政府的推动下，企业与高校、科研院所积极运作、实施，通过专家咨询、技术转让、共建技术中心、共同研究开发、共办高校科技实体等多种形式的产学研联合，有力地推动了科技成果产业化进程，并在信息技术、生物工程、新材料、先进制造技术等领域形成了一大批具有自主知识产权的核心技术和成套设备，培育了一大批新的经济增长点，推动了传统产业的升级改造，增强了企业自主创新能力和竞争力，促进了产业机构优化升级，取得了明显的经济和社会效益。

我国产学研结合已趋向采用"风雨同舟"式的合作方式,把产学研结合看成是企业、高校和科研机构三方之间优势互补、利益共享的自觉行为,十分强调市场在产学研结合中的自发调节作用。在市场观念的引导下,一切服务于市场,积极探索产学研结合的多种形式,而不拘泥于框框,力求产学研结合的各方以诚心为前提,以效益为目标,在市场中使合作成熟化和规范化。在人才培养方面,许多高校与企业建立起了长期的合作关系。一方面,高校利用教学和科研条件,为企业定向培养技术人才和经营管理人才,已成为企业解决人才匮乏和培养综合性人才的重要途径;另一方面,企业利用先进的生产设备和资金资源为高校提供实习基地和试验基地,也成为高校人才培养的重要内容。高校为企业输送的高层次人才已成为企业技术开发和技术创新的生力军。

二、新技术的发展将促进机械类专业应用型人才培养体系的重构

(一)互联网技术的发展渗透到人才培养的各个领域

当前,以"互联网+"为主导的新技术已经渗透到大学人才培养的各个领域。首先,"互联网+"打破了传统的课堂教学模式,使学生的学习具备了一定的自主性,学生可以在一定程度上根据自己的兴趣爱好和发展愿景,选择一定的学习内容,个性化培养初现端倪。其次,"互联网+"等新技术的运用,使学习活动具备了更为便捷灵活的互动方式,不仅实现了师生之间、学生之间的互动,而且实现了无边界互动,这种互动既无班级、年级、专业和大学之间的限制,也无国别之间的限制。最后,"互联网+"赋予了课堂教学新内涵,利用网络技术可以实施互动式教学、三维立体教学、仿真式实践教学等,应该说"互联网+"对课堂教学方法的改革意义重大,而且影响深远(李荣,2018)。

教育与互联网、人工智能等现代信息技术的深度融合正在改变着学生的学习方式。教育信息化已成为世界各国关注的焦点。在技术的支持下,学习方式将更加多元化,如基于在线学习平台的自主学习、基于信息技术的协作学习、项目式学习、基于问题解决的学习等(孙晓园,2018)。

第一,基于在线学习平台的自主学习、个性化自适应学习将在未来占有

越来越重要的地位。互联网技术的支撑，使在线学习资源越来越丰富，也使得学生的自主学习成为可能。而人工智能等技术的出现，让学生的个性化自适应学习成为可能。这不仅使学习更有针对性、主观能动性，而且也有利于培养学生自我管理、自主学习、思考与创新的能力。未来，随着互联网的发展以及教育部门对学校教育信息化的支持，将会有更多的学生参与到基于在线学习平台的自主学习以及个性化自适应学习中去。

第二，基于信息技术的协作学习将成为一种重要学习方式。协作学习是一种基于技术支撑的学习方式。这种学习方式将技术与不同类型的专业资源、人和工具相结合，在这个学习生态圈中学生之间、学生与家长、学生与教师、学生与专家之间都能进行互动。例如，斯坦福大学借助一门慕课(MOOCs)课程的开设形成翻转课堂的协作组织，杜克大学教授突破慕课的常规做法，与加利福尼亚大学教授、斯坦福大学教授的面对面课程同步进行，实现校际学生间协作学习。世界教育创新峰会(WISE)发布的调查报告《2030年的学校》指出，技术创新，加上社会与教育创新，传统的教室将变成"会议室"，学生协作学习，为未来职业生涯作准备。

第三，项目式的学习、基于问题解决的学习等将成为未来学习方式的重要组成。这些学习方式都以学生为中心，或通过构建环境、组建团队，或基于真实的问题情景等。这种以学习者为中心，利用现代互联网、人工智能、大数据技术的高水平学习方式锻炼了学习者的动手能力、交流能力、团队协作能力，尤其是创新能力，能够培养未来能创造性解决问题的人才，同时也符合未来人才应全面发展的需求。欧洲、美国等一些发达国家已经开始了项目式的学习、基于问题的学习等人才培养方式。我国也有很多学者在研究、呼吁这些学习方式。可以预见，未来随着智能时代的技术积累以及全面发展的人才培养的需求，这种学习方式将越来越普遍。

(二) 人工智能将极大地影响未来的教育教学模式

从更加长远的角度来讲，人工智能技术的发展对人才培养的影响更为巨大。随着图形识别技术、云计算、大数据等新技术的发展，如何促进人工智能和教育的深度融合已经成为一个热点问题。"人工智能作为未来社会的引领性技术，正在引致经济社会发展对人的发展的新要求，推进教育从数字化、网络化向智能化迅速跃升,为未来型学校的出现和新型教育生态系统的形成提供了可能"。

2018年4月,教育部印发《高等学校人工智能创新行动计划》。一方面,对如何建设人工智能学科、培养人工智能人才提出了科学规划;另一方面,也明确提出要大力推进智能教育发展。人工智能技术对未来大学将产生革命性的影响,未来的大学校园要在数字校园的基础上向智慧校园发展,各种智能感知设备和技术设备遍布校园,学生的日常生活和学习活动将全部智能化,无形的虚拟数据空间将主导大学校园。与此同时,人工智能技术对教育教学模式也会产生重大影响,运用人工智能技术可以重构教学流程,开展教学过程监测、学情分析和学业水平诊断,建立基于大数据的多维度、综合性智能评价,精准评估教与学的绩效,实现因材施教等。

人工智能技术的发展也给大学人才培养提出一些新的挑战,最大的挑战是在高智能背景下,人类自身必须有更多的"善心""善意",才能避免高科技成为一把"双刃剑"。因此,未来的大学教育更应该侧重于学生的爱心、同理心的培养,并使之与创造力、协作力有机结合起来。只有具有健康心理、完美个性的人,才能使人工智能技术最大限度地造福人类。另一种挑战来自于学习本身。人工智能在很大程度上使学习变得更加方便简洁,学习在一定程度上变得更加容易,但是也会在一定程度上减弱学生学习的获得感和成就感,学习效果反馈激励的弱化,能够在一定程度上削减学生的学习动机。缺乏学习动力将是人工智能背景下人才培养应该认真面对的一个重大问题。如果不能很好地激发学生的学习动机,人工智能则会加速人类智能的愚钝化。这一挑战赋予了教师教学重点、难点的变化,人工智能可以把教师从简单重复的工作中解放出来,教师应更加专注于学生的健康心理、完美个性和全面发展,更应该注重学生人生发展愿景的引导和建构。

对人才培养而言,人工智能最为显著的成效可能是个性化培养的落地生根。学生的个性化发展与全面发展是辩证统一的关系,是指学生主体优势及其潜能得到充分发展的过程。没有个性化发展也就谈不上全面发展,个性化发展是人的全面发展的重要体现。当前,人才培养中的个性化发展更多停留在理念层面,统一的培养方案、统一的课程体系、统一的教学模式、统一的考核体系,用一把尺子"量"所有的学生,这种教育模式在很大程度上压抑了学生个性，阻碍了学生潜能的发挥。人工智能为主导的新技术为打破人才培养的统一化模式提供了可能，人工智能技术可以形成以学习者为中心的智能化学习平台，提供丰富的个性化学习资源，创新服务供给模式，实现人才培养的定制化。学生可以定制自我培养方案和课程体系，通过科学的学习反馈机制，不断调整优化个性化的学习，最终通过多样化的评价体系实现预定的培养目标。这种个性化的学习将成为未来人才培养的基本模式。

（三）人工智能技术的发展将促进机械类专业知识体系的重构

1956年的夏天，香农和一群年轻的学者在达特茅斯学院召开了一次头脑风暴式的研讨会。这次会议叫作"达特茅斯夏季人工智能研究会议"，讨论的是当时计算机科学尚未解决，甚至尚未开展研究的问题，包括人工智能、自然语言处理和神经网络等。人工智能这个说法便是在这次会议上提出的（吴军，2016）。21世纪，人工智能研究和应用进入新阶段。人工智能已经与具体产业进行紧密对接，推动形成各高校对工科人才的培养目标。

人工智能将促进学科尤其是机械工程的内部研究方向和人才培养方案的转变，同时也会促成新的课程体系和新的专业产生。对于机械专业，需要结合人工智能且在创新创业的背景下创建属于自己的特色课程和特色研究方向，紧跟社会需求，开发多种课程，创建真正的新工科格局。

三、部分独立学院机械专业应用型人才培养将向高职本科教育转型

独立学院是以新机制、新模式举办本科层次教育的高等教育机构。面对当前中国高等教育全面启动转型发展的大背景，独立学院怎样应对新一轮高等教育的大变革，如何在激烈的竞争中抢抓机遇，求得生存与发展，成为目前亟待解决的问题。近年来，国家一直大力发展高等职业教育，鲁昕同志在谈到我国高等教育结构调整与现代职业教育时表示，教育部将促进600多所地方本科高等院校向职业技术教育转型，培养高层次技能型人才的高等院校比例将大幅增加，从现在的55%提高到70%~80%，人才培养结构将产生重大变化。这意味着在新一轮高等教育结构调整中，向高等职业教育转型将成为独立学院发展的新趋势。

近年来独立学院以培养高级应用型人才为目标,高级应用型人才无疑属于高等职业教育培养的"高素质劳动者和技能型人才"的范畴。在"高等职业教育"的外延上,高等职业教育简称"高职",是"高等"与"职业教育"两个概念的复合,"高职"的外延范畴不是介于中专与本科之间的一种学历层次,而是涵盖了高专、本科、研究生三个层次。"高职"既独立、自成体系,也与普通高等教育互联互通。因此,将独立学院纳入现代职业教育体系,完全符合"高职"的内涵和外延(李荣华,2016)。

四、国际化培养将成为未来人才培养的主流

改革开放以来,高等教育国际化就成为大学发展的重要方向。进入世纪之交,中国恢复 WTO 成员国地位之后,高等教育国际化进程日渐加快。几乎所有的大学都制定了国际化发展战略,努力把握世界高等教育发展趋势,积极汲取国外先进的办学经验,留学生教育、中外合作办学、对外汉语教学、孔子学院建设均取得显著成绩。但是,人才培养的国际化依旧进展缓慢,国内与国外大学之间的课程对接、学分互认、教师互聘、教学资源共享尚未有效推进。从国际化发展水平来说,现在依旧停留在大学之间办学方面的国际化,虽然出国留学和接受的留学生数量均有快速发展,但是学生的迁移与大学人才培养的国际化融合还是两个概念。

高等教育的国际化主要是人才培养的国际化。从这一意义上说,中国大学国际化程度还较低,几乎所有的大学都把国际化作为自身的发展目标和发展战略,但是在实际操作层面缺乏切实可行的举措,国际化战略落地开花的较少;与人才培养相关的课程与教学的国际化水平有待提高;如何发扬本土特色,形成教育优势,也缺乏系统设计和整合;在教育资源输出上表现欠佳。

高等教育国际化未来的发展趋势主要有两点:一是教育市场全面开放,人才培养的竞争演变为国际竞争。一方面,教育资源的全球共享成为主导趋势;另一方面,教育资源的流动和分布更加频繁有序,地区间、国际间的不平衡状态可能更加突出。因此,只有融入教育国际化的市场和竞争之中,人才培养质量才会得到真正提升。二是从人才培养的过程和质量看,一方面,受先进科学技术的影响,教学模式、教学方法将呈现更加多样化的发展趋势;另一方面,人才培养的课程标准、质量标准、考评标准则更加趋同。随着国

际化不断发展，多样性和趋同性的趋势越发明显。

在人才培养国际化的发展过程中，国际化课程建设是重中之重，国际化的教材要大幅度增加，双语教学将成为一种教学常态。因此，国内外校际之间组建课程团队，实施协同创新将成为国际化课程建设的主要形式。如何使"中国方案"体现"中国智慧"，如何使"中国标准"成为"世界标准"，是我国高等教育国际化的重要内涵。从未来发展趋势看，国际化教师队伍逐渐成长，中国大学与世界各国大学教师的互聘将越来越多；国际间的协同创新逐渐演变为一种主要趋势；国际化课程建设的力度不断加大，课程覆盖面逐渐拓展到各个学科领域，中国化的课程标准将更多地成为国际化的课程标准。在此基础上，中国大学与世界各国大学学分的互认将成为现实，学生跨校学习、跨境学习、跨国界学习将成为人才培养的主要模式，以体现民族精神和民族文化为主旨的国际化课程的开发将成为新的热点，中国文化在世界各国的传播将更加广泛，影响将更加巨大。

第四章

园林类应用型创业人才培养的实践
——以园林专业为例

第一节 | 浙江省园林专业发展概况及独立学院应用型创业人才培养的背景

一、浙江省园林专业发展现状

浙江省园林专业起步较早,1952年秋季全国院系调整之后,浙江大学"森林造园教研组"成立,标志着浙江省近代风景园林学教育的开始,是继1951年清华大学与北京农业大学联合设立的"造园组"之后的全国第二个"造园"专业。1983年浙江大学园林专业恢复招生。1998年获"云林植物与观赏园艺"二级学科硕士授予权;2005年获国务院学位办首批"风景园林硕士专业学位"授予权,同年获批"观赏园艺学"自主设置二级学科博士授予权;2011年获批国务院学位办授权"风景园林一级学科"硕士点,同年开始招收全日制风景园林硕士研究生,包括科学学位和专业学位。1985年浙江农林大学组建园林系,2002年成立园林与艺术学院,2005年改为园林学院。

浙江大学园林所园林学科目前有"生态与植物景观规划设计原理""园林植物生理调控与景观应用""风景园林规划设计及其理论"三个研究方向,着力于生态景观理论研究;与之类似,丽水学院的园林专业设在生态学院,以风景园林学、建筑学、生态学、林学为专业基础,重点培养具有创新精神和实践能力的应用型人才;浙江农林大学将风景园林、建筑、旅游与健康结合形成园林学院,目前有园林、风景园林、环境设计(园林艺术设计)、城乡规划、人文地理与城乡规划、建筑学、土木工程和旅游管理等本科专业,形成了风景园林与人文建筑旅游规划的人才培养体系;绍兴文理元培学院的园林专业开设在建筑工程分院,重点培养园林植物规划与设计、园林施工和植物造景、应用管理的高级复合型专业人才。暨阳学院包括园林、环境设计和土木工程三个专业。中国美院将风景园林专业课程分别开设在建筑艺术系、城市设计系、环境艺术系和景观设计系，作为基础学科，根据不同的教学需求和特点与建筑环境及艺术设计融合教学。

二、浙江省对园林专业人才的需求分析

园林专业是在近几年随着改革开放不断深入和经济快速发展以及对城市生态环境要求日益提高的社会大背景下，快速形成和壮大的新型朝阳产业。一方面，随着城市化进程加快，在众多城市改造、道路拓宽、广场建设项目实施过程中，人们越来越关注绿化景观设计，因而对此类人才需求也大幅度增加；另一方面，随着人们生活质量、生活水平的不断提高，绿化及生态环境成为新追求，园林绿化面积大幅度增加，园林工程施工质量和管理逐渐规范化。目前，各大园林、建筑规划设计院、政府、企事业单位对园林专业人才需求量越来越大。

目前浙江省乃至全国对园林专业人才需求较大，2018年浙江省各高职院校园林专业专科本科就业率均超过93%，对各种层次的人才均有需求，但总的趋势是高级园林人才需求较少，中低层次人才需求较大，特别是中专、大专层次需求量最大，呈金字塔状分布。不同性质的用人单位对人才的需求层次也有差别。二级园林资质企业一般需求研究生学历层次，园林研究所及部分行政事业单位要求本科学历，而大多数企事业单位更希望录用中专、大专层次的人才；不同层次园林人才所从事的工作内容也有显著差异。研究生多从事中型园林工程项目的设计与施工管理，本科层次人才多从事中小型园林工程的设计、施工及园林物业管理，大中专层次主要从事园林植物生产、营销、园林工程养护等工作；不同经济发展水平区域内用人单位对园林人才的需求也有不同特点，经济发展水平较高的地区对园林人才的需求量明显较大，且高端人才与低端人才需求量偏大，说明园林行业是朝阳产业，随着经济的发展，社会对人才的需求会随之增大。

三、浙江省独立学院园林专业人才培养现状

浙江省开设园林专业及相关专业的高校已经有18个，其中公立本科院校有浙江大学、中国美术学院、浙江理工大学、浙江农林大学、丽水学院，其

他高职院校有浙江树人大学、宁波财经学院、绍兴文理学院元培学院、浙江农林大学暨阳学院、金华职业技术学院、浙江建设职业技术学院、丽水职业技术学院、嘉兴职业技术学院、浙江广厦建设职业技术学院、台州科技职业学院、温州科技职业学院、宁波城市职业技术学院,各院校园林专业呈现出不同的教育布局特色和教学重点。

浙江大学园林研究所开设园林专业四年制本科、风景园林硕士点以及园艺学博士点,目前已授予硕士学位111人;浙江农林大学本科开设园林和风景园林两专业,另设有风景园林学、园林植物与观赏园艺硕士点。两高校学科学位设置较合理全面,其开设的园林植物与观赏园艺专业方向各有偏向。前者研究方向有:园林植物良种繁育;园林植物栽培与管理;园林植物应用与效益评估;野生园林植物资源分类与应用。后者偏向于植物生物技术与种植创新;园林植物资源分类与应用。浙江农林大学开设的城市规划设计专业,研究方向包括城乡规划设计与理论、风景园林设计与理论、景观工程规划设计和绿色建筑设计4个;而浙江大学开设的风景园林则以园林规划设计及其理论研究为主。浙江省开设园林专业的专科及高职院校是浙江省必不可少的园林专业人才培养基地,占总数的50%。所授学位以工学居多,专业课程设置相对园林本科较少。浙江省本科院校园林及相关专业分别授予农学、工学和文学学位。浙江农林大学、浙江大学和丽水学院园林专业授予农学学士学位,以园林植物和园林规划设计为主,园林建筑设计为辅;园林艺术设计授予文学学士学位,以园林历史文化、园林美学与艺术设计等人文科学为主,园林生物生态与建筑为辅;风景园林专业授予工学学位,以园林建筑设计与城市人居环境规划等工程科学为主,园林生物生态为辅。

四、浙江农林大学暨阳学院园林专业建设现状

风景园林学科是暨阳学院(原天目学院)成立最早的学科(2000年),也是学院唯一的涉农学科,其下设的园林植物与观赏园艺学科是学院首批两个重点学科之一,并于2013年入选绍兴市重点学科。本学科支撑园林、环境设计(园林艺术设计)本科专业,在校生共1100多人。近年学生就业率均在95%以上,专业对口率80%以上,人才培养质量都处于国内同类院校前列。园林、环境设计(园林艺术设计)专业也是学院首批重点建设专业,园林专业更是学

院唯一的农学类专业,本科生招生规模处于全国本科院校前茅。

2018年,园林学院园林专业农学学科门类在全国独立学院学科排名第一,作为学院唯一的涉农学科,具有较好的基础与地位,具体体现在:

(一)人才队伍

环境设计专业有一流的师资队伍,有专任教师共24人,其中教授3人,副教授6人(含其他高级职称),其中全国优秀教师1人,浙江省教学名师1人,具有博士学位教师14人,浙江省151人才2人,浙江省"三育人"先进个人2人,浙江省优秀科技特派员1人,具有企业背景的"双师型"教师10人。学科成员具有风景园林学、林学、生态学、城乡规划、艺术设计、建筑与土木工程等多学科背景,且以中青年教师为主,职称、年龄结构合理。

(二)科学研究

本学科在乡土植物资源开发与园林应用、园林植物配置与生态规划等领域特色鲜明,优势明显。近5年来,本学科承担国家自然科学基金项目4项,国家星火计划项目1项,浙江省重大科技专项1项,浙江省自然科学基金9项,863子项目1项等近20项省部级项目。在《Tree Physiology》《Forest Science》《林业科学》等国内外权威期刊上发表论文300余篇,出版专著12部。获梁希科技奖励5项,浙江省科技进步二等奖1项等省部级学术奖励。学科成员正在主编《新编浙江省植物志》(共10卷)。

研究方向主要有:

(1)园林植物资源开发利用:重点开展地方特色植物种质资源开发利用、乡土植物区系与园林应用以及园林植物引种驯化和品种改良等方面的研究。

(2)园林植物生态与种植设计:重点围绕植物生态体系建设与区域生态景观维护的需要,开展了植物生态规划、生态景观调查与分析、植物配置与生态设计等方面的理论和应用研究。

(3)园林规划设计:重点开展美丽乡村规划设计、森林公园和自然保护区游憩空间的规划设计等方向开展研究与实践。

(4)园林建筑与工程:重点围绕园路工程、种植工程、园林建筑小品构造与设计、园林特种结构造型设计与计算、园林水景工程、园林挡墙景观工程、置石工程和园林驳岸工程等开展研究与社会服务。

(5)园林史论与生态文化：重点围绕古典园林的渊源和艺术演变，以及园林的社会哲学思想、审美需求、政治影响等生态文化内容开展科学研究，论述人类生存有形与无形环境活动的现象分析的园林理论与实践，为现代园林景观、环境建设提供历史借鉴和思想理论。

(三) 人才培养

本学科以"适应地区经济社会发展需要"为办学宗旨，重点是以现代科学技术改造提升现有的涉园林专业，并且要布局适应新产业、新业态发展需要的新型的涉园林专业。以培养应用型人才为目标，通过"产学研协同、校企合作"应用人才培养模式，使本学科毕业生数量和质量在产业界占有优势地位，学生在国内外各类学科竞赛中也获得突出成绩。同时本学科与南京林业大学、江西农业大学联合培养博士生各1人，与浙江农林大学联合培养应用型硕士生40余人。获省级以上教学成果奖1项，主编教材9部，其中全国"十三五"规划教材1部。

(四) 平台建设

本学科设有园林植物学、园林生态学、园林规划设计与园林工程、园林计算机辅助设计等实验中心，共有实验室3000多平方米。与浙江农林大学共享的园林设计院具有风景园林甲级资质，同时学科还成立了暨阳学院园林与艺术设计有限公司，与普天园林、众磊园林等大型企业签订战略合作协议，共建人才培养基地。

(五) 社会服务

本学科坚持"为地方经济建设"的社会服务方向，注重把科研工作与社会服务相结合，围绕乡村振兴战略和生态文明建设，推进课程体系、实践教学、协同育人等方面的改革，为乡村振兴发展提供更强有力的人才支撑。同时，学院依托浙江农林大学园林设计院、暨阳学院园林与艺术设计有限公司等平台，先后完成乡土植物调查与园林应用、植物配置与生态规划设计项目120余项，为地区林业、美丽乡村建设作出了重要贡献，经济社会效益显著。

第二节 | 独立学院园林专业学生的特点及人才培养的定位

一、独立学院园林专业学生的特点分析

独立学院的大学生是当代学生群体中比较特殊的一部分，他们在遵循青年学生身心发展规律的同时，在心理上和专业学习能力方面表现出一定的独特性。独立学院园林专业的学生通常家庭条件优越，入学成绩总体较一般本科院校学生成绩偏低，文化基础偏低，缺乏学习的主动性，偏科问题严重。高考成绩的不理想一方面是学习方法的不得当，自我管理、自我约束、自我调节、自我安排能力差，另一方面是吃苦耐劳的恒心与毅力不够。因此独立学院学生进入大学，较难适应大学自我学习能力的高要求，加之高考的失利，容易产生畏难情绪，学习动力受挫，深感茫然，在大学的学习中，学习目标缺失和模糊是最大的困惑和障碍。

虽然部分学生学习动力不足，但仍有一些学生学习基础较高，且具有积极的学习主动性，加之兴趣爱好广泛，特长突出，追求自由，个性张扬，综合素质较高，具有极强的创造力也是园林专业人才最需要的特质；同时，独立学院园林专业的学生思维也非常活跃，在与社会的接触过程中体现出相当强的活动能力、较快的社会适应能。

二、独立学院园林专业应用型人才培养的定位

根据国家教育部的界定，独立学院园林专业应用型人才培养定位是按照市场和社会的需求，以就业为导向，培养本科层次的应用型人才，在现阶段，由于受到教学资源的限制，独立学院各专业的教学基本上套用母体院校的模

式，从而导致在学生应用能力培养上的模糊感和断层感。园林专业作为一门跨学科、综合性强、重实践的专业，研究内容涉及从微观到宏观的多个层次，与城市发展及人们的身心健康息息相关，这就要求学生必须具备很强的对知识技能的综合应用能力。随着生活环境的改善和人们生活水平的日益提高，园林行业的发展日新月异，迅速发展的园林行业对园林专业学生的实践动手能力、综合素质、创新能力和团队写作能力都提出了更要求。如何适应新形势下园林行业的需求，培养应用型、实践型、技能型的园林专业人才，成为摆在园林教育工作者面前的一个重大课题。

园林专业课程体系存在的主要问题是要培养高素质的应用型人才，就要紧密围绕行业动态技术标准，以能力培养为核心，大力开展课程内容的教学改革，使其更加贴近行业对应用型人才的要求。一方面，在重视教学内容的知识性、科学性和完整性的同时，重视与最新行业标准的衔接，迎合行业技术发展需求；另一方面，确定明确的课程培养目标，独立学院园林专业人才培养过程中需要增加园林工程概预算、行业最新软件工具等相关应用性学科占比，提高学生就职能力。

课程设置方面脱离母校培养模式，针对性研究独立学院园林专业学生特点，基于园林实际问题、基于园林产业案例、基于科学技术前言，以"建设一流本科、做强一流专业、推出一流金课、实施一流认证、打造一流师资、培养一流人才"为理念，开发新时代园林优质课程资源，创新探究式、讨论式等以学生发展为中心的教育教学方法，推进园林教育教学与信息技术深度融合，着力提升园林课程的高阶性、创新性和挑战度，打造一批园林类一流课程。快速把握行业新知识、新技能、新动态，注重培养学生从方案构思到施工的全过程能力，不仅要培养原有的专业技术（方案构思及绘图表现等），而且要增设植物造景施工能力和SketchUp等类似课程，最终培养一批兼具理论与实践能力的人才。

园林专业实践教学的过程，班主任要及时做好疏导和调节工作，帮助学生建立自信心，引导他们树立先就业、后择业、再立业的观念。高职班主任的工作琐碎繁杂，要树立正确的学生观，一切以学生的发展为重，实践中做到分阶段、抓重点、由点及面、上下配合、有策略地开展工作。建设一个学风浓厚、奖惩分明、民主开放、团结协作的优秀班集体，为学生的成长成才服务，这是高职班主任的最高追求。

三、浙江农林大学暨阳学院园林专业应用型创业人才培养特色

21世纪，以人工智能为代表的第四次工业革命已经到来，新科技呼唤着新农科，浙江农林大学暨阳学院承担着园林科技进步和园林人才培养的使命，不断开拓教育与科技的结合、产教研的融合，积极培养"新农科"高端人才扎根园林沃土。

(一)注重专业基础知识的培养

针对目前学院学分制改革的相关情况，结合园林专业和环境设计专业的发展方向和社会对相关专业知识的需求，制定了适合本专业基础培养的相关学位课程。园林专业包括园林制图、设计初步Ⅰ、计算机辅助设计、园林树木学、园林规划设计Ⅰ、植物景观规划设计、园林工程Ⅰ、园林规划设计Ⅱ、园林工程Ⅱ等课程，课程涉及园林植物、园林工程和园林规划设计三个方向，要求同学们在专业学位课学习过程中认真仔细，尽可能掌握专业核心知识和技能。环境设计专业主要设置了形式基础Ⅱ、计算机辅助设计(PS COREL-DRAW)、园林设计初步、画法几何与阴影透视、园林规划设计Ⅰ、公共艺术设计、园林规划设计Ⅱ、景观建筑设计、园林工程等课程，课程涉及园林制图、公共设计、园林建筑与工程等方面，与我们的应用型人才培养模式和目标相一致。

(二)注重实验实习环节，提高学生的动手实践能力

在两个专业人才培养过程中，注重学生动手能力的提高，无论是园林植物相关课程还是规划设计相关课程，都通过课堂实验和课程实习来提高学生的能力，比如园林植物学都有课外植物识别的实验和实习，园林规划设计都在讲授结束理论知识后进行全面的实践项目的训练。同时专业注重学生科研的思维训练，每年的大学生科研训练计划，学生都积极参与，并取得丰硕成果，同时锻炼了学生的科研思维能力。

(三)注重与社会的接触，提高学生适应社会的能力

针对学生到社会上后不适应专业需求这一问题，园林专业和环境设计专业人才培养过程中，将企业引入到教学，开创了很多特色的校企合作模式，

通过师生工作室、大唐园林景观规划有限公司、实训、实习等途径增加学生与社会的接触机会，通过实践训练，学生更能了解相关专业社会需求的技能有哪些，在学校学习过程中更有的放矢，学习的目标更明确。同时通过实地化项目的开展，学生获得了更多的知识，社会适应能力更强。

第三节 | 园林专业应用型创业人才培养体系的构建

一、园林专业应用型学科建设的创新与实践

园林是一门涉及多学科领域的专业，是以植物学、园艺学、生态学、环境科学等为理论基础，以土木建筑工程、园林规划设计、园林植物栽培养护、园林施工与管理为实践基础的学科。对独立学院来说，应当采取符合区域建设和本校实际情况的教学模式，把培养符合社会需求的应用型创新人才作为学科培养的中心和重点。围绕"如何加强对园林专业学生实践能力与创新能力的培养"展开培养方案改革。正确的培养模式应该是基础知识和专业知识的传授围绕时间这个中心点，建立实践教学的系统工程，全方位、多层次加强实践教学，并且要不断加强实验教学内容、方法、手段及实验教学模式的改革与创新，使学生的实践能力和创新精神得到提升，培养一批经济社会发展需要的应用型创新型人才。

在教学体系构建方面，园林专业人才培养应以实践为中心，构建基本课程教学体系，培养与社会实际工作接轨的应用型人才。以发展为目标，注重知识拓展和学生创新能力的培养，迎合学科和社会发展的需要；在课程体系方面，采用"平台+模块""必修+选修"相结合的教学模式，保证学生在完成基础理论和专业基础课程之后，根据自己的特点和爱好选择相应的专门化方向发展。

在实验教学方面，建立多层次教学实践基地，加强实践环节，通过自建、共建、挂牌等多种形式建立校内外实习基地，不仅可以展示教师的科研成果，而且在一定程度上减轻了学生在校内实习的压力。另外，园林专业办学灵活，教师以科技型实体为载体，积极挖掘内部潜力，在教书育人之余，将其所长

转变为生产力，直接为地方经济建设服务，不仅可以锻炼教师队伍，也可以实现经济效益、生态效益和社会效益的有机结合。

在园林学科应用型创新人才培养中，教师是主导，因此应加强师资队伍建设，采取"走出去，请进来"的办法，鼓励本系教师攻读知名高等农林院校博士研究生或赴校外进修培训，大力引进高学历急需专业人才；鼓励和提倡本系教师在职攻读学位，以提高其教学和科研水平；组织教师队伍，以团队力量申报或联合申报各级科研课题和对外科技服务，通过科研和实践出成果、育人才；为青年教师创造宽松和谐的工作环境，稳定教师队伍，为应用型创新园林专业人才培养打下坚实基础。

二、园林专业应用型创新创业课程体系的建立

园林学院各专业将应用型创新创业教育与专业教育相融合，建立应用型创新创业教育课程体系。将创新、创业教育贯彻于各专业的课程、职场实训、毕业设计之中，要求学生为"用"而设计，要求学生把设计做在职场上，着重培养学生的创新精神及解决实际问题的应用能力。以课程教学与第二课堂教学改革为主要阵地，从教学内容和教学模式着手进行一定程度的改革尝试，注重专业创新教育与课程体系相结合，先后有多门课程与实践创业相结合进行了相关工作，培养了很多德智体全面发展的人才，具体应用实施情况如下：

（一）园林树木学

项目载体：《浙江植物志》编写工作。

李根有教授带领园林植物团队进行全面的野生植物资源认知，巩固了学生课堂所学知识，同时结合课程实际，让学生在全面认知植物的基础上，鼓励学生进行野外植物的识别和其应用前景的培训，为将来学生通过遗传育种的手段进行全面的育种奠定基础，让学生学会应用植物来美化生活。部分同学根据实践开设了园林苗圃公司。

（二）花卉学

项目载体：省教改课题、干燥花制作大赛、花艺设计大赛。

通过省教改课题的改革，花卉学打破了原有单一的教学模式和教学方式，注重学生在掌握基本知识的基础上，动手实践，通过花艺设计大赛和干燥花

制作大赛，有部分同学有了一定的制作技能，为将来就业创业奠定了良好基础。

(三) 园林工程概预算

项目载体：省教改项目、微信化教学模式改革。

采用项目法教学，以实际项目为主线，教师为引导，学生为主体，边练边讲、边学边教，练中讲、学中教，骑车式的学与教。

通过实地项目的锻炼，提高学生实践工作能力，获得良好的效果。由老师负责接相关园林绿化预算项目，由老师带领学生共同完成，在项目进行过程中，学生的知识得到了进一步巩固，同时完成了相关实际项目。

(四) 公共艺术设计

项目载体：学院"院士林"浮雕景墙及文化长廊改造设计、大唐镇中兴社区党建文化景观设计。

把整个项目分成若干部分作为训练课题，分配给班级各个小组。在老师的带领下，实地勘察环境地形、测量、查阅资料、讨论构思、画图做方案、编辑文本，整个过程需团队分工协作，对完成设计作品质量的评判也是以小组为单位。

三、园林专业创新创业实践教学平台的建设

紧紧围绕学院创建应用技术型大学的办学理念，结合校地十三五规划，面向诸暨区域社会经济发展，积极开展社会合作和社会服务工作。通过校企合作，为地方经济社会发展提供了大量实用技能人才，改善和密切了学院与政府、企业、园林专业之间的良好合作关系，为专业的发展开拓了更加广阔的空间。

园林专业积极探索多元化社会合作模式，合作覆盖面广，合作模式多元化，在教师双向交流、教科研项目合作、实习实训等方面探索出一些比较成功的经验，选择区域的龙头企业为合作对象，在人才培养、师资培训等方面做出了探索，特别是与合作企业的项目开发等方面，形成了一定的优势。在实践基地建设方面，学院紧密结合"新农科"的办学精神，加快构建校内实践教学基地与校外实习基地协同联动的实践教学平台，建设区域性共享园林实

践教学基地，打造了一批园林类一流实践基地，让园林教育走下"黑板"、走出教室、走进山水林田湖草，补齐园林教育实践短板。

（1）与赵家镇政府合作进行了林业特色小镇申报与建设工作。项目组通过前期资料搜集、实地调研，结合赵家镇具体情况进行了林业特色小镇的申报工作，并获得省林业厅立项，同时对后期林业特色小镇的建设进行了全方位的技术服务和现场指导，获得了赵家镇政府的一致好评。

（2）与温州市文成县进行了油用牡丹品种选择和栽培技术合作。针对江南地区牡丹生长不良的现象，与文成县合作社进行合作，对适合江南地区的油用牡丹进行筛选，获得了一定的适宜品种，同时对栽培技术进行了全面的研究获得了一定的研究成果。

（3）完成诸暨市新农村建设"十三五"规划。与诸暨市农业与农村办公室合作，在充分调研诸暨市新农村建设的基础上，针对目前诸暨市新农村建设上存在的问题进行了全面的调研和分析，指出诸暨市新农村建设在"十三五"期间的发展方向，为诸暨市新农村建设出谋划策，规划制定完成后获得了当地农业部门的一致好评。

（4）积极选派科技特派员，先后在泰顺县洲岭社区建立铁皮石斛示范基地1块、塑料大棚4栋、猕猴桃示范基地1块、桃基地1块、桃基地套种技术示范基地1块，举办培训讲座2次，同时协助三魁镇、雅阳镇、彭溪镇等乡镇进行美丽乡村规划建设工作，受到当地政府和百姓的欢迎，被评为浙江省优秀科技特派员。

（5）完成美丽诸暨的建设工作。重点在生态修复、绿化设计、景观资源整合方面，积极参与诸暨村庄建设规划的修编完善，优化美丽乡村布局，推进精品村、乡村景观带等提升改造。具体包括山下湖镇西泌湖桥旁公园绿化设计工程、山下湖镇国土所环境绿化工程、牌头镇创建省级森林城镇建设方案、陈蔡江周村段左侧堤防加固工程绿化景观提升及栈道工程、华海路绿化工程等十余项工程。

（6）建立多层次实践基地，创新人才培养特色。按照"追踪技术发展、创设真实环境、营造工程氛围、培养应用能力"的基地建设理念，恪守"互相合作、互利互惠、实现双赢、共同发展"的基本原则，搭建实践教学平台，成立暨阳学院园林与艺术设计有限公司，建立综合实训与单项实习相结合的学生实训基地。同时与浙江农林大学园林设计院共享风景园林甲级资质，专业还与普天园林、众磊园林等大型企业签订战略合作协议，共建人才培养基地。

目前，还建有校外实习基地40个，包括：环境艺术工程有限公司、杭州绿园种苗站、舟山映佳园艺开发有限公司、杭州临安金磊市政园林工程有限公司等。在实习基地建设的基础上，充分利用校内外实践教学基地和科技服务实体，积极开展学科竞赛、科研项目、实验室开放、社会实践等二、三课堂活动，通过对不同层次的实践锻炼，切实提高学生的实践动手能力。

第四节 园林专业应用型人才培养与行业需求对接举措

一、创建园林创业实验班

园林创业实验班开展创新教育课程，积极鼓励学生自主创业，以创业带动就业，促进高校毕业生充分就业。2011年开办园林专业创业实验班，实行小班化精英教育。自新生入学，从全院各专业选拔录取成绩优异、具有较大学习潜力的学生进入四年一贯制培养，配备优质教育资源，积极推进课堂教学改革，把应用型创新创业教育融入人才培养全过程。在园林创业实验班培养过程中主要从以下几个方面开展工作：

（1）注重教学方法改革，有序推进教学模式改革。由于园林创业实验班人数较少，许多课程特别是专业核心课程可以尝试进行教学方法的改革，如园林树木学、花卉学、园林植物栽培管理、植物生理学等相关课程，通过理论加实践的方式进行改革，取得了一定成效，受到学生欢迎。通过教学方法改革，学生上课积极性更高，学习兴趣更浓，培养的学生品德优、知识宽、能力强，成为具有社会责任感、创新精神和实践能力的高素质应用型创业人才。

（2）注重专业素质的培养。实验班学生思维活跃，基础相对较好，因此在注重加强基础的同时，加强园林思维的培养，着重加强园林植物、园林工程、园林预决算等方面知识的讲授，让学生具备园林专业思维，同时贯彻"加强基础、强化实践、因材施教、尊重个性"的办学方针，实行全新的培养模式，根据人才培养方案，加强实验实习教学环节，让学生充分认识园林专业的就业方向，应该掌握的重点知识，进行专业化教育。

（3）注重优质教育资源配备。实验班配备优质师资，所有给实验班上课的教师都是高学历、高职称、实践经验丰富，能够将本专业或者本课程最精华的内容讲授给学生，同时实行小班化教学，有利于学生自我实现。实践证明，好的师资课堂氛围不同，在课堂教学中，每位学生都可以畅所欲言和教师直接进行交流。学生自我实现的需要得到满足，学习积极性大大提高，学会自主学习、自理生活、自我教育，真正成为学习的主人。因此，小班化教学这一组织形式为每一个学生在课堂上动脑、动口、动手提供了更为广阔的空间，培养出的学生素质更高。

（4）注重应用型创业素质和人文素质的培养。园林实验班成立以来，注重应用型创新创业素质的培养，由于人数少，任课教师有充足的时间和机会了解学生的特点，进行个性化培养，对于有创业想法的同学进行积极帮助，同时加强园林创业实验班人文素质的培养，注重礼仪、吃苦耐劳精神、团队合作精神的培养，为将来的创新创业奠定坚实的基础。

（5）注重课程设置，知识结构更完善。园林创业实验班成立后，实施专门的园林专业人才培养方案，在原有课程设置的基础上，针对将来考研专门设置了几门课程，由于创业班学生基础好，因此在基础课程方面也加大难度，培养深度和广度进一步加强，有利于创业班学生将来考取研究生。同时加大实践培养环节，注重创新工作开展，几年来园林创业实验班的学生参加大学生科技竞赛的积极性更高，先后完成10余项大学生创新创业项目。

（6）注重实践活动多样化，开阔学生视野。比如参观大型的园林企业，鼓励学生利用寒暑假进入企业进行专业实训，可以使学生在实习中了解社会对园林专业的需求，结合实践巩固自己的知识。参观大型企业也是对每一个大学生专业知识与素养的一种检验，它能让学生学到了很多平时在课堂上根本就学不到的知识，如实际操作的知识，既开阔了视野，又增长了见识，为以后的学习和工作打下坚实的基础。

二、创建师生工作室

"师生共建工作室"的教学模式就是以学生为本，以专业教师为主导，老师带领学生共同组建工作室，以工作室为依托，以辅助教学和承接项目为主要任务，以项目驱动的形式将产学研结合一体，变传统的灌输式教学为面向动手能力培养的启发式教学，注重校企合作，强化企业项目进入课堂，提高学生的实际操作能力与职业素养，促进高职院校教学和就业的自然衔接。并且充分利用教育教学资源(场地、设备、网络等)，扶持创新能力强的学生组成团队，创办以学科专业竞赛和社会服务为目的的"师生工作室"，并配备创业指导老师，树立创业典型，以点带面，带动更多的学生勇于创业。

园林专业引入工作室制教学主要在于它有助于学生实践能力和综合素养的培养。学生实践技能的培养是工作室制教学的优势所在。相对于课堂，工作室能够与企业建立更紧密的联系。既可以使学生在校园中就能接触到实际项目；也可以让学生到企业进行专业实习，使学生提前对企业环境有所适应，增强学生的社会适应力。此外，在工作室内还可以组织学生开展一些校园实践来进行实践能力的培养，例如参与学校绿地规划或改造设计、参与学校绿化管理等。因此，"工作室"模式对于独立院校园林专业教学来说是值得大力推广和深入研究的一种教学模式。它使教学与行业实现了零距离的接触，使独立院校园林专业教学质量在很大程度上有了提高，使专业人才培养目标与企业的岗位需求更趋一致。独立院校应加大"工作室"教学模式在园林专业教学上的建设力度，为学生搭建实践教学平台，从而推动我国独立院校园林类专业教育更好更快的发展。

三、创建校企合作班

校企合作是高校科技直接服务社会的有效方式，是高校科技成果孵化与转化的重要途径之一，也是专业教育尽快与社会需求接轨的突破口。同时，在校企合作过程中学生可以前往企业进行实践，企业为高校人才培养提供了重要实践平台，有效拓展了人才培养的空间和内涵。园林校企合作班经过双向选择，由企业从学生中自行招聘组成班级，每年出一定的费用进行专业技能的培养，让学生参与企业相关项目，每年负责给学生在企业中安排一定岗位进行实训，学生毕业后可以根据意愿进入相应的公司就业．对于学校来说，校企合作办学在一定程度上增加了学校与企业的交流机会，学校可以通过校企合作更深入地了解相关企业对专业人才的需求，在此基础上及时修订相应的培养方案和专业课程，增强人才培养的针对性，从而提高应用型实践人才的培养质量。对企业来说，企业的发展需要大量优秀的人才来支撑，与高校合作能够优先选到优秀的人才为企业服务，促进企业的发展，校企合作使企业从四处找人才转变为按需培养人才，另外，企业可以通过校企合作平台尽早选拔人才，避免对新员工进行岗前培训，可以很大程度上降低新员工在岗培训的时间和费用，降低了企业的用工风险，从而提高企业的竞争力。对于在校大学生，能进入企业进行实习，可以进一步了解专业发展现状及社会对人才的需求方向，在头脑中建立以工作内容为核心的知识体系，从而在学校有目的地学习，学习的积极性与主动性更强，学习效率更高，获取有用知识的时间也更短。因此，创建校企合作班对学校、企业和学生培养都有重要意义。

浙江农林大学暨阳学院园林专业近年来一直进行校企合作平台的建设和实践，实践过程中主要依托学校优质的办学条件与省内3家园林企业进行合作，3家园林企业均拥有规范化的苗圃、丰富的园林景观设计施工经验、大批实践经验深厚的专业人员。依托这些条件，通过校企合作，理论与实践并举，突出教学同时强化技能训练和实践环节，极大地提高了园林专业人才培养质量；建立了面向社会开放办学的实训基地，为学生提供一个优越的实训平台和就业途径。

四、建设创新创业师资队伍

高校创新创业师资队伍是有效推进高校创新创业教育的核心力量，是提高高等教育人才培养质量的重要保障。高校创新创业教师自身创新创业综合素养，决定和影响着学校创新创业教育的成效。自2014年国家提出"大众创业、万众创新"（以下称"双创"）的战略性思想和陆续出台相关政策文件后，创新创业教育在各大高校深入推进和开展。但创新创业教育的系统性和复杂性需要该领域教师具有专业知识、专业技能、前瞻眼光、实践经验等综合素养。高校创新创业师资队伍整体素质成为制约创新创业人才培养水平提高和满足社会经济发展需求的重要一环。在国家实施创新驱动发展战略、促进经济提质增效升级的关键时期，深化高等学校创新创业教育改革，加强创新创业师资队伍建设，培养具有创新创业意识、精神与能力的高素质复合型人才是高校的重要使命，而其中高校创新创业师资队伍整体水平是高校亟待提升的。我们要立足实际，分析优势与劣势，认清机遇和挑战，学习和借鉴发达国家高校创新创业师资队伍建设的宝贵经验,大力推进高校创新创业师资队伍建设。

暨阳学院园林专业现拥有浙江省高等学校教学名师1人,浙江省"151人才"1人。具有双师型资质的教师8人,包括教高级工程师、高级工艺美术师、二级建造师等。浙江省创业导师2人,省级科技特派员1人,企业科技特派员4人。大多数教师来自国内985高校并具有海外留学、访学经历,同时更加注重应用型教师的引进,近年来已引进多位企业中走出来的工程师、设计师。聘请加拿大阿尔伯塔大学张小川教授、美国伊利诺伊大学陈华副教授,以及陈雄文、王高锋两位外籍教授,台湾弘昌建造师事务所张弘昌博士为兼职教授,其中陈雄文教授获得绍兴市"330海外英才"计划资助。外聘教师陈招英(园林高级工程师)、郭土利(园林高级工程师)分别承担"园林工程""园林植物保护学"等课程教学任务。园林专业已初步形成一支结构合理、数量充足、专兼结合的多元化、专业化高素质创新创业师资队伍,在国内同类学院中处于前列。

五、建设暨阳学院园林与艺术设计有限公司平台

为深化应用型创新创业人才培养,增加学生的应用实践训练,为学生步入社会奠定基础,园林专业建立大唐产学研基地,并注册成立暨阳学院园林与艺术设计有限公司,注册资金100万元,同时完成基地的设计、装修、设备采购等工作,公司于2016年9月正式投入运营。

大唐产学研基地以就业为导向、以实践操作为目的、以服务地方经济为抓手、以服务大学生实践应用教学为主线。目前基地现有职工7人,其中负责人陈高坤为学院园林专业专职老师,负责大唐产学研基地的全面运营工作,以及学生的职场实训工作开展。基地现主要负责园林专业、环境设计专业的实践训练课程,主要设计课程有园林设计初步、园林规划设计、园林工程、植物景观规划设计、园林建筑设计、城市绿地系统规划、风景区规划、包装设计等。学生在校内接受理论课的教育后,直接进入实训基地进行实际项目的操作,根据不同类型的课程设置难易程度对应的实践操作项目,通过专任老师和基地老师的指导,学生掌握课堂理论知识,并将理论知识应用于实际项目操作中,通过项目再返回到课堂,做到理论与实践相结合,达到学生尽

快掌握设计技能的目的。

　　基地运营主要由基地负责人负责，基地固定工作人员负责项目的挑选、学生的管理，学生实训的指导由专任老师和基地工作人员共同完成，学生的作业的批改由专任老师进行，并进行现场研判。同时让表现突出的学生参加项目的投标、评标、项目设计汇报等工作，提前让学生进入角色，获得真正的提高。园林与艺术设计有限公司积极参与"美丽浙江""美丽乡村"建设，重点在生态修复、绿化设计、景观资源整合方面，积极参与诸暨村庄建设规划的修编完善，优化美丽乡村布局，推进精品村、乡村景观带等改造。参与完成山下湖镇、牌头镇、街亭镇、大唐镇、王家井镇、五泄镇的设计等项目，以及完成校园的绿化养护工作。着力培育一批有重要影响力的社会服务成果，加强与行业企业、政府组织的结合，建立多学科融合、多团队协同、多技术集成的研发与应用平台，形成产学研相互融合的发展模式，从而产生良好的经济和社会效益。

第五节 园林专业应用型创业能力的培养与教学改革

一、园林专业艺术素养的提升与教学改革

"植物景观规划设计"是园林专业的专业课程,起着引导学生进行景观设计分析、鉴赏的作用。其教学目的在于通过教学,使学生掌握园林景观风格样式、造型规律、景观设计基本要素以及造景技巧等知识,并能够综合运用于实际设计之中,培养并提高学生对园林景观艺术的鉴赏、分析能力,使学生具备解决一般设计问题的能力,为园林专业后续课程的学习奠定良好的专业基础。由此可见,"植物景观规划设计"课程具有很强的理论性和实用性,相关教学改革都必须围绕这两个特点进行。随着园林艺术的深化以及在景观创新上的更高要求,"植物景观规划设计"课程原有的知识体系已不能满足专业发展的要求,必须对这门课程的教学内容、教学手段及考试方法等进行一系列的改革,以适应专业的发展。

(一)优化教学内容

目前,国内有不少高校开设有园林及相关专业。由于学校背景不同,园林专业"植物景观规划设计"课程内容的偏重也各有不同。如传统农林院校多从中西方传统园林的造景艺术进行内容安排,注重植物造景艺术的学习,理工类和综合类院校则多从西方古典园林和现代西方景观进行内容安排,强调建筑艺术的学习。为了顺应风景园林专业的发展趋势,在实际教学设计中,应适时调整教学内容,在延续原有课程体系的基础上,压缩理论课时,强化园林经典案例的现场考察与对比分析,增加现场教学和项目教学等实改教学环节。

(二) 改革教学方法和手段

灵活运用多媒体和虚拟现实技术教学，提高教学效率将实地考察拍摄和网络搜集的资料图片制成 Flash（动画作品）、PPT、视频等，充分利用多媒体技术，讲解不同国家、不同时期、不同类型的园林景观的造景艺术。在教学中引入经典的园林景观案例，讲解时运用启发式教学方法，引导学生发散思维，激发学生学习的主动性，尽量引导学生运用所学的理论知识分析案例的优点和不足，以及如何灵活地运用于具体的设计中。教学案例选择要有典型性，同时要注意不同方案的对比分析，以利于学生在今后的园林景观设计中取长补短。

(三) 提高授课教师业务水平

"植物景观规划设计"课程教学的专业教师不仅要有扎实的理论功底，还要具有丰富的实践经验。长期以来，大学教师的培养是从学校到学校的模式，导致很多教师理论有余而实践不足。为了改变这一现状，园林专业一方面轮流分派部分教师到相关的设计单位挂职，使教师的实践经验得到迅速提高；另一方面组织专业教师赴国外进行针对性的考察学习，或推荐教师到国内外一些重点大学学习、进修。此外，园林专业还制定相关政策，从相关设计院或公司引进实践经验丰富的技术骨干。

(四) 完善课程考核体系

"植物景观规划设计"课程教学的主要目的是让学生掌握园林景观艺术的基本理论知识，提高鉴赏能力，并能灵活运用于具体的设计方案之中。为了全面客观地评价学生的学习水平，在课程考核中应采用综合评定的方式，取代传统的以课程论文或期末考核为主的教学评价体系。课程考核中基础理论知识的掌握以及知识的灵活运用是考核的重点，同时重视参考学生平时的表现，结合相关教学研究以及学院教学实际情况确定各考核内容权重，依据"能力本位"的考核理念，综合考查学生在学习全过程中的表现。

二、规划设计综合能力的培养与教学改革

在园林专业教学体系中，"园林规划设计"课程一直是核心部分，直接服务于园林专业实践。其培养目标是使学生具备园林规划设计的基本知识和基

本技能，具有各种类型公园、绿地规划设计的能力，为园林规划设计、城市规划设计、建筑设计、环境与保护等部门提供掌握园林专业知识的高级人才。在教学过程中除了要求学生掌握基本的理论知识，将所学的原理运用到设计实践中，促使学生积极思考，还要求老师在课堂上、课堂下最大限度地发挥主观能动性，调动学生的动手能力，要求理论结合实践培养学生的创新意识和创新能力。但是，现有的课程体系并不能完全实现教学要求，还存在一定的问题。

(一)"园林规划设计"课程教学存在的问题

1. 教学内容的问题

"园林规划设计"课程没有完善的教材，教师讲授的内容基本不能和使用的教材对应起来，使用过的几本教材内容不是过深就是过浅，学生上课不看教材甚至不带教材，导致上课时只顾做笔记，没能很好地理解老师上课所讲的内容。

2. 教学方法的问题

"园林规划设计"课程现有的教学方式以教师灌输知识为主，学生在学习过程中处于被动接受的状态，即"满堂灌"的教学方法。这种被动式的学习，基本上都是教师先讲授，然后学生通过模仿老师的知识来进行设计，教师仅仅是在学生设计的过程中进行指导，没有充分调动学生的积极性。这样的教学方法往往是理论脱离实践，创新意识相对较弱，缺乏创造力，不能适应目前快速发展的形势需要。

3. 考核方式的问题

现有的考核方式不能完全达到教学要求，主要表现在：一是考核形式过于单一，主要采取终结式考核，即在课程结束后要求学生设计一套方案，在题型设置上偏向于某一类小场景的景观设计，以效果图表现为主；二是注重考试评价功能，忽视考试的反馈功能，与大多数景观设计公司的主要表现形式不一致，考核不能与就业要求接轨，使得教学以应付最终考试为主，忽视以锻炼学生能力为主的平时训练环节；三是无法考核学生的真实水平，没有以考促学，从而无法真实、客观、有效地考核其对知识的理解程度和灵活运用的能力。

(二)"园林规划设计"课程教学内容调整

1. 修订教学大纲,完善课程内容体系

根据"园林规划设计"课程的特点,结合新形势下对现代风景园林规划设计的要求,修订大纲,重新界定教学内容。风景园林规划设计理论处在不断丰富发展的过程中,其课程教学必须与时代相适应,教师应及时更新教学理念,调整教学内容,使之在不断的教学实践与应用研究中获得创新。

2. 重实践课程,培养学生综合素质

"园林规划设计"的实践课程,主要包含实地调研和课程设计两大方面的内容,它们是"园林规划设计"课程教学非常重要的两个环节。在课程设计教学过程中,培养学生的综合分析能力、调查研究能力、团队合作能力、审美能力、口头表达能力和动手能力至关重要。在整个课程设计教学环节中理论密切结合实际,以园林规划设计理论为指导,给学生真实的课程设计案例,制定好任务书,要求学生按照园林规划设计程序和方法来完成整套方案设计。

(三)"园林规划设计"课程的教学方法改革与探索

"园林规划设计"课程的多维教学模式就是以培养学生进行景观规划设计的能力为目的,采用课堂引导式的教学,注重学生景观设计过程中思维能力的培养,将理论与实践、知识学习与能力培养、调查与分析有机结合起来的一种教学方法。根据课程的性质以及学生的具体情况,在教学过程中尝试运用各种教学方法,以体现多维的教学模式。

1. 启发式教学方法

在教学过程中应进行各种基本规划设计方法的提炼和一般规律的训练,重视学习方法的培养,注重专业思维的训练。通过专业思维训练,教师在教学过程中强调思维方法,引导学生进行思维体验,促进思维交流;学生在学习过程中研究知识、掌握并"发现"知识,超越原有的知识范畴。这样的启发式研究性教育能更好地培养学生的自学能力、发现问题并提出问题的能力、分析能力、综合能力、创新能力等,从而达到教学目标。

2. 讨论式教学方法

讨论式教学方法是一种在教师的指导下,学生成立学习小组,根据具体

要求共同收集信息、查找资料，进行自学、自讲，以讨论方式为主的一种教学方法，以培养学生的学习兴趣。例如，在教学过程中，筛选具有代表性的案例给学生进行课程设计。学生以小组为单位对案例进行讨论，提出自己的设计方案，每个小组派代表上台陈述本组方案，进行班级讨论。最后教师进行点评，指出各组方案的优缺点，提出修改意见。学生根据讨论的结果进行方案设计，要求学生在设计案例完成后，排版制作图册，并用电脑演示，进行方案汇报。在方案汇报过程中假设设计方案汇报场景，学生进行相应的角色扮演，期间老师参与指导。通过讨论式的教学方式逐步引导学生主动地参与到教学过程中，而不仅仅是一个被动的受教者。从多层次、全方面、多角度地培养人才，适应市场要求。

(四)"园林规划设计"课程考核体系完善

在考核模式的改革上，改变单一的考核模式，采用形成性考核与终结性考核相结合的方法全面考查学生的学习成效。其中，形成性考核成绩占总成绩的60%，终结性考核成绩占40%。形成性考核由平时表现和课程设计成绩构成，其中，平时表现占总成绩的10%，课程设计成绩占总成绩50%。终结性考核主要以最终综合设计为主，占总成绩的40%。课程设计成绩主要由平时专项课程设计和实践调研组成，根据平时表现和课程设计完成情况来考核。终结性考核的成绩将综合以下几项要素：设计思想、设计主题的表达、整体布局、设计手法、设计表现(手绘、电脑)、设计说明书、设计排版、具体的任务分工。考核内容和方式以全面进行学生综合素质的考核为目的，而不以一次考试定出成绩。在考核内容上，要求学生较好地掌握基本理论及基本技能，注重对学生的创新思维和能力的考核。对方案表现的考核，也不应仅仅局限于效果图的考核，而是综合学生分析问题、解决问题的能力及设计理念的表达进行考核。在考核方式上，理论考核和实践考核相结合、专项设计考核和综合设计考核相结合、设计理念考核和设计表现考核相结合，实行"三个相结合"的考核方式。这种考核评价标准综合考查了学生在学习全过程中的表现，同时也体现了"能力本位"的考核理念。

三、"园林预决算"课程的理论与实践教学改革

随着社会城市化进程的加快，园林行业迅速发展，园林专业毕业生供不

应求。园林设计、施工、监理等单位，需要大量园林工程概预算编制、招投标人才。园林预决算课程综合性强，综合了园林建筑材料与构造、园林工程技术、园林规划设计、园林植物等课程的内容，要求学生具备良好的设计意图理解能力、施工图的识读能力、对建筑材料与植物材料的识别能力等。

(一)"园林预决算"课程教学中存在的主要问题

园林预决算是园林工程技术专业主干专业课程，研究园林工程建设和人力、材料与施工机械等生产要素消耗之间的数量及费用关系，与工程实践紧密联系。主要包括算量、计价和招投标三部分内容，培养学生的动手、实际操作和计算的能力。因课程综合性、实践性强，要求专业教师既要有理论基础，还应该具备丰富的实践经验，目前主要存在以下问题：一是专业课老师参加社会实践少，老师只能在课堂上讲解一些计价规则、概念等基本理论知识，也就是缺少双师型素质教师；二是学生课堂上学习缺乏主动性，由于专业课大多是采用灌输式、板书式教学，课堂上学生只是记笔记，一遇到解决实际问题了，却不知道从哪入手；三是校内外实训基地少、与计价单位和园林企业联系少、校企合作不到位等多方面因素，使学生的学习脱离实际，主要是缺乏已建成的工程和其对应的工程预算书样板的案例分析，使得学生难将设计、施工等方面的专业知识结合起来，致使学习成效一般。

(二)独立学院"园林预决算"课程教学改革方法

1. 理顺课程设计思路

根据园林工程项目建设的程序，不同的行业组织在项目建设的不同阶段具有不同的工作任务及相应的作用，教学内容以建设单位完成项目的建设和施工单位、监理单位完成项目的实施构建课程体系，紧紧围绕完成园林项目的需要来设计教学内容。

2. 基于工作过程的课程方案设计

根据园林行业岗位的需要，以职业能力标准为依据，以完整的工程项目为载体，以园林工程项目的招投标工作过程为中心，以不同的工作项目和任务为核心划分教学单元，以生产实践工作任务为途径，进行基于工作过程导向的课程体系设计，教学的内容紧紧围绕职业能力标准，以操作流程为主线体现教学内容的系统化，构建"做中学、学中做、做中问、问中做"的工学结合、理实一体化的教学模式，有效提高学生的职业能力、职业道德及可持续发展能力，体现课程为专业培养目标服务的教学理念。

3. 以项目为载体的任务驱动式教学

根据工程预算岗位需求培养学生的专业能力，做到以项目教学为载体的任务驱动式教学。先确定学习完课程后需完成的综合项目，围绕着综合项目实施，将每一项目通过若干个任务来实现；确定的五大项目分别是：园林工程招标，园林工程投标，园林工程开标、评标、定标，园林工程合同，园林工程竣工决算。每一部分都是按照项目为载体的任务驱动式教学。

4. 结合项目实例，精讲多练

依据该课程的特点及园林企业对毕业生的要求，针对学生分配到工作岗位进入角色慢的特点，积极培养学生的实际动手能力，使学生能迅速地将所学到的知识与实际工作融合在一起。

5. 突出学生学习主体

根据独立院校学生的特点，注重培养学生自主学习、沟通、团结协作、创业能力和就业能力。采用不同的教学方式，多讲案例，实例的讲解都是围绕项目进行。有些项目将学生分成不同的小组，以小组为单位，小组成员扮成不同的角色，完成项目任务。教学中采用互动式和启发式教学。充分发挥教师的主导作用和学生学习主体性，多鼓励少挖苦，时时引导学生质疑。教师启发和提问能增进师生交流，集中学生注意力，激发学习兴趣。

6. 提高教师实战经验

由于课程实践性很强，对教师的能力要求也高，教师既要懂得设计、施工、预算理论知识，又要有丰富的实战经验，恰当运用各种教学方法，实现理论实践一体化的组织教学。实习中反复做综合实训，让学生接触到实际工程中可能涉及的工程实例。通过模拟实训，再加上手工计算，扩展了学生对课程学习领域的认识和兴趣。除此之外，还应通过各种渠道让学生接触到当前行业上使用的各种造价资料、计价软件，让学生了解一些工程实况，拉近了学生与实际的距离，缩短了毕业后适应预算工作的时间。教师更应跟上行业需要，不断学习，多参加企业实践，将最新的规范、技术成果、过硬的实战经验传递给学生。

四、"花卉学"课程的理论与实践教学改革

《花卉学》是园林专业的一门极具实践性和应用性的专业基础课程,它是建立在生物学、环境科学及其他相关学科的基础上,研究花卉种类、形态、生物学习性、繁殖栽培技术和园林应用的学科。对培养学生热爱生活、热爱自然、热爱植物具有重要作用。目前,花卉学教学中存在教材内容与花卉产业衔接不紧密、授课内容不完善、教学形式单一、实验实习环节薄弱、教学评价方式方法不合理等问题。针对花卉学课程教学中存在的问题,应从教学大纲完善、教材选定、教学方式方法、实验实习教学改革、教学评价等方面对"花卉学"教学进行全面的改革。

(一)调整"花卉学"教学大纲,重组课程知识体系

根据园林专业对"花卉学"课程的要求,结合新形势下花卉产业的发展,协调"园林树木学""园林植物栽培管理""花卉学""园林苗圃学""植物学""园林生态学""室内植物应用""草坪与地被"等相关课程之间的关系,通过教研室讨论和研讨,参考国内相关院校教学大纲,从教学课时数、开课时间、开课顺序、理论教学课时及实践教学课时数进行研讨和论证,最终确定"花卉学"课程应该讲授的章节和重点的章节,由此引导整个园林植物课程体系的改革,全面协调相关课程之间关系,避免相关课程内容之间的重复和知识点的遗漏。适当增加花卉学实践知识的讲授课时,以"花卉学"课程为"点",将相关专业课程穿成"线",充分体现专业特色。

(二)选择合适教材,授课过程适当增加实践内容

在课堂教学中,尽量选用新编的国家级规划教材,同时,将其他一些优秀教材如北京林业大学教研组编写的《花卉学》、鲁涤非主编的《花卉学》以及相关的电子资源推荐给学生。另外,将本地区较好的园林网站,如之江花木网、园林学习网等网站推荐给学生,让学生主动参与网上的专业知识的讨论,增加课外学习的时间。在保证基本理论知识的前提下,不断完善和丰富教学内容,使之满足时代的要求。

(三)转变传统的教学组织形式,加强课外讲授

园林专业是一个需要紧密接触大自然的专业,通过对大自然景观的感受,

体会美学特征，为提高自身美学素养奠定坚实基础。因此，在花卉学的教学组织形式中，应适当增加课外教学的课时。在课堂讲授各论部分花卉时，将花卉带入课堂，使学生印象更加深刻。另外，在课堂讲授过程中要注意多应用提问环节进行专业知识的互动，调动课堂气氛。还可以通过学校的各种社团组织，针对广大同学尤其是园林专业的同学，组织各种类型的活动，并与野外实习相结合，通过观察、采集、种植、养护，把有观赏价值的野生花卉引种栽培，进行校园绿化，丰富校园花卉种类。

(四)加强实验实习教学，增强学生的动手实践能力

花卉学实习是学生掌握生产实践的重要环节，作为园林专业的一门独立的课程开设，主要实习的环节包括野生花卉的实习、温室花卉的认知、花卉的生产栽培管理实习、花卉的应用实习及插花品种及应用形式调查等几个方面。为了加强学生的实践动手能力，要求每位同学掌握容器的选择、基质的选择、种子的选择、种子发芽率实验、播种繁殖、花卉的养护管理等方面的知识，通过每人栽植一盆植物、掌握一个环节、撰写一份报告的形式来完成实验的全部环节，要求每个过程中要有照片和操作的情况，以及对每一个环节存在的问题进行全面的总结。

(五)完善课程考核评价体系

课程考核往往对学生的学习方向引导性较强，作为实践性较强的课程，学生必须体现在好的实践教学环节，因此加强对实践内容考核，适当降低理论知识考核具有重要意义。在考核过程中，可将期末考试环节比例降低到50%，将实验比例由原来的20%提高到30%，以提高学生对实验的重视程度和学习积极性，同时加强对实践环节的管理，切实提高学生的实践动手能力。鼓励学生参加实习，根据公司的需要直接到公司参加实习的同学，可由实习所在公司考核打分，而进行市场调查等实习的同学，也应该写出详实的调查报告。对于积极参加学校开放性实验和教师科研的同学应适当给予鼓励。

第六节 | 独立学院园林专业人才培养的趋势

园林专业是一门横跨建筑、生态、艺术、规划四大领域，融自然科学、人文科学、工程技术为一体的综合性学科。随着城市化建设的加快、生态环境保护力度逐年加大，各地园林技术专业人才的需求增加，对人才的要求也越来越高。

当前，设置园林专业高校的类型可划分为：高职类院校、综合性院校以及独立学院三大类，不同类型院校的人才培养目标及模式都各具特点。高职类院校目的是培养动手能力强，综合素质优良，能从事园林规划、园林绿化、园林管理的应用型人才。综合性大学一般涵盖较多的学科，规模大，师资力量强，教学资源丰富，以培养研究型人才为目标，强调理论知识的学习，主要为某领域的深层研究做准备、打基础。独立学院一般隶属于大学的下属学院，规模相较于综合性院校较小，办学历史较短，在专业的原始资源积累、培养经验、师资力量上不够丰富，但可以依托母体学校积累的教学资源形成快速发展，并且，可以通过集中资源，整合不同院系、不同专业和不同学科等多方面的教学资源寻求自我发展的特色。

独立学院的园林专业学生整体基础较为薄弱，学习习惯较差，自主性不强；但兴趣爱好较为广泛，对于新事物、新观点的接受力较好，具有一定的创新能力。从当下风景园林专业的人才培养和就业现状来看，综合性大学和独立学院专业层次区别不大。但是，独立学院风景园林专业的学生专业素质距离用人单位的期望仍有一定的差距。首先，技能单一，不能较好地适应社会对复合型人才的要求；其次，实践能力较弱，解决实际问题的能力不强，不能很好地将理论知识与实践工程结合起来。鉴于此，以培养公共服务发展需要的高层次应用技术型人才为主要目标，同时提高复合型和创新型人才培养比例，探索创业型人才培养新模式，应是独立学院园林专业人才培养的趋势。

一、应用型园林专业人才培养

为符合园林行业需求以及毕业生的就业需要，将大部分学生培养成专业的应用型人才。在加强理论学习的同时应更加注重实践能力的培养，深化校企合作、工学结合，以校企合作办学、合作育人、合作就业、合作发展为目标，以就业为导向，建立"四位一体"现代学徒制工学结合人才培养模式。通过人才培养协议对接深度合作企业，实现学校与企业的资源共享，实施产、学、研结合教学运行机制，教师和企业生产技术专家在产、学、研方面的广泛合作中形成优势互补，为人才培养的协作奠定基础。

二、复合型园林专业人才培养

复合应用型人才是具有复合知识的应用型人才。复合知识是高素质强能力的复合应用型人才的基本标配。复合知识是以自己的专业知识为"中心点"，与其他专业相近的知识形成适应性强、应用性广的知识网，在知识的广度与深度上具有统一性。复合应用型人才在知识结构方面，既要有专业要求的较强的动手实践能力，又要有专业要求的坚实的理论基础和思辨能力。

将部分专业能力较强的学生培养成复合型人才，在园林专业理论和实践能力突出的基础上，鼓励学生选修相关领域课程或辅修相关专业，使其能够实现一专多能，既精通风景园林设计，又熟悉建筑设计、规划设计、室内设计、景观小品设计等，而且在艺术素养和设计审美方面的能力也得到提高。这部分学生可在风景园林设计及其相关领域工作，就业弹性较大，前景广阔。

三、创新型园林专业人才培养

创新型人才是具有创新意识、创新思维、创新能力、创新情感与创新人格的人才，即具有推崇创新、追求创新、以创新为荣的观念与意识，具有敏锐的洞察力、想象力及活跃的灵感，具有较强的信息加工能力、动手操作能力、熟练运用创新技法的能力以及终身学习的能力等等。园林专业创新型人才除应具备坚实的园林专业知识技能与创新精神外，还应具有热爱祖国的激情，勇于创新的思维模式，团队合作精神，良好的品德与健全的人格，敬业诚信的职业道德，具有良好的社会交际才能与完备的人文社会科学知识，综合协调能力强，有较强的社会适应能力与竞争能力。

将少部分综合素质和专业能力强的学生培养成创新型人才。对于此类学生的教育，创造性和启发式至关重要。在诸多的课程实践环节中，可针对性地开设相关研究性课题，或跟随老师参与项目研究、论文撰写、国内外学科竞赛等，在一系列研究和实践中学会思考，逐渐创新，为将来从事创造性的景观设计和研究工作奠定基础。

四、创业型园林专业人才培养

创业型人才培养模式打破了以往的以工作岗位为导向的教育模式，学生不再是简单的就业者，而是工作岗位的创造者，它是一种面向未来的全方位的教育模式。除让学生掌握专业技能外，重点培养其创业精神、创业的事业心以及创新的思维模式。对极少数专业能力、交际能力、管理能力和心理素质俱佳的学生，以创业型人才培养为目标，以夯实基础、拓宽口径、加强能力为支柱，重点培养以面向园林技术行业为重点的创业型人才。要打破常规的理论教学模式，采用一体化教学，将创业过程融入课堂，进行大量模拟训练，使学生具有创业的基本素养，激发大学生的创业激情，从内心积极接受创业。

第五章

独立学院应用型创业人才培养的探索（创新）与实践
——以财会专业为例

第一节 | 浙江省中小企业发展及独立学院应用型创业人才培养的背景

一、浙江省中小企业发展现状

近年来，浙江省深入贯彻习近平新时代中国特色社会主义思想，积极推动"双创"升级，中小企业创业创新热情持续高涨。2015—2017年，全省新设企业数分别达到22.9万户、30.8万户和38.6万户，新增企业数量年均增幅高达29.8%，高于全国平均水平12.8个百分点。截至2017年底，全省各类市场主体近600万户，按常住人口计算，相当于平均每10人中就有1户市场主体，每30人中就有1家企业，人均市场主体拥有数量居全国第一。

2017年1月浙江省十二届人大五次会议，浙江省代省长车俊作政府工作报告，首次提到"八大万亿产业"："大力发展信息、环保、健康、旅游、时尚、金融、高端装备制造业和文化产业，推进各产业融合互动、业态创新，加快形成以八大万亿产业为支柱的产业体系。"

与此相对应地，当前浙江创业阶段已经从生存型创业阶段进入到机会型创业阶段和创新型创业阶段。创业主体、创业形态、创业领域呈现高端化发展趋势。创业主体从原来的以农民、城镇居民为主力的"草根创业"大军，逐步转变为以浙大系、阿里系、海归系、浙商系创业"新四军"为代表的知识型科技型的高层次人才。创业形态从原来的个体户、家庭作坊、乡镇企业、订单加工企业转变为现代化企业、科技型创新型高成长型企业以及共享经济、平台经济、"互联网+"等创业新形态和新模式。创业领域从原来的传统生产制造和消费品领域转变为以"新技术、新产业、新业态、新模式"等为引领的新经济领域。2017年，全省新设八大万亿产业小微企业10.9万家，同比增长

24.8%；信息经济小微企业数量达到12.6万家，同比增长27.2%。

二、浙江省中小企业对财会人才培养的新需求

当前浙江已经进入"新常态""新时代"的崭新历史阶段，经济也由高速增长阶段转向高质量发展阶段，经济增长从要素驱动、投资驱动转向创新驱动。为了适应社会经济发展特别是产业升级、创新驱动发展战略的要求，高等教育的人才培养正面临着新的发展机遇和挑战。上海国家会计学院副院长刘勤表示，会计作为服务于经济发展的基础性、应用型学科，必然会在经济转型的重要历史阶段起着不可替代的作用，经济高质量发展需要高质量会计人才的支撑。

随着经济全球化的发展，特别是2008年席卷全球的金融危机以来，我国的能源和资源短缺，再加之劳动力成本快速提高，我国企业的核心竞争力持续下降。目前浙江企业正处于转型升级的阶段，企业的利润来源从依赖增加生产要素投入的"粗放型增长"模式逐渐转变到依靠提高生产效率的"集约型发展"的模式。企业间的竞争愈加剧烈，要求做好企业内部管理和做出正确决策是企业立于不败之地的关键，所以市场上对高级会计人才的需求激增。

三、浙江省独立学院财会类专业人才培养的现状

当前我国高等教育进入大众化阶段后，财会类专业毕业生人数众多，人才培养又趋于同质化，毕业生专业能力大同小异，加上人工智能在财务会计工作中突飞猛进的发展代替了财务重复机械的基础工作（比如会计凭证的录入、数据统计分析等），使得财会类专业毕业生面临就业难的处境。

浙江省独立学院财会类专业人才培养模式与企业需求吻合度不高，课程设置与会计职业特点匹配度不高，实训的设施有限、缺乏"双师型"教师等。目前浙江省独立学院财会教育培养主要是学生的记账、核算、报账等手工实操技能，而忽视了财会人才财务预测、分析、决策、企业经营管理以及创新创业能力的培养。

四、浙江省独立学院财会类人才培养面临的新形势

在当前的大环境下，浙江省独立学院财会教育面临一系列挑战：

(一)国际化与本土化

随着全球经济一体化的发展,经济"蝴蝶效应"愈加明显。这一效应也直接影响会计这一行业,要求会计人才了解国际经贸环境,熟悉资本市场运行规律和规则,这是会计发展的必然趋势,也是会计人才培养的方向。然而,我国会计教育模式缺乏国际交流,教育观念保守,难以培养出符合经济全球化发展趋势的国际会计人才。因此,我国高等教育必须深化教学改革,明确培养方向、改变教育方式,从而适应国际化要求。在经济一体化的作用下,我国只有提高财会人才的技能和综合素质,培养适应国际发展趋势的人才,才能在国际竞争中立于不败之地。

(二)复合化与职业化

当前,我国高校的实际招生人数呈阶梯上升态势,已从精英教育阶段转入国际公认的大众化发展阶段。而在我国高校的各种专业中,财会专业受到大部分学生的喜爱。据统计,目前浙江省财会专业每年招生人数比其他专业多,且逐年上升。然而,市场上却严重缺乏高素质的会计专业人才。麦肯锡管理咨询公司(2005)调查报告显示:符合外资公司对会计人员最低要求的求职者不足10%。同时,公司更青睐复合型、应用型人才。上海立信会计学院研究团队(2006)调查统计,约48.4%的人认为该朝着复合型人才的方向发展。许萍(2006)调查发现纯粹掌握会计专业知识的人员将逐渐被社会淘汰,更受企业欢迎的是具备娴熟的职业技能和高尚的职业道德的员工。可见,目前浙江省独立学院的高校偏重学生的专业技能和专业知识培养,忽视学生的职业道德和职业判断能力培养,这将可能增加会计毕业生的就业难度。

(三)信息化与管理化

"粗放型增长"模式的企业,会计的内容主要是核算企业资源的投入与产出的比例,反映过去经济业务中价值的运行。而"集约型发展"的企业,会计不仅要核算企业资源的投入与产出的比例,而且要为企业战略决策、成本控制和风险管理等提供信息服务功能,不仅要反映过去资金的运行,而且还要分析未来的资金运动,控制可能的风险预测,这无疑对会计人才的要求有所提高。

随着现代信息技术的发展,我们正处于大数据时代,财务会计人员的角色须重新定位。财会人员应由过去的普通核算转变为在核算基础上更着重财务分析、会计控制和风险管理。AICPA 主席 Robert Mednick(1988)指出，如果会计行业不与时俱进，那它在企业工作中所起的作用逐渐减少，甚至被企业淘汰。随着信息化的发展，计算机操作在会计工作中得到普遍的应用。针对这一现状，学生除了掌握基本的会计专业知识外，还要学习相关的信息技术知识，成为应用能力较强的信息化人才。

第二节 独立学院财会类专业学生的特点及人才培养的定位

独立学院是在教育资源紧张,为了满足社会对高等教育需求的情况下产生的,作为一种新型的办学模式,它是按照新的模式和机制开启的本科层次二级学院。独立学院不同于公立大学和私立民办大学,它弥补了教育质量和招生方式的不足,为需求者多了一条选择。

一、独立学院财会类专业学生的特点分析

独立院校的学生相对于普通本科院校而言,学生的素质差异较大,各方面的基础知识相对也薄弱些,相当部分同学缺乏学习主动性,学习自觉性差;有的学习没有恒心,心态浮躁;有的没有正确的学习方法,学习效率不高,学习效果不好。但财会专业的学生,一般主观上比较勤奋努力,属于独立院校中较为优秀的部分,他们积极上进,相当部分同学一开学就立志考研或出国深造。

二、独立学院财会类专业应用型人才培养的定位

浙江独立学院招收财会专业的学生基数大,只懂财会知识的学生竞争力相当薄弱,因此要培养学生多学科的知识视野和思维素质。在新的形势下,面临新的挑战,浙江省独立学院会计教育要抓住新的机遇,并提出应对新的对策。

(一)提倡国际视角,立足本土教学

1. 开天窗,走国际化

"开天窗",即人才培养方案要紧跟世界先进的办学理念、教育理念、管

理经验，以及培养学生的自主学习、探索训练、研究型学习的学习理念。独立学院财会专业的人才培养方案要与教学课程、教学设计相结合，要坚持以学生为中心，有利于学生更加全面的发展。

2. 接地气，行本土化

"接地气"要求独立学院财会专业人才培养方案要通过一系列具体化的工作去落实。第一，学校要通过调研了解到用人单位对学生实习和就业的满意度，将用人单位、毕业生、高年级学生的意见和建议反馈到人才培养方案修订、教学改革、课程设置调整等工作中，以培养出更多适应社会需求的基础实、能力强、素质高的复合型、应用型人才。第二，人才培养方案的修订要符合校情，各系应加强联系，互通有无，优化课程。第三，要注重课程建设、专业建设，做好品牌专业建设和新专业建设，做到"新专业不掉队、品牌专业有特色"。

(二)定位复合型人才，培养专业型人才

1. 培养复合型人才

在学习上，重点大学的学生基础知识扎实，其培养应定位为具有牢固的理论知识，文化底蕴深的复合型人才；专科院校的学生的教育应结合企业对人才的需求，培养出动手能力强的实践性人才；独立学院教育应介于这两者之间。复合型人才必须懂得多种学科的知识、具备多种专业技能和多种基本素质，并且能将各专业知识融会贯通。同时，还要加强学生职业道德教育，会计在经济活动中的作用越来越举足轻重，它深入涉及投资者、税务机关、企业内的高层管理者等的利益，所以会计人员的诚信、责任心和职业道德水平就显得更加重要。

2. 培养专业型人才

针对不同特长和兴趣爱好的学生，探索出不同的教学方法，教师也要改变教育理念、教学思维和教学方法，积极调动学生学习的积极性、自主性。学科竞赛是专业知识的横向整合，具体内容包括中级会计、初级会计、市场营销、财务报表分析等，能更好地把各个学科的知识与实践相结合，从而培养学生的实践能力；科研项目则是专业知识的纵向深化，专对某方面的知识深入分析，具有一定的创新性和前瞻性等，能够培养和提高大学生的创新意

识和创新能力。故要多鼓励学生参加学科竞赛，把学生纳入科研团队，培养专业型人才。

同时，在培养专业型人才过程中还要提高学生职业判断能力。"授人以鱼不如授人以渔"，教师讲的知识是有限的，重要是提供学习的方法和指引给学生，变传授知识为传授学习方法，增强学生的自学能力和人文素质，形成发散式思维和提高职业判断能力。

(三)转变传统会计培养模式，培育管理型会计人才

1. 培养信息化人才

信息化教学包括多媒体教学、网络教学等。多媒体辅助教学课件由图、文、声、像乃至动画等构成，把原本相对枯燥的会计知识变得直观有趣，有利于激发学生的学习热情，从而提高课堂讲授的效果，比如将成本核算的整体流程具象化，就有助于学生的整体化理解。另外，信息化教学的普及，能够适当减少会计课内学时，提高知识传播密度，促进教学质量和效率的整合和优化，有助于学生从核算型员工转变为重财务分析、会计控制和风险管理的人才。

2. 培育管理型人才

管理会计专业的理论体系是由社会学、心理学、管理学、经济学和组织行为学等理论基础发展起来的交叉性综合学科，是信息科学的重要组成部分。故独立院校开设管理会计课程，应采用"整合取向"模式，提倡知识结构的分层多元化，注重相关学科课程的融合、渗透，加强课程的补充、拓展、加深等，提升学生创新力、顿悟力、权变力和迁移力。创新管理会计人才培养的方法与途径，如采取送出去、请进来的方法，让管理会计教师深入企业实际进行调研，把老师送往"211"或"985"高校乃至发达国家进修管理会计知识，促进管理会计人员的交流与合作。

综上所述，我们对新形势下浙江独立学院财会专业人才培养目标及对策研究的结果表明：目前，浙江财会专业学生的数量大，但是缺乏高素质的财会专业人员，因此独立学院要适应市场的需要，培养专业知识丰厚的高素质复合型和应用型人才。学院可以通过明确办学定位、优化人才培养方案、加强教学方法等途径培养符合企业需要的人才。

第三节 财会类专业应用型创业人才培养体系的构建

一、科教融合背景下财会专业应用型学科建设的创新与实践

人类自进入知识经济时代以来,对人才的需求已经由传统的应用型人才逐渐过渡到创新型人才,而衡量人才创新的一个重要指标就是科研水平。科教融合成为我国教育改革的一个突破口和必然趋势。

周光礼教授等在《科教融合——高等教育理念的变革与创新》一文中,从科研与教学关系理论进行了反思与批判,并基于国内外教育思想历史的回顾与梳理中重申了科教融合的重要性与真理性,并指出科教融合就是"科研和教学本为一体,在许多方面是你中有我,我中有你;从现代科技发展体系看,科学研究与人才培养也是互为依托、互为动力,协同发展的","科学研究与教学的相互融合、相互转化,使人才培养模式无论在内容上还是在形式上都更加丰富多彩。在内容上,科学研究始终关注最新科学前沿,通过科教融合,最新的科学研究成果转化为教学内容,使学生学到最新的科技创新思想、理念和成果。"科教融合实质上是一种"以学生为中心"的教育理念,是一种人道主义的高等教育精神。它基于人的"求知本性"和"自由本性",通过自我实现最终发掘人的"创造本性",实现学生的"创造本性"是科教融合的目的和归宿。

(一)学院本科生人才培养目标定位

在本科生人才培养过程中,十分关注科研与教学的融合,采取了多种方式鼓励本科生进行科研活动,提倡导师指导本科生科研。科研能力不是研究生、博士生的专利,本科生同样需要科研能力。培养高水平的财会精英人才不仅需要过硬的专业知识,还需要拥有比高职高专院校学生更敏锐的专业视

角、更独特的分析方式、更具有前瞻性的眼光。这就需要高校教师将科研和教学相融合，减少纯课本的讲授，增加科研方法和科研实例的传授。具体来说，科教融合下的人才培养目标就是采用科研与教学相结合的方式培养本科生，旨在将科学前沿的问题贯穿到课堂教学中，激发学生积极思考，鼓励学生踊跃参与，培养学生思考能力、解决问题的能力。在倡导科教融合培养人才背景下，学院应紧密围绕人才培养目标，不断完善人才培养模式，丰富课堂教学形式，将科研和教学相融合，从而培养出适应现代化发展的人才。

(二) 积极搭建第二课堂平台，实现科教融合

在人才培养过程中，专业知识和部分技能的学习主要通过第一课堂学习获得，教师可以教授科研方面的方法与理论以及前沿问题；同时第二课堂为学生提供了更大的平台，国际合作项目、各种竞赛等丰富多彩的活动使学生在积极参与的过程中专注于科研，营造了良好的学术创新、科研创新、实践创新的氛围，通过将课堂上老师教授的科研研究方法应用到具体实例上，真正实现了科研与教学的融合。与此同时，学生的专业性更敏锐、学习积极性更高涨，更容易培养出具有分析问题、解决问题能力的合格财经商界人才。

(三) 实践教学与理论教学相结合，切实提高会计实务操作能力

实践是运用知识、完善知识与更新知识的最好手段，也是助推科研转化、科教融合的必要途径。实践教学依托于课堂教学，使得学生能够到更广阔也更复杂的实践活动中检验知识的储备程度以及理论和实际的相符程度，也是审视与反思会计制度的设计合理性与运用有效性的科研探索的最佳时期。

建立校外实践教学基地，将实践与教学相结合，如对于成本会计的实践学习，可以组织学生到某制造企业进行了实践考察，参观企业的产品生产，充分运用成本会计的知识为企业的成本管理出谋划策，与此同时反观成本会计的专业知识在实践中的运用可行性与存在的不足，审视理论知识的合理性，为成本会计的科研创新做铺垫。

通过实践教学，学生不仅在实务操作方面得到了锻炼，更凭借对具体实务的掌握，进一步反思了专业知识的运用性，为以后在该专业的理论学习以及研讨打下了实务方面的基础。

二、产教融合背景下财会专业专业教育与创新创业教育融合的创新与实践

产教融合属于目前学校培养专业人才的一种新模式。在财会专业中,构建产教融合模式,既能够使学校和企业之间的合作更加紧密,还能够有效地提高学校的人才培养质量,对于学校以及学生来说都有着重要的意义。

(一)制约会计专业产教融合的主要问题

1. 课程设置不合理

目前我国的会计专业在教学的过程之中,主要还是以理论教学为主,采取以学科为中心的课程体系,过于注重培养学生的会计专业素养。在日常的教学活动中,主要是以教师讲、学生听的模式为主,这种重理论、轻实践的会计专业教学还广泛的存在。在这种情况之下,会计专业的课程安排存在不合理性,没有完全地考虑到学生的感受以及社会的发展需要。

2. 欠缺双师型师资队伍

会计专业双师型师资队伍是会计专业产教融合模式构建的重要后盾,学校只有拥有了相当数量和高素质的双师型教师队伍,才能够更好地构建产教融合模式。但是以我国目前会计专业的教学环境来说,很难形成双师型师资队伍。这主要是两方面造成的:一方面,目前从事会计专业教学的教师大多是毕业以后就直接进入学校从事理论教学,缺乏一定的实践和经验;另一方面,具有丰富实践经验的老会计又很少愿意将重心放在教学工作之中,因此导致目前会计专业面临双师型师资队伍欠缺的困境。

3. 缺少实训基地

当下会计专业产教融合模式构建还有一个非常关键的问题就是缺少校外的实训基地。虽然如今很多企业都愿意招收会计专业的实习学生,但是这些实习学生因为之前没有实践经验,在进入实习之后存在较多不能解决的问题,这间接地制约了产教融合的开展。

(二)"互联网+"背景下会计专业产教融合模式构建

1. 建立教学平台,促进校企合作发展

为了能够更好地促进会计产教融合模式的构建,可以借助于目前"互联网+"技术,来建立起远程教学平台,促进学校和企业之间的合作发展。构建远程教学平台可以让学生不受时间和距离限制,直观地了解到会计专业的具体实践过程。通过远程教学平台,也更好地帮助教师进行教学,让学生了解到在会计专业实践过程中存在的问题及其注意事项。此外通过远程教学平台,学生可以随时随地进行学习,更好地为学生提供专业知识。同时,还密切了学校和企业之间的关系,提高了会计产业产教融合,促进了会计专业教学水平的进一步提高。

2. 革新课堂教学,实现产教融合

"互联网+"的到来对于整个社会都带来了巨大的变化和机遇,对于我国教育事业的发展也带来了严重的影响。对此,我们应该充分抓住"互联网+"对于我国教育事业发展带来的机遇,并充分对其利用,不断革新课堂教学。首先,在"互联网+"背景下,教师应该不断地提升自我信息素养,以便更好地开展教学;其次,教师在开展教学的过程中,应该善于利用互联网技术来进行会计专业授课,以此来让会计专业课教学更加多样化;最后,对于会计专业的学生,学校应该有针对性地进行培养,以此来保证毕业生在进入企业之后能够满足企业需求,为企业创造价值。

3. 利用互联网促进双师型队伍的建立

在"互联网+"背景之下,学校一定要善于利用互联网的特点,来构建双师型的师资队伍。会计专业的兼职教师大多具有丰富的实践经验,是企业的老会计。这类兼职教师在教学过程中主要存在两个问题,首先是兼职教师不能够很好地适应教师岗位,因此在开展教学时存在一定的问题。其次是兼职教师大多还担任企业的会计职位,因此需要在企业和学校两边跑,很容易发生教学时间不够,不能按时上课的问题。对此,学校应该加强互联网建设,以此来解决目前兼职教师存在的问题。首先可以利用互联网来让兼职教师在业余时间接受心理学和教育学相关的知识,以此来不断提高兼职教师的教学技能。其次,兼职教师在开展教学时可以利用互联网技术将工作的情况展示

给学生，这不仅能够使得学生对于会计工作有个大致了解，还能够有效地激发学生的学习兴趣，提高学生的专业水平，从而促进我国会计专业进一步发展，为社会培养需要的人才。另外，学校应多鼓励支持会计专业教师下企业锻炼，只有真正走进企业，走上岗位，才能真正提升教师的专业实践水平。

4. 建立实训基地，构建产教融合模式

实训基地的建立对于学生实践操作能力培养有着重要的作用。对此，学校可以联合企业建立起实训基地，以不同的形式来帮助学生进行实践学习。主要有这两种形式：①岗位见习。岗位见习属于知识性实训，这种实训形式主要是为学生提供专业岗位，让学生通过参观和走访，全面了解岗位工作内容。②定岗实习。定岗实习中，学院应负责人才培养方案及相关教学监督方案等。在定岗实习中，企业属于辅助位置，企业应该依据学院的实践教学要求，为学生提供实习服务。通过实训基地的建立，可以充分利用学校和企业的资源，从而促使学校尽快构建起会计专业产教融合模式。

在"互联网+"背景下，浙江省独立学院会计专业的教学发展面临很大的机遇，需要思考如何能够有效地解决如今制约会计专业产教融合实施的问题。对此，学校应该做好相应的准备，以构建教学平台为基础，不断革新课堂教学，并利用互联网技术促进双师型队伍的发展，这样才能保证会计专业产教融合，促进独立学院会计专业的发展。

第四节 | 财会类专业应用型创业成果孵化体系的构建

在新的形势下,面临新的挑战,浙江农林大学暨阳学院财会类专业教育抓住新的机遇,主要采取了以下几点举措:

一、定位财会类专业应用型人才培养的培养目标

培养具有现代管理意识,掌握会计核算、信息披露、审计与内部控制等基本知识和基本理论,能熟练运用会计学、审计学等专业知识和技能,具有预测经济前景、参与经营决策、控制经济过程、评价经营业绩等方面的综合分析能力和管理决策能力,能适应企事业单位、会计事务所会计和审计事务需要的知识、能力、素质协调发展的专业知识丰厚的高素质复合型和应用型人才。

二、优化课程设置,创新课堂教学模式

为满足市场需求,根据学生的特点,开设会计学(ACCA)方向班,自此形成了以传统的会计学专业为基础、以财务管理专业为实务、以注册会计师专业为支撑、以会计学(ACCA)方向班为前沿的四足鼎立的专业设置结构,在满足社会发展对不同类型的会计专业人才的需求的同时,更将国际视野与会计前沿带入到课堂,使得学生能够随时更新知识储备,掌握最新的会计动态。

三、转变传统会计培养模式,培育管理型会计人才

2014年末《财政部关于全面推进管理会计体系建设的指导意见》的颁布预示着:面对世界经济增速减缓、结构转型、竞争加剧的后危机时代,未来十

年内会计行业的人才结构将发生根本转变，相当部分的中低级财务会计人员将被管理会计人才取代。通过努力，暨阳学院成为初级管理会计师考试的定点单位。

四、提高学生科研能力，配备学业导师

暨阳学院财会专业有部分学生从大一刚进校园，就立志考研或出国深造，但苦于不知道该怎么准备。学院为每位学生都配备了学业导师，与学生定期交流，为学生解惑，在专业方面给予专业的指导。

第五节 | 财会类专业应用型创业人才培养的成效

近年来,暨阳学院财会专业以人才质量培养为核心,不断深化教学改革,转变人才培养方式,取得了较大的成绩:

一、教学团队的凝练和完善

财会专业始终以人才质量培养为核心,把教学团队建设放在首位,建设了一支素质高、结构合理的教学团队。通过采取在职学习和人才引进等措施,不断完善教学团队,提高了教学团队的整体水平,现已形成老中青结合、职称结构较为合理的教学团队,在教学团队的共同努力下,2012年会计学专业被评为学院重点专业,2016年6月被学院列为首批品牌建设专业之一,2017年被列为浙江省级特色专业,2018年会计学专业被列为硕士点培育专业,学院正在积极准备申报会计硕士点。

二、课程建设取得一定成果

财会专业已经完成校级精品课程"审计学"、院级精品课程"会计学"和省级精品课程"林业财务与会计"的建设。目前已经初步形成会计学基础—中级财务会计—高级财务会计,财务管理—高级财务管理的课程建设主线,课程体系按学校新一轮人才培养方案进行了优化,与学院的定位衔接一致。教学内容上每年以最新注册会计师资格考试体系教学内容为主,采用案例教学、实验实训教学、任务驱动教学等方式,教学质量逐步提高。本专业教师已编写《会计学基础》《财务管理实验教程》《中级财务会计》《战略管理》《财务管理》等系列教材。

三、实践实训教学有序推进

本专业与浙江同方会计师事务所、杭州勤行会计师事务所、浙江中兴会计师事务所、浙江工业大学建筑设计研究院造价咨询部等多家企业建立了长期的合作关系，形成了稳定的运行良好的校外实训基地。2016年投入使用的经济管理系跨专业综合实训中心是目前浙江省技术最先进，设施最完备的实训中心，能满足包括会计学专业学生职场实训和实践能力培养的教学需要。

四、人才培养初见成效

结合浙江经济特点和学院实际情况，以培养具备管理、经济、法律、会计、税收等方面的知识、能力和素质，具有较强的创业意识和实际操作能力，能在各类企事业单位、会计师事务所、政府机关及有关部门等从事会计、审计、理财、税务方面工作的应用型创业人才为目标。学生实践能力和创新意识较强，深受用人单位好评。财会专业报考人数居全院第一，近三年平均新生第一志愿报考率100%，近三年就业率到达96%以上，专业符合度较高。

五、取得了良好的社会效应

教学团队为国家林业局制定了国有林场（苗圃）会计核算制度、集体森林资源评估体系，并为浙江省国有林场制定了会计核算办法，对全省国有林场财务人员进行培训等，并开展了诸暨市国税局股级干部及青年干部培训，为国家林业局、财政部制定了国有林场财务制度，对外服务的开展进一步扩大了会计学专业的影响力。

第六节 | 独立学院财会类专业人才培养的趋势

在经济新常态宏观环境和"互联网＋"营商环境下,企业要获得核心竞争力,就必须向智能设计、智能制造、智能物流和绿色经营转型。企业转型升级要求财务由核算型向管理型和战略决策支持型转变,"大智移云"(大数据、人工智能、移动互联网、云计算)等现代网络技术的发展使财务转型成为可能。近年来,"互联网＋财务"极大地推动了云计算和大数据在财务管理中的应用,促进了财务变革。大型企业集团传统的核算业务向财务共享集中,而业务财务向业务延伸,专业财务将变得越来越重要;中小企业财务逐渐向云会计模式转变。

经济新常态要求会计人才从中低端向高端转变;从单纯的技术操作型向经营管理型人才转变,从单一专业型向复合型创新型人才转变。企业财务转型对财务人才的胜任能力提出了新的要求,高端、复合型财务人才成为需求重点。在财务转型和财会人才需求转型的背景下,会计学及财务管理专业应培养系统掌握会计理论与方法、掌握现代企业管理知识、通晓国际会计惯例,具有战略思维和国际视野的管理型财会人才。

第六章

独立学院应用型创业人才培养的探索(创新)与实践
——以工商管理、市场营销专业为例

第一节 浙江省独立学院应用型创业人才培养的背景

一、独立学院管理类、营销类人才培养的新需求

当前,社会上各式各样的总裁培训班、经理培训班、营销培训班、企业管理研修班频频出现,关于企业文化、管理沟通、领导力、营销技巧的培训项目及培训计划越来越多,进一步彰显了社会对于企业管理、市场营销的旺盛需求,显示出工商管理与市场营销专业的巨大发展空间。近年来,我国经济的稳定高速发展及鼓励创新创业的氛围无疑为高等学校工商管理、市场营销专业的进一步发展提供了新的机遇,但如何培养出新形势下更能满足社会需求的高质量的管理及营销人才,对高等学校工商管理、市场营销专业的人才培养模式提出了更为严峻的挑战。而和一般本科院校不同的是,独立学院的设立旨在为当地的经济建设贡献智力资源,提供高素质的人力资本,因此,独立学院的工商管理、市场营销专业培养的应该是兼具一定理论知识和实际操作能力的应用型人才。随着企业成长方式的转变,企业对工商管理、市场营销人才的要求也在发生着变化。

二、浙江省独立学院管理类、营销类专业人才的社会需求状况

(一)总体需求意愿较强,需求规模仍然较大

当前用人单位对管理、营销专业人才的需求意愿较强,总体需求量较大。调查显示,90%的单位在未来几年都会有针对管理、营销专业人才的招聘计划。其中,招聘人数需求量较大的岗位主要有以下几类:经营管理类岗位,如经理助理、经营管理专员、主管助理等;营销管理类岗位,如营销助理、市场调查员、商务助理、销售人员、售后服务人员等;人力资源管理类岗位,

如人力资源助理、招聘专员、培训专员、薪酬专员等；行政管理类岗位，如行政助理、办公室文员、秘书等。总体来说，社会各界对管理、营销专业人才的需求范围较广。

(二) 强调基本专业技能，注重实践应用能力

调查显示，企业为了降低对在职员工进行再培训的时间与成本，往往更愿意招聘那些有一定工作经验和相应专业技能的人才，对于应届毕业生也更倾向于聘用有实习经历者。从针对管理、营销专业毕业生的整体招聘情况来看，在知识与技能的要求上，用人单位不仅要求毕业生要掌握一定的企业管理基础理论、具备相应的战略管理思维，更重要的是要有一定的实践应用能力。根据调查反馈的结果，目前用人单位在接收了管理、营销应届毕业生后，并不会直接就让他们从事管理工作，而是首先会安排毕业生在生产经营、市场营销等领域的相关岗位进行基层锻炼，经过一到三年的基础业务培训，毕业生们大多掌握了本行业本企业的基本专业技能，具备了实施业务领域决策的基本经验，此时才会被委以管理职位，从事管理工作，成为真正的管理者。因此，若学生在学校就能具备这些职业适应能力和实践应用能力，就会极大地缩短其进入企业管理层的时间，更有利于学生未来的职业生涯。

(三) 注重综合管理能力，强化综合素质提升

用人单位表明，他们对管理、营销专业毕业生的总体期望是能够理论联系实际、适应性强、具有创新性的综合管理人才。就目前招聘的毕业生而言，大多数学生通过在校几年的学习已具备了一定的专业基础知识和专业基本技能，但由于学生对企业及所在行业缺乏了解，对行业特性认识不深，因此入职后很难在短时间内就能将理论知识应用到企业实践中去。所以，用人单位一般会先安排管理、营销类毕业生先从事一些较为基本、较为具体的工作，等积累了一定工作经验和管理经验后才到管理岗位上工作。这就意味着，企业要求管理、营销专业毕业生必须具备的是一定的组织协调能力、应变能力及社交能力等基本素质，而更高层次的诸如管理能力、决策能力及创新创业能力则可以通过日后的实践工作来培养和发展。用人单位关注的是学生在以后的工作中综合素质提升的潜力。

(四）关注职业操守，强调职业素质

被调查的用人单位普遍认为，影响员工个人发展的因素除了专业技术能力外，是否具备强烈的事业心、责任心，是否具备抗压、抗打击能力，能否吃苦耐劳等都是非常重要的。用人单位在招聘管理、营销专业毕业生时，更看重的是其在实际工作中是否有上进性、责任心，能否踏实肯干、爱岗敬业。但调查结果显示，用人单位普遍认为当前管理、营销专业毕业生的职业素质还有待提升，上岗后存在吃苦精神较弱、心理素质较低、承压能力较小的情况。职业素质的高低影响着毕业生未来的发展前景，用人单位基于员工稳定性及员工素质提升等角度出发，在招聘管理、营销专业毕业生时也非常注重对毕业生职业素质的测试，要求其有一定的职业操守和良好的职业素质。

三、浙江省独立学院管理类、营销类专业人才培养的现状

（一）实践教学比例仍然偏低

在现行的独立学院人才培养方案中，普遍存在着理论课程的学时和学分偏多，而实践与实训课程偏少的问题。由于在校学生是 20 岁左右的年轻人，他们对现实生活中企业的经营管理情况不甚了解。如果仍然仅仅是讲授理论知识，缺乏相应的实训实践，将使得毕业生难以获得日后职业发展所需要的专业技能和专业素质，不能满足当今社会的需求。

（二）专业课程内容更新不够

独立学院的人才培养旨在为当地经济社会发展服务，满足社会需求。因此管理、营销专业的人才培养必须要适应当前社会对其人才需求的变化，要做到专业课程内容、方法等与时俱进，符合当前的时代特征。然而，多数管理、营销专业目前大多数专业课程的教学内容或教学方法较少涉及本学科的前沿性内容，也缺乏对新方法、新工具的应用。即使个别老师在授课中有所涉猎，也只是作为补充性知识介绍，不够深入和系统，使得学生不能理解本学科的最新动态，也无法将生活中的现象与课堂结合，丧失了对本专业的学习兴趣。再加上教师自身缺乏实际管理经验，对管理理论的理解程度不够深刻，不能及时更新专业前沿知识和运用当前热点案例，直接影响教学效果。因此，独立学院也需要加强对"双师型"教师的培训工作。

(三) 实践教学资源仍显不足

实践教学环节对于以培养应用型人才为目标的管理、营销专业来说是必不可少的。独立学院由于其本身的特殊性，资金来源有限，这大大制约了其实践教学资源的投入和建设，导致独立学院实验室、实习基地等实践教学资源不能满足人才培养的需要。管理、营销专业涉及实习的课程在实习地点和实习场所的选择上，往往是由实习指导老师通过私人关系联系。因此，实习的规范要求、期望目标、后期考核等大多流于形式，没有体现出实习的真正作用。而且在专业建设中缺乏一定的校企合作、校企互动机制，没有做到对可能的社会资源的有效利用，使得学生实践机会有限。

(四) 学生实践意识与实践能力偏弱

独立学院管理、营销专业要培养社会需要的合格的毕业生，就必须清楚地认识到管理、营销专业的强实践性的特征，这一点尤为重要。当前仍有部分学生学习缺乏应有的主动性，过多依赖于课堂上老师的讲授和笔记，没有参与到互动式教学的意识或者懒于去参与到讨论中去，缺乏应有的实践意识和实践能力。显然，如何使学生转变学习观念和态度，增强其实践认识，从应试学习模式转换到自主学习模式是人才培养模式改革急待解决的一个问题。

四、浙江省独立学院管理、营销类人才培养面临的新形势

当前存在着管理、营销类人才短缺的现象，但同时又有大批管理、营销类毕业生找不到工作，高校人才培养与企业人才需求相脱节是新形势下高校管理、营销专业人才培养面临的首要问题。管理、营销类专业的人才培养应注重教学质量、转变教学理念、强化实践教学、实施校企合作，提供学生应用创新能力，以此培养企业、社会需要的管理、营销人才。

第二节 | 独立学院管理、营销类专业学生的特点及人才培养的定位

一、独立学院管理、营销类专业学生的特点分析

独立学院管理、营销类人才的培养，相比较于一本、二本而言，理论基础教育显得欠缺；相比较于专科、高职，则动手实践、操作能力略显不足，需要加大教学改革力度。为此，独立学院人才培养方案必须以新的教育理念，进行课程体系以及实践教学模式的改革，打通学校人才培养与企业现实之间的瓶颈，让学生参与实际项目和生产实践，获得更多的实际工作机会，在实践中学习，从而达到提升学生综合能力的目的，以更好地实现企业需求的应用型人才培养目标。这对于高等学校改革人才培养模式、提高人才培养质量、增强毕业生的适应性等都具有十分重要的意义。

二、独立学院管理、营销专业应用型人才培养的定位

独立学院管理、营销人才的培养，需要以坚持"以人为本""回归教育本源""做中学"等教育理念，坚持"育人为本、理论为基、应用为主、创新为魂"的育人理念和"面向市场、立足岗位、基础够用、注重素质、强化应用、突出能力"的指导思想。从基于能力培养的职场化人才培养计划入手，探索能适应当前社会发展的管理、营销类人才培养模式；以课程优化、课程整合为抓手，对管理、营销类专业的专业基础课程和专业课进行梳理；以多层次开放型职场化实践教学平台为重点，形成从技能到科研能力、职业能力、创新创业能力的职场化能力培养体系；建立和完善职场化的应用型创业人才培养体系。

第三节 | **管理、营销类专业应用型创业人才培养体系的构建**

一、科教融合背景下管理、营销专业应用型学科建设的创新与实践

（一）从基于能力培养的职场化人才培养计划入手，探索能适应当前要求的管理、营销人才培养模式

通过"知识、能力、素质"的模块化设计，体现出加强基础的中心思想，加强数理、外语和计算机等方面课程教学，同时增加人文社科的教学内容，为学生的个性化发展打下坚实的学科基础。

定期邀请学科带头人开设面向本科学生的学术讲座，让学生了解学科前沿发展动态。

在专业课程设置方面，体现少而精，宽而实的宗旨，分成两个模块：专业必修课和专业选修课，学时比例大约是2∶1。

专业知识主要是使学生了解本领域的历史和前沿，并学习运用基本理论解决特定企业管理具体问题的思想和方法，具有举一反三的能力。

专业必修课旨在构建管理、营销专业的基本知识平台，以人力资源管理、生产运作管理、市场营销和企业战略管理为主干课程。向本专业学生传授必备的管理、营销的通识，掌握管理、营销的最基本的技能，为本专业学生的就业、创业打下良好的专业基础。

专业选修课则给本专业学生提供较为个性化的教学，学生可以根据自己的兴趣与爱好，选择方向。

(二)以课程优化、课程整合为抓手,对管理、营销专业的专业基础课程和专业课进行梳理

课程是保证人才培养质量的基础,课程教学是实施素质教育的主渠道。要按照素质教育的思想,对教学内容、课程体系、教学方法、教材及课件建设进行改革,充分调动学生的学习积极性、主动性和创造性。

长期以来,独立院校的课程体系以学科知识的传授为主线进行刚性设置,强调专业的专、深、尖,忽视学科专业发展的广度,特别是交叉融合性,这样培养出来的人才知识面过窄,社会适应性不强。新世纪必须从学科发展的综合化、整体化高度来审视人才培养的目标和规格,培养的人才既要具有共性,又要具有个性,特别要重视人才的创新精神和实践能力的培养。

淡化专才教育思想,不但考虑学科知识体系的纵向结构关系,更应该从有利于开拓学生的视野,有利于发展学生的思维能力、创造能力、适应能力和应变能力等方面考虑各课程要素之间的横向结构关系,体现打通基础,拓宽知识面,强化应用。这就需要对管理、营销专业的基础课程、专业课程、选修课程与办学管理目标之间存在的差距等管理绩效作出评判,及时调整专业课程体系,专业课程根据内容和功能组合成课程群,满足学生个性化发展的需求;同时,全面修订课程教学大纲,从简从实、特别注重知识的更新,以实现教学改革的目标。

(三)构建"基础技能平台、科研训练平台、职场实践平台、创业实训平台"的多层次职场化实践教学平台

1. 基础技能平台——构建系统的实验教学体系,培养学生的基本技能

该平台紧扣第一课堂,改革实验教学,减少验证性实验,突出综合性、研究性、创新性实验。

强化基本实验能力的训练,重点培养工具的使用与实验技能。通过设计练习、大作业训练等,强化学生基本功。

合理构建人才培养方案、推行多样化人才培养模式、改革教学组织形式、优化教学内容、改革教学方法,让学生掌握了全面而系统的知识内容,把握了学习的方法,培养了学生的认知能力和学习能力。

2. 科研训练平台——创设探究性学习,培养学生创新能力

该平台充分利用第二课堂,以培养学生初步的科研创新能力为目标,从

实验室开放、大学生科研训练、学科竞赛等方面为学生创设研究性学习环境，极大地激发了学生的学习兴趣和创新意识，提升了学生的创新能力。

3. 职场实践平台——走进职场竞争环境，培养学生就业能力

该平台以建立紧密的校企合作实践基地为基础，开展专业实践活动、专业实习实训及俱乐部、沙龙等个性化活动，开设职业生涯规划和就业指导课程，实行双证制，把有行业准入制的专业的职业资格证书纳入专业人才培养方案，拓宽学生就业能力培养的渠道，增强了学生的职场素质和就业能力。

4. 创业指导平台——组建面向市场的科创空间，培养学生创业能力

该平台以培养大学生创业能力为目的，以学院工作室为载体，以学校创业园为科技企业孵化器，承接大学生优秀科技创业项目，配备创业导师，提供科技创业指导，为有志创业的大学生提供良好的创业条件与环境，激发了学生的创业意识和热情，提高了学生的创业能力，真正实现了以创业带动就业的目标。

(四)建立和完善职场化实践教学有效运行的保障机制

充分利用学校、企业、社会等资源，以职场化实践教学有效运行为目的，从学生与老师(企业指导老师)、老师与系(部)、系(部)与学院、学院与社会等多方面进行有效融合，建立和完善了师资培养、经费保障、教学监管、评价等保障机制。

二、产教融合背景下管理、营销专业与行业融合的创新与实践

当前产教融合背景下，独立学院管理、营销类专业与行业融合度还不够深入。虽然有校企合作，但是企业方往往只是承担提供实习机会的任务，没有发挥企业在培养专业人才上的主体作用。学校制定的人才培养方案，缺乏企业的参与，存在实际培养目标与市场需求不相符的情况。企业参与到培育专业人才上的力度不够，没有形成深度的融合。同时，很多企业只注重经济利益，没有切实关注社会效益，不重视校企共育人才的重任。

企业和学校之间没有一个良好的合作机制，来支持两者之间深度融合。企业和学校之间还在探索一种最佳的方式，达到共育专业人才的目标，实现

最终的多赢。

独立学院管理、营销类专业是一个实操性很凸显的专业，同时还强调具有创新性的时代性，也就需要本专业学生的素养能够满足市场的需求。在整个教学过程中，更加迫切需要企业的参与，实现校企深度融合。企业和学校要明确各自所扮演的角色，共育专业人才。

首先，由政府主导推进学校和企业的深度融合，进行试点建设。政府主导选择合适的企业与学校合作，进行试点建设，并进行成功案例的宣传，推进社会对产教融合理念的认知度，使得社会认识到产教融合的重要性，得到学生和家长的支持。政府从宏观层面给出制度保障，明确指明学校和企业各自应承担的责任，以及各自享有的权利。

其次，校企各自发挥作用，共育专业人才。校企共同制定人才培养方案，培育出适合市场需求的人才。学校在制定人才培养方案时，需要企业参与进来，共同探讨方案，提出企业方对于其所需要人才的知识储备和技能水平要求。学校按照企业提供的需求，结合学校综合资源，最终制定出切实可行的人才培养方案。

第三，实现校企师资共建，形成校企教师双向流动机制，建立双师型师资队伍。企业安排有经验的技术人员到学校授课，学校的老师可以到企业中进行实践锻炼。校企之间通过深度融合来实现资源共享。校企共同建设实训基地，为学生提供实践的机会。

三、产教融合背景下管理、营销专业专业教育与创新创业教育融合的创新与实践

(一) 当前独立学院应用型实践教学中存在的问题

当前大多数独立学院的应用型实践教学还没有针对自身办学特点和学生特点形成其独特的应用型实践教学体系，这对于实践性、应用性非常强的独立学院来说，矛盾就更加突出，问题也更加尖锐。主要表现在以下几个方面：

(1) 实践教学主体地位不突出，专业技能培养被忽略。独立学院由于开办时间不长，软硬件方面都需要依靠母体学校，特别是在师资队伍方面，依靠一些注重理论教学而本身实践能力缺乏的本部教师承担实践教学会直接影

响实践教学效果。独立学院的课程教学重理论、轻实践，专业实践学分占总学分比例较低，没有充分体现出独立学院的特色。

（2）实践教学体系构建不合理，过程管理不到位。从独立学院人才培养方案来看，实践教学体系仅仅包括社会调查、专业见习和毕业实习等少数环节，学生接受实践训练的时间和空间都受到了制约，训练效果必然受到影响。

（3）实践教学过程缺乏仿真性。社会对毕业生的从业要求越来越高，许多企业希望新吸收的人员能立即进入工作角色，少交"学费"。但是独立学院的实践教学缺乏一种仿真的模拟环境，实践教学流于形式，使得学生毕业后并不能立即走向岗位、胜任工作，因此就形成了"供给"与"需求"相背离的就业状况。

（4）缺乏对实践教学质量的评价指标体系。在课堂理论教学方面，各独立学院都已经建立或正在建立一整套比较完整的教学质量评价指标体系，但对于实践教学的质量监控却还不完备，甚至缺失。由于缺乏科学、规范的标准，使得实践教学的水平难以评价，指导教师各行其是，实践教学的质量受到了极大的影响。

（5）实践教学指导教师指导能力不一，影响实践教学效果。独立学院师资以年轻教师居多，某些实验实践指导教师受自身实践能力、社会经验、学历等条件的限制，还不能正确指导学生完成实验实训任务，有的甚至还误导学生，从而使实践效果大打折扣。

（二）国外典型实践教学模式分析

一般来说，学徒制和工学交替是国外实践教学环节的主要内容。它们的优势在于增加了学生在企业实习实训的实践和机会，提高了学生的实践能力。如日本的公共职业训练体系一般为两年，每年的标准学时为1600学时，在两年总计3200学时中，68.7%的学时用于实际操作训练，25%的学时用于专门的学科学习。国外典型的实践教学模式主要有以下几种：

（1）德国"双元制"模式。"双元制"中的"一元"是企业，另"一元"是职业教育高校，其主要内容是：培养一名合格的实用人才，必须通过工厂、企业和职业学校两大系统的密切合作来进行。德国的高等教育机构引进'双元制'的做法已发展为以下三种模式：一是叠加式，即理论与实践培训相继进行；

二是一体式模式，即理论和实践培训平等进行；三是交叉模式，即理论教学和实践教学交叉进行。德国"双元制"模式的突出特点，一是将学习同生产紧密结合；二是有企业的广泛参与；三是各类教育形式互通；四是培训与考核相分离，使岗位证书更具权威性。

(2)英国的"工读交替"模式。英国为培养企业适用的工程技术人才，许多学校实行了"工读交替制"的合作教育。这种人才培养方法分为三个阶段：学生中学毕业后，先在企业工作实践一年，接着在学校里学习完二年或三年的课程，然后再到企业工作实践一年，即所谓的"1+2+1"和"1+3+1"教育计划。此外，英国还实行第一、二、四学年在学校学习三年理论，第三学年到企业进行为期一年的实践培养方式。

(3)新加坡的"教学工厂"。新加坡的"教学工厂"是学习借鉴和消化吸收德国"双元制"职教模式的结果。德国是以企业为主完成培训任务的，而新加坡的企业情况与德国有很大的差别：企业规模不大，没有专门的具有相当规模的培训中心，难以完成高质量的技能培训工作，根据这一国情特点，"教学工厂"应运而生。教学工厂将实际的工厂环境纳入教学环境之中，并将两者融合在一起，以便促进学生对理论教学的了解；工业与科研项目是教学工厂里一个不可或缺的重要环节。它使学生能将所学的知识应用于多元化、多层次的实际环境里；"教学工厂"是学院制的，而不是企业培训制的，它是在现有的教育系统(包括理论课、辅导课、实验科及项目等)的基础上建立的。"教学工厂"的目的是为学生提供更完善及更有效的学习过程，鼓励及开发学生之群体精神及实际应用能力，确保有关的培训课程与工业界的需求挂钩，促进学校与工业界的联系。

(4)澳大利亚的 TAFE 模式。TAFE 是英文"Technical And Further Education"的简称，意思是"技术和继续教育"。澳大利亚的职业教育任务主要由技术与继续教育学院(TAFE)承担。有些 TAFE 学院是独立设置的，有些则附设在高校内，TAFE 承担着包括从职前到职后，从学徒、技工到大专甚至大学本科等不同类型、不同层次的职业教育与培训任务。这种模式是建立在终身教育理论上的有特色的职业教育制度，在全国院校中统一教育和培养标准，是一个面向职业资格准入，融合职业资格和职业教育，强调终身教育培训，充分体现以职业技能能力本位特点的职业培训模式，建立了"学校——工作——

再学校——再工作"的多循环终身教育体系。

(三) 国外实践教学模式对独立学院人才培养的启示

国外应用型人才培养模式的成功推行对我国独立学院进行实践教学改革具有重要的参考意义。独立学院实践教学改革要取得根本性成果，必须先修订目前的专业人才培养方案，要改革实践教学体系。具体方法有：

(1)抓好实验室、实训室建设。在加强现有实验室的管理、整合实验教学资源的同时，强化模拟实验室的建设，选择合适的教学软件模拟相应的工作环境、职能岗位等。

(2)重视实践教学基地建设。一方面合理利用校内各种实践教学基地，诸如各种研究所等科研基地，超市等生产经营基地，学生创业公司等虚拟基地；另一方面加强校外实践基地的建设，诸如和企业合作建立观摩基地、实践基地等。

(3)改善实践教师队伍结构。要做到吸引外部高层次人才到实践教学队伍中来，鼓励理论教师参与实践教学，为满足实践教学提供人员保证。建立校企合作机制，培养"双师型"师资队伍。

(4)加强实践教学规范化建设。实践教学方案的制定；实践教学资料的建设和完善；规范学生实验、实践报告格式；做好实践教学的总结工作。

(5)改革教学手段和方法。采用多种形式的教学方法和教学手段，比如讨论式教学、案例教学、情景式教学、参与式教学等。

四、管理、营销专业应用型课程体系的创新与实践

管理、营销类专业构建的是"职场化"的人才培养模式。"职场化"人才培养模式包含以下四个方面：课程设置上，要求从岗位能力出发，校企合作共建课程；实践教学方面，构建模拟仿真与经营管理实战相结合、教学环境与企业环境相结合的实践教学体系；就业指导方面，构建专业学习与个性发展相结合的就业指导体系；师资队伍建设方面，加强专任教师与业务骨干相结合的师资队伍建设。

(一) 课程设置——从岗位能力出发，校企合作共建课程

课程是"职场化"教学的灵魂，没有与市场相衔接的课程，"职场化"教学

将无法运转。这就要求独立学院在构建管理、营销专业课程体系时必须从体现管理岗位能力的角度出发，与企业合作开发课程，使得核心课程与职业岗位相融合，企业经营管理任务与课程教学内容相融合。

管理、营销专业教学内容具体设置时可按职业通用能力和管理专业能力两大模块来进行。职业通用能力的培养可通过开设商务英语、社交礼仪、计算机应用能力、应用文写作等课程来实现。管理专业能力可分为专业基础、专业实践、专业拓展三部分。专业基础能力通过开设工商管理专业核心课程实现，如：战略管理、生产运营管理、人力资源管理、质量管理等；专业实践通过每学期阶段性实训和综合实训实现，如：市场调查、商务谈判等；专业拓展可由专业选修课和常规经营管理知识与技能讲座来实现。

(二) 实践教学——模拟仿真与管理、营销实战相结合

实践教学是"职场化"教学的特色。管理、营销专业是一个实践性、应用性非常强的专业，非常适合开展"职场化"教学。独立学院管理、营销专业的实践教学模式是要构建模拟仿真与管理、营销实战相融合、教学环境与企业环境相融合的实践教学体系。

一方面，通过校内实训中心进行模拟仿真训练，如进行企业经营管理沙盘模拟、商务谈判、营销策划等训练。虽然通过企业真实项目来组织实践教学，在项目的真实性、学习的兴趣性等方面会非常有效，但往往由于涉及商业秘密，企业一般不太愿意把正在实施的管理项目直接提供给学校使用。因此通过模拟仿真训练的手段来组织实践教学就成为一种可行的方式。

另一方面，通过校外实习基地进行管理、营销实战训练，培养学生经营管理和创新创业能力。如大一进行体验式管理，在市场调研的基础上，学生可自主申请实战项目，参与管理案例分析大赛；大二进入合作企业进行产品销售，并以参加"挑战杯"创业计划大赛为契机设计可操作的创业项目；大三进入企业进行顶岗实习；大四部分学生实施创业计划并依托学校创业基地开办公司。

(三) 师资队伍——专任教师与业务骨干相结合

师资队伍是"职场化"教学的关键。管理、营销专业与实践的紧密联系要求学生既要掌管理、营销基本原理，又要运用原理去解决企业经营管理中的

实际问题。独立学院管理、营销专业从事教学的大多是博士或硕士刚毕业的青年教师，缺少在企业工作的经历和经验。在教学过程中，往往导致学生对管理、营销活动只是简单化的理解和认识，对动态的市场缺乏足够的认识，因此，必须加强专任教师与业务骨干相结合的师资队伍建设。

一方面，通过与专业需求对口单位建立合作关系，聘请"实践型"的企业业务骨干人员为兼职教师，以专题讲座或调研座谈等形式贯穿于每一教学过程，丰富实践教学内容，提高实践教学效果。另一方而，在不影响正常教学的前提下，鼓励专业教师从事与实践教学有关的社会兼职，制定实践教学培训规划，定期或不定期地安排专业教师到对口单位挂职锻炼。学校要从政策上支持教师顶岗实践，开辟新的实习基地，理论与实践相结合，以提高教学水平。

(四) 就业指导——专业学习与个性发展相结合

有效就业是"职场化"教学的目标。发现和培养学生的职业兴趣和能力特长，是"职场化"管理、营销专业人才培养的重要内容。相对于其他专业而言，管理、营销专业的就业岗位与个人兴趣特长等个体特征密切相关，如有人对产品管理感兴趣，有人则对物流管理感兴趣。因此，要构建专业学习与个性发展相结合的就业指导体系。

具体实施过程为：首先，根据自身兴趣，选择一个行业作为学习背景，了解该行业的经营管理规律；其次，选择一个企业，通过实地调查、顶岗实习等手段，了解企业的生产经营状况，熟悉其日常管理的工作内容；第三，根据自身的能力、性格与特长，选定一个管理、营销岗位作为自己的就业岗位，把该岗位所需具备的知识、能力、素质学到位；第四，选择一名管理、营销行业的业务骨干，与其建立师徒关系，虚心学习行业骨干的管理经验；最后，根据自己的职业兴趣和教师的业务方向，第一学期开始就选择一名专业教师作为自己的职业指导教师，进行一对一指导，包括毕业论文指导、就业推荐等。

五、管理、营销专业应用型创业人才培养特色

工商管理专业于 2009 年获批浙江省省级重点建设专业。通过近几年的积

极建设，已形成了以学生职业生涯为导向，"复合指导、多元塑造"的职场化人才培养模式以及"理论、实践、研究、创业"四位一体的特色教学模式。本专业立足于区域经济发展实际，培养懂经营、会管理、能创业的经营管理人才。

市场营销专业自成立以来，始终坚持"教学科研并重、理论实践结合、校企互动协作"的专业建设思路，以"立足企业实际、突显赢销特色、着眼应用创新"为专业建设目标，已形成了"个性（personality）、快乐（pleasure）、实践（practice）、职业（profession）"的4P"赢销"特色人才培养模式，为地方经济和社会发展培养优秀的营销人才。

第四节 | 管理、营销类专业应用型创业成果孵化体系的构建

创业成果孵化体系的构建，需要政府、高校、社会、企业等多方共同来完成，从而为大学生创业提供软、硬件方面的支持，培养大学生的创业意识，提高大学生创业的积极性和自信心，为大学生就业创业保驾护航。这里仅对高校层面展开分析。

首先，建立高校创业指导中心。建立创业导师库，实行创业导师制，聘请有创业经验的老师和企业家，实行一对一的指导和帮扶。针对大学生创业企业缺乏经验和市场的弱点，高校创业指导中心可以成立由高校教师、成功企业家、咨询管理专家、技术专家和风险投资专家组成的创业导师团队，创业导师对大学生企业发展中出现的困境给予解答和咨询。

其次，促进在校大学生创业知识的储备。高校应积极开发与"创业、创新"相关的课程体系，例如大学生科技创业学、创业管理等，以此推动在校大学生创业知识的学习和积累，培养大学生的创新意识，激发大学生的创业热情。

第三，建立创业项目的挖掘、筛选机制。高校可以与地方政府建立的大学生创业园区签订协议，合作举办"大学生创业计划大赛"，高校专家、政府专家及企业专家联合对其参与项目进行调研、遴选、辅导和评审，从中挖掘优秀的大学生项目，将符合条件的优质项目纳入更高一级的孵化中心进行培育，再由专门的项目经理对其进行一对一的辅导，将其作为跟踪服务的对象。

第五节 | 管理、营销类专业应用型创业人才培养的成效

一、培养目标与计划

以人才需求调查为依据,定位和培养目标明确,适应社会需求。本专业培养德、智、体、美全面发展,有良好的职业道德素质,掌握现代企业管理的计划、组织、协调和指挥、管理控制的基本知识、基本理论和基本技能,毕业生能在各类企业的不同管理、营销岗位上胜任相关工作,经过若干年的管理、营销实践后能胜任中高层管理工作的应用型创业人才。从近几年的招生及就业情况来看,这一培养目标定位明确,符合学院的定位及社会发展的需要。

为实现上述人才培养目标,制定了切实可行的培养计划,并邀请相关行业、企业专家及部分专业教师为专业建设指导委员会成员,修订了人才培养计划,在课程设置上采用"平台+模块+技能"的模式,教学计划和教学大纲的内容进一步突出了"厚基础、强实践、重应用"的特色。

二、教学质量评价

(1)教师教学业绩:近年本专业青年教师获院教学技能比赛一等奖1人次、二等奖3人次、三等奖5人次。

(2)学生综合素质:近年来,学生取得各类职业证书近100人次,英语和计算机通过率有显著提高。本专业学生在各类学科竞赛中获得多项荣誉,如徐志斌、孟琦等获"挑战杯"全国大学生创业计划竞赛浙江赛区二等奖。近四年毕业生一次就业率达93%以上,毕业生在各类企事业单位深受用人单位

欢迎。

（3）学生评教：学生评教全部达到优良教师的比例均超过90%以上。

（4）社会评价：毕业生就业率平均达到96%；从毕业生的用人单位满意度调查发现，用人单位对本专业毕业生满意度高达95%。

三、教风与学风

本专业教师认真学习党和国家的教育方针与政策，敬岗爱业，努力工作，严谨治学，从严指教，教书育人，为人师表。通过学校督导的随机性教学效果检查反映和对学生问卷调查统计来看，本专业教师90%以上都赢得了学院督导及学生的一致首肯，部分教师获得了荣誉。

本专业大部分学生学习积极主动，勤奋进取，认真踏实，出勤率高，学习目的明确，学习态度端正，有良好的学习氛围，遵守校规校纪。学生能充分利用大学期间的宝贵时间，充分发展自己的智力和潜力，不断提高个人综合素质，实现个人全面发展。学生在课余积极参加学术讲座和课外科技文化活动，参加各种竞赛活动，并取得了良好的成绩，受到各方表扬。

第六节 独立学院管理、营销类专业人才培养的趋势

一、培养职场化实践应用型人才已成为共识

培养职场化实践应用型人才已经广泛地被学生、学生家长和用人单位所接受。学生在学习过程中基本能做到"做中学、学中做"。用人单位在招聘学生的时候，也很少强调只要某一方向的学生，而不要其他方向的学生，淡化了行业的界限。

二、个性化培养应该是趋势

培养应用型人才，是为了更好满足社会对管理、营销人才的要求，为学生今后的发展打下良好的基础。随着我国的大学教学进入大众化阶段，个性化培养应该是趋势，优秀学生可以以进入更高层次学习为培养目标，普通学生可以以实用型人才为培养目标，对学生来说可以因材施教，对学校来说可以合理利用优质教学资源。

三、必须加强创新能力和创业能力的培养

当前国际国内的情形都发生了变化。独立学院教学应该主动适应这种变化，将创新能力和创业能力的培养放到重要位置。因为创新能力和创业能力是学生走上社会取得成功和今后可持续发展的关键因素。而加强创新能力和创业能力的培养，一定要加强实践性环节的培养，增加开放性实验、综合性实验，激发了学生的自主创造能力。

第七章

艺术类应用型创业人才培养的实践
——以视觉传达设计专业为例

第一节 | **浙江省视觉传达设计专业发展概况及独立学院应用型创业人才培养的背景**

一、浙江省视觉传达专业发展现状

除浙江大学以外，截至 2017 年底，浙江省已建有普通高等学校 107 所（含独立学院及筹建院校），其中大学 13 所、学院 21 所、独立学院 21 所、高等专科学校 3 所、高等职业学校 48 所。在这 14 所大学中，除浙江中医药大学、温州医科大学，其他 12 所高校都设置有视觉传达设计专业及相关专业（如新媒体专业）。其他如湖州师范学院、丽水学院、嘉兴学院、台州学院、衢州学院等也均设立了该专业。独立学院作为脱胎于母体的本科院校，把培养适应地方经济发展需要的应用型人才作为办学目标与宗旨，视觉传达专业更是必不可少的尤为重视发展的专业。高等职业学院校注重应用技能型人才的培养，视觉传达专业也是其发展较早，也最为成熟的专业，而且随着时代的发展，其专业内涵建设不断发展丰富，教学内容不断更新，体现出与时俱进的特色。从招生和在校生规模来看，就浙江省而言，除了仅有的 8 所单科类院校以外，其他院校均开设此类专业，从而使该专业成为发展最为古老、招生和在校生人数最多的专业之一。

二、浙江省对视觉传达专业人才的需求分析

浙江省属东部地区发展速度最快的省份之一，经济发展的速度与规模均位居全国前列。经济的繁荣也带动了文化创意产业的发展。所谓文化创意产业，是以创意产业为核心，以文化市场需求为导向，向大众提供文化、艺术、精神、心理、娱乐产品的新兴产业。主要包括软件开发业、信息咨询业、创

意设计业、报刊出版业、新闻影视业、娱乐游艺业、文化旅游业等。这些文化产业的发展都需要大量的视觉传达设计人才。视觉传达设计领域除传统的平面设计外，还包括当今兴起的多媒体艺术、信息艺术设计、交互设计等电子网络媒体领域。就传统平面设计而言，浙江制造业发达，大中小企业众多，商品市场竞争日趋激烈。企业为了生存发展，一方面不断创新设计适销对路的商品，另一方面更加注重品牌形象建设，因而，广告传播、宣传展示、商品包装、CI设计、印刷制作等传统的平面设计领域仍将需要大量的设计人才。此外，浙江省又是数字经济最为发达的地区。为满足互联网经济消费的需求，信息技术也迅捷地进入视觉传达设计领域，为这个领域创造了新的专业、新的市场和新的成果。视觉传达设计、环艺设计、动漫设计、媒体设计和计算机虚拟技术表现手段应运而生，过去以美术技能为主的领域，逐渐被新知识、新技术所替代。新的专业领域和新的设计市场对人才的整体素质要求越来越高，迫切需求具有创新精神和创造能力、掌握多学科综合知识的高素质视觉传达设计人才。据社会需求反馈信息看，很多平面设计职位需要网页设计能力，而网页设计职位更需要UI设计能力，UI设计师职位需要手绘能力。平面设计师和UI设计师均属于高薪岗位，主要集中在广告和IT行业。而UI行业刚刚在全球软件业兴起，国内外众多大型IT企业均已成立专业的UI设计部门，但目前浙江省开设交互设计专业不是很多，基于新媒体平面设计人才的培育远不能满足市场的需求，专业人才稀缺。

三、浙江省独立学院视觉传达专业人才培养现状

当前，独立学院培养高素质的本科应用型人才已经成为共识。着眼于培养应用型高级技能人才，强调以培养学生应用能力为主，掌握基础理论知识适度，使学生成为面向生产、服务第一线的高素质的劳动者和实用技术应用型人才。因而，"校企合作、工学结合"人才培养模式已成为各院校实践探索的方向。

目前，尽管很多高校都陆续导入"产学研用"教学模式，但不同的院校、不同的专业也存在良莠不齐的现象，相当一部分是流于一种"实题虚做"或者是"虚题虚做"的形式。具体到独立学院艺术设计类专业的现状是：很多专业办学定位不够清晰，不能切合区域经济的发展趋势以及行业对人才的需求，

在传统的重理论、轻实践人才培养方案下，学校培养人才的规格与社会实际需求存在相脱节的现象。通过对暨阳学院院近几年毕业生跟踪调查发现，很多毕业生在进入设计公司之后，在完成工作的质量、速度方面不能满足行业人才需求的不断提升与变化，毕业生还需要进行一定的培训，并经过一至两年的专业实践才能完全胜任独立的设计工作。通过调查与研究，发现主要存在以下几个问题：

（1）理论课与实践课结合不紧密。在教学计划的制订上，虽然有些专业课程理论与实训的课时实现了1：2，但两者相对分开，结合不紧密，学生没有综合运用理论知识与专业技能的机会。

（2）实践教学流于"虚题虚做"形式，学生设计实战能力提高有限。现行艺术设计专业实践课程教学方式大多是通过课堂的虚拟案例设计和外出调研来完成，虚拟的案例设计占的比重较高。学生没有机会接触真实的项目化设计，缺乏对工艺、材料和设计环境的综合把握能力，创新思想和想象力得不到锻炼和发挥，也无法处理实践过程中的困难和问题，很难有好的教学效果。

（3）学校与行业"产学研"合作机制还不健全，信息沟通渠道不畅。市场是人才培养的风向标。目前校内专业课程大多是历年延续下来的教学内容，对行业方面的职业技能及职业素养教育存在欠缺，知识结构老化，缺乏创新性，培养人才质量得不到行业认可。尽管建立了一些校外实训基地，但校企"产学研"合作运行机制还不顺畅，在师资人员的配备、教学内容的选择、教学过程的组织与管理等方面存在一些需要磨合的方面和亟待解决的问题。

四、浙江农林大学暨阳学院视觉传达专业建设现状

视觉传达设计专业是暨阳学院设置较早、发展较快的专业，现有在校生300余人。该专业教学注重现代设计的概念、思维、表现与本土文化精神的有机结合，强调在专心学习国际先进设计理念与实践经验的同时，培养学生活跃的创造性思维与具备文化个性的专业拓展能力，强调艺术、科技、文化与设计的融合。从2000年专业设置以来，专业规模不断扩大，内涵建设不断得到提升，人才培养质量不断得到提高，特别是自学院迁址到诸暨办学以后，为积极响应学院创新型应用人才培养的目标定位，加强教学改革，更加注重实践教学环节，先后与十多家与专业相关的公司企业合作建立实践教学基地，

实行开门办学，定期派遣学生前往该类公司企业进行专业课程见习或专业实训，培养学生的专业技能与实践动手操作能力。同时，还充分利用学院"诸暨大唐产学研基地"和"文化创意研究中心艺术设计研究所"平台，积极开展社会服务工作，组建师生"创意设计团队"并完成一系列地方重要设计项目，得到政府有关部门与设计同行的肯定和高度评价。

经过近十多年的发展，专业师资和办学条件都已经初具规模。视觉传达设计专业有专职、兼职教师10人，其中教授1人、副教授6人，教师大多毕业于中国美术学院、东南大学等国内知名院校，具有硕士、博士以上学历的比例占百分之八十，教师专业基础扎实，教学科研业务能力强；近几年来，出版专著、教材5部，在专业核心期刊发表论文、作品40余篇幅，参加中国美协各类艺术展10余次，主持教育部人文社科、浙江省哲学社会科学规划、浙江省教育教学改革项目等各类省部级、厅局级课题10余项，横向课题15项，获得各类奖项10多项（包括艺术作品参展获奖），学生在国家级、省级的专业比赛及展览中获奖40余项。

第二节 | 独立学院视觉传达设计专业学生的特点及人才培养的定位

一、独立学院视觉传达设计专业学生的特点分析

学生是教学的主体,是学习的主体,是成才的主体,归根结底,是办好专业的主体。每类学校,每个专业的学生都有不一样的特点,对这些特点的分析与了解是我们制定人才培养方案,加强人才特色培养的重要依据。与公办高校和高职院校相比,独立学院视觉传达专业有着自身的特点。其一,独立学院视觉传达专业学生专业进取意识较强,但视野不够开阔。从独立学院学生的进校成绩来看,他们都处于高考成绩中等偏上排名的成绩,不少学生单科成绩突出。还有一部分是专业考试发挥失常才选择独立学院。所以,很多学生都有一种不服输的精神,希望通过自身的努力再搏一搏。但受到区位的限制,学生的视野不够开阔。一般来说,母体专业办学历史悠久,师资力量相对雄厚,接受外来信息较多,这些都对学生产生积极影响,专业学习氛围也相对浓厚。尽管独立学院是脱胎于高校母体,但事实上与母体专业联系不够密切,特别是近些年来,很多独立学院都迁出异地办学,更减少了与母体相关专业的联系。独立学院办学所拥有的资源也有限,接受外来信息较少,这些都不利于学生视野开阔。

其一,独立学院视觉传达专业学生学习潜力较大,但专业学习氛围不够浓厚。远离都市的喧嚣,不知不觉踏上了乡村的慢节奏生活。学生主动性不够,以为只要课堂上把老师布置的作业完成就行了,殊不知,很多专业知识和技能需要课外花时间气力去不断巩固、消化。课堂上学习效率也不是很高,作业完成的质量也不是十分理想。

其二，独立学院视觉传达专业学生实际应用能力还不够强。我们知道，应用型的设计类人才不仅要有专业理论知识，更要有实际动手操作能力。受客观办学条件的限制，如很多独立学院应用型人才培养体系不够健全，或教学理念和教学方法陈旧，有的甚至连实验用房和设备都没有，这些都导致学生没有条件来进行实践训练。再者，在专业教学的实训环节也没有很好地与行业对接，学生也没有机会接触到设计一线的问题与需求，当然也就谈不上实际训练了，致使动手操作能力相对滞后。

其三，独立学院视觉传达专业学生缺少一种务实、扎根基层的作风。在专业实训和就业取向上，很多学生更愿意去上海、杭州、宁波等经济相对发达一些的城市，而不愿意留在小城镇的相关企业。而这些中小型企业恰恰最需要人才，也是最能够发挥个人特长，一展身手的地方。

二、独立学院视觉传达设计专业应用型人才培养的定位

作为以培养本科生、开展本科教育为主的高等学校，独立学院的培养目标必须与普通高等学校保持一致性，即必须符合本科培养规格；而作为高等教育的新生儿、与建校几十年甚至上百年的普通高校相比，独立学院短暂的办学经验、不够完善的师资储备和基础薄弱的生源等特征又决定了要保证本科培养规格，使毕业生成为对社会有用的人才，独立学院必须走出一条与众不同的新路来。教育部明确指出，独立学院应确立"培养具有创新精神和实践能力的应用型人才的目标定位"。这表明独立学院的人才培养目标应该与普通高校有所区别：独立学院培养的并不是研究型、理论型、学术型的人才，而是拥有一定的理论基础又掌握实践技能的应用型人才。就艺术设计行业人才需求来说，要求从业人员不仅掌握本专业的较为系统的基础理论知识，还应具有扎实的专业设计技能及设计软件操作技能。此外，还应具有相应的市场开拓及营销能力等等。因而，视觉传达设计专业培养目标应定位为"培养复合性创新应用型专业人才"，将复合与创新、通识与专识、应用与技能、职业与发展等设计人才必备的知识、修养、素质、能力作为人才培养方案建设的指导思想。培养学生掌握本学科、专业的基本理论知识，具备专业设计与技术制作的多种能力。培养学生成为形成一定的跨学科知识、传统与当代化知识的整合能力，具有较全面的素质，能够在传播、广告、包装、多媒体、动漫、

影视、品牌等设计制作行业中胜任技术制作、组织实施、创意策划与设计等不同层次和类型的工作，并且能够继续学习、自我完善，具有职业发展提升潜力的复合性应用创新型专业人才。

三、浙江农林大学暨阳学院视觉传达设计专业应用型创业人才培养特色

浙江农林大学暨阳学院视觉传达设计专业坚持"面向社会需求，突出专业能力，加强实践环节，全面提高素质"的专业培养目标，在长期教学过程中逐渐形成了自己在教学模式方面的专业特色，即以培养应用技术型人才为导向，构建基于适应社会需求的"专业基础课程+方向课程+专业实训"的人才培养体系，推行"项目驱动、以赛促教、真题实做"等实践教学教学改革，创新思维与人文素养并重，全方位、多层次培养学生通专业、精技能、善管理的综合能力。鼓励学生获取视觉传达设计专业方面的职业资格证书，并能在全国专业大赛中取得专业奖项，其核心就是将实践课程教学融入到和专业相关的实际项目或者设计竞赛中，以项目和竞赛完成实践教学任务。它打破了传统实践教学中师传生受的旧框框，变被动实践为主动参与，教师不断地激励学生，极大地激发了学生的学习热情和实践兴趣。实行"理论+实践"的教学与专业技能培训体系以来，师生作品屡次在国内外赛事中获奖。

第三节 | 视觉传达设计专业应用型创业人才培养体系的构建

一、视觉传达设计专业应用型学科建设的创新与实践

独立学院人才培养目标主要为应用型人才，是以培养知识、能力和素质全面协调发展，面向生产、建设、管理、服务一线的高级应用型人才为目标定位的高等教育，其培养过程必须与行业、企业结合，与经济社会发展需要结合。在专业应用型学科建设过程中，应根植于文化创意产业，着力构建适合学生个性发展和能力需求的课程体系，培养从事创意产业衍生开发、品牌设计应用及特色小门类设计领域的设计服务型人才。

(一)拓展学科内涵，增设专业方向

应用型本科人才培养必须遵循本科教育的基本规律，即在本科专业学科的基本规范基础之上制定人才质量标准，特别注重人才培养过程的实践性要求和专业能力水平，应以技术体系为依据构建人才培养体系。因此，专业建设应立足于专业发展的核心方向进行发散拓展，基于行业发展需要和学生发展需求设置多类别方向，学生可以按照自己的兴趣与特长自主选择发展方向，在完成通识教育阶段后，线性强化专项技能，促进学生多元化发展，并更好地适应岗位要求。浙江农林大学暨阳学院视觉传达设计专业立足做强平面设计专业方向，同时，结合学科发展新趋势和社会发展需求，积极强化基于品牌构建与推广的整体包装设计研究与教学，拓展网络多媒体方向，强化信息艺术设计和新媒体交互设计，逐步形成、拓展、衍生新的学科研究方向，形成视觉创意设计类专业群，使学科间的交叉、渗透、综合、支撑能力进一步加强。

(二) 深入推进研究，提高育人质量

积极推进教学改革，大力开展专业性、互动性、开放性的教学研究活动。实施"项目引导，任务驱动"的教学方法创新，学生有独立制订计划并实施的机会，有明确而具体的成果展示，在教学过程中落实"教、学、练、做"四位一体的教学模式，实现理论教学与实践教学、专业设计教学与基础绘画教学的衔接与共融。坚持以开放促改革、促发展，开展多层次、宽领域的教育交流与合作，充分利用校外优质资源开展教育项目合作，形成具有校本特色的合作办学规模，推动专业教育教学改革与发展，不断提升专业的社会影响力和竞争力。

(三) 加强队伍建设，提升育人水平

采取培养与引进并重的原则，加强师资队伍建设，不断提升专业教师队伍的整体水平。一是加强现有教师的培养力度，鼓励青年教师到国内外名校攻读博士学位，选派青年教师到国外知名大学进行学术研修，定期安排专业教师参加企业实训，鼓励中青年教师进行国内外学术交流和联合进行课题攻关，使他们尽快成为学术研究与艺术创作的中坚力量；二是加大人才引进力度，引进能够带动学科发展的杰出人才，建立和完善适合人才成长和优秀人才脱颖而出的环境，形成一支具有较强科研攻关与艺术实践能力的学术梯队；三是加强"双师"素质教师队伍建设，要求专任教师必须具备企业顶岗工作或开发实际应用项目经历，聘请校外具有丰富行业从业经历、项目开发经验和一定教学能力的企业一线专家担任实训实习指导教师；四是实行"双导师制"(校内导师与合作单位导师)，建立"校企合作"的技术专家指导机制，共同指导学生开展实习实训、毕业论文和毕业设计，共同编写实习实训教材，共同参与学生实践创作活动的管理；五是强化团队建设，根据学科专业建设方向，基于课程建设和研究项目合作，积极培育教学、科研团队，建立若干个专攻方向明确、教学技能突出、服务水平卓越的设计研发教学团队。

二、视觉传达设计专业应用型创新创业课程体系的建立

基于"大平台、小模块"的总体框架理念，对课程体系进行重组，系统构建符合产业、行业需求的核心课程体系，按学科打基础，使学生更具发展潜

力，按就业方向设模块，定向强化学生专项技能培养。分阶段设置实践教学环节，整合建立标志设计、包装设计、品牌形象推广等课程设计周，强化基础写生、专业考察、毕业实习、毕业设计等综合性实训环节，系统优化实践教学体系，提高实践教学学时比例和综合性实践项目比例，着力增强实践育人功能。为适合行业发展需要，在课程内容上融入与视觉传达设计密切相关的如 UI 界面设计、栏目包装、影视广告等新兴课程内容，让学生了解学科最新发展动态，熟悉行业发展最新信息，拓宽学生的择业面和社会适应能力。积极建设专业核心课程和专业选修课程，其中核心课程重质量，突出专业核心能力培养，选修课程增数量，给学生提供更多的选择空间，满足学生个性化发展需求。融合产业信息和行业标准，编著出版适合应用型人才培养的特色教材，有针对性地促进学生能力培养。

第四节 | 视觉传达设计专业应用型人才培养与行业需求对接举措

一、对接行业,建立校外实习实训基地

"设计教育应与市场相适应,学生用从学校所得来的知识很快能够接受市场的挑战,才是设计教育真正的成果。"建立高效、稳定的校外实训基地是做好实践教学,培养应用型人才的有力保障。为此,本专业立足于学校所在诸暨市,积极开拓,深挖各种渠道,先后与浙江诸暨子午线传媒广告有限公司、浙江诸暨卓铭广告有限公司、浙江诸暨卡拉美拉品牌管理有限公司等10多家在行业内有一定影响的企业鉴定合作协议,展开全方位、深层次的互惠互利、长期稳定的合作,以满足学生考察、见习和顶岗实习的要求。通过校内外协同创新育人,不仅使学生在实践中检验所学知识,也使学生的学习效果通过企业得到验证,切实提高培养应用创新型人才的实效。

此外,我们还充分利用学院与诸暨市政府联合成立的"中国大唐袜艺学院"平台,与大唐袜艺协会保持紧密联系,经常深入企业调研、座谈,结合袜业企业的特点和需求,调整专业的教学内容和研究方向,与行业专家一起,探讨和预测袜业设计的未来发展方向。同时还有企业合作,进行纵深的项目研究与开发。在校外实训基地建设的同时,我们还聘请基地的优秀设计师为专业实践指导教师,并让其参与到专业建设中来,对人才培养方案、课程体系、实践教学把把脉,多提宝贵建议。为更好地了解行业发展动态,还经常邀请一些行业专家来校举办讲座,与学生近距离沟通,给学生熟悉市场的机会。

二、创建师生工作室

培养应用创新型人才不仅仅是让学生去相关企业进行实训，而应当在专业教学中就与社会实际项目进行有效结合。以往专业实践课程只是市场调研、企业考察或毕业实习，存在浮光掠影、虚多实少的现象，学生实践动手能力没有得到真正的提高。实行"工作室制"将有效地改变这种状况。所谓"工作室制"教学模式是以工作室为载体，把教室课堂变成各种设计工作的实习制作场地，将课堂与生产实践融为一体，将传统的学校封闭式教学变为面向生产实际的开放式教学。由于"工作室"一般都是以企业与行业为依托，存在密切合作关系，学生进入工作室，也就意味着进入了企业，由此做到了实践教学与职业岗位的对接。再者，"工作室制"教学模式依托相关行业的资源与优势，教学团队由专业教师、行业能手及管理人员组成，以承接技术项目为主要任务，将生产与教学紧密结合，淡化教室和实训工场的界限，在由教师和行业能手共同指导下，学生的设计理论知识通过工艺技术实践逐步转化为产品，这种"工艺作坊"式的教学模式是把"教、学、做"融为一体化，营造出一种真实的企业工作氛围，给学生身临其境的工作体验，有利于学生把专业知识与技能的学习与工作实践的相联系，使设计创意人才的培养更具有针对性，更符合地方文化创意产业的发展需求。

三、建设暨阳学院"袜艺设计工作室"平台

（一）建设背景

为充分发挥地方院校的科技、人才优势，加快应用型创业人才的培养，主动对接特色小镇建设，更好服务地方经济社会发展，2016年9月22日，暨阳学院首个产学研基地在诸暨市大唐镇特色小镇——"袜艺小镇"揭牌成立，同时，依托该基地所创建的暨阳学院园林与艺术设计有限公司、文化创意研究中心、校外实习实践基地也正式投入实体运营。

三年来，艺术设计系依托基地，与大唐袜业相关企业开展了一些深度合作，在"图案设计""企业形象设计""包装设计""展示设计"等课程中均安排了一些见习实训项目去企业开展实训教学。在大四的实训课程中，通过与企

业对接,每年都安排6~8位同学进入公司实习,在学生专业技能的培养和实践能力的提升等方面,基地发挥了重要的作用。此外,还围绕"袜业风情小镇"建设,在积极开展袜业制造与文化、艺术、设计相结合的研究、文创等活动,服务袜艺特色小镇发展等方面,也做出一定的成绩。但整体上来看,由于艺术设计系现有人员有限,主要工作投到教学、科研方面,在社会服务方面存在滞后、效率不高的情况,对大唐袜艺设计贡献度不太理想。为了更好地补齐短板,统筹协调社会服务和实践教学,实行常态化的运作,全力打造社会服务平台,更好地服务大唐袜业产业发展,在学院领导的亲切关怀和推动下,成立了"袜艺设计工作室"。

(二)服务领域

工作室隶属于"暨阳学院产学研基地",由园林艺术学院艺术设计系负责筹建和日常管理运行。本工作室主要立足于大唐袜业产业,侧重于袜艺品牌形象设计与研究,并开展袜艺款式、图案、包装、展示设计等具体设计业务,同时,还可以围绕"袜业风情小镇"建设,积极开展乡村视觉形象提升设计和文创产品设计。此外,还组织专业学生积极参加一年一度的袜艺设计竞赛。具体工作范围主要包括:袜艺品牌视觉形象整体设计;袜艺包装设计;袜艺展示设计;袜艺款式、图案设计;袜艺小镇视觉形象设计;袜艺产品摄影及广告摄影。

(三)运行方式

(1)工作室安排1~2名常驻人员,负责日常业务接待及洽谈、教学实训联系等工作。

(2)从学生当中选拔专业优秀人员,在老师带领下组成3个设计团队,每个团队5~6名人员。

(3)各设计团队需要有明确的对接公司,与其进行深度合作,定期前往公司调研、了解袜业设计、生产工艺流程,熟悉行业的发展动态和趋势。

(4)定期聘请袜业生产、销售、设计行业人士来工作室讲课、培训,使师生尽快掌握袜艺设计的基本要领和基本技能。

(5)通过前期调研、培训与企业良性互动,逐步融入到企业生产的每一个环节,前期免费开展一些设计研究工作,在企业的磨合与对接中,力争在较短的时间内把设计转化为产品。

(6)在师生能熟练地进行袜业设计并得到行业认可后,可扩大合作企业范围,全方位开展设计业务,并产生一些社会效益与经济效益。

第五节 | 视觉传达设计专业"真题实做"应用型创业能力的培养与教学改革

近些年来，浙江农林大学暨阳学院艺术设计专业，通过校企合作建立产学研基地、校企设计工作室，以及培养双师型师资，在部分专业基础课、专业主干课程、课程设计、专业实训、毕业设计等课程教学中开展"真题实做"实践教学改革，通过构建真实的职场环境，真实的工作流程，培养学生运用专业知识解决实际问题的能力，学生的专业技能及综合素质有了很大的提升，同时，也便于学生与用人单位相互磨合、了解，为顺利就业打下基础。

一、开展"真题实做"实践教学内容的改革

现行校内课程单一、条块分割的现状十分突出，与校外课程内容难以有效对接与融通。通过开展"真题实做"实践教学改革，可打破以往课堂教学常规，突破书本内容的局限，将若干专业课程、专业实训、毕业实习、毕业设计等课程全方位开放，争取与地方区域政府和企业合作，将真实课题或社会服务项目纳入课堂，每门课程都以真实项目形式展开，教学内容不再是单一的某种设计元素或设计门类，而是具有综合性的特点。比如，在学习专业核心课程 VI 设计阶段，可结合教师本人正在做的社会服务项目来进行教学，也可把相关设计公司的设计项目引进课堂。在完成 VI 设计项目过程中，需要进行前期的市场调研，包括访谈、收集、整理与企业的相关资料，理解企业的精神与文化内涵，然后确定设计内容、调整创意思路、直至最后完成创意产品等等。依托诸如此类专题项目的实践，学生在接触这类专业知识技能学习时，就开始有针对性地围绕学习内容展开思考，并进行调研与设计开发，设计方案还要形成文字表达和汇报，所有的设计活动都是与市场紧密相结合的，

不仅有利于教学与产业的有效对接，实现教学成果的社会价值与市场价值，同时也有利于培养学生的实战能力和市场运作能力，从而也为促进校企合作培养人才，实现产学研一体化道路提供契机。

二、"真题实做"实践教学方法的改革

传统的"教"是以教师单向施教为主，教什么、怎么教、教多少、有用与否、效果如何等都由教师决定，学生学习的主动性不够，收效甚微。"真题实做"课程内容是以"项目化"作为切入点，教学空间也不局限于校内。随着新的教学环境及教学内容的变化，教学方法也相应地作出改革与创新。与专业人才培养渐进式课程体系相对应，在改革与试验中，总结出符合设计专业特点的、行之有效的阶梯型、渐进式教学方法，这种方法模式可表述为：课题训练、案例分析、项目实践、校外实训。其一，课题训练法，主要运用在第一学年的基础教学中，让学生初步感受学为所用。如图案设计课程，除了让学生掌握传统纹样的知识和构成法则以外，教师还可以安排一些传统图案纹样的开发应用类课题训练，比如，可以针对家居壁纸装饰的图案应用设计、染织类服装类的图案设计等等。其二，案例分析法，是学生进入第二学年以后，具备了一定的设计基础和能力，通过精选一些真实的设计案例讲解，如包装设计课程案例，让学生体会设计作品从构思到成品，其间贯穿的知识结构及专业技能，为下一步实际操作打下良好的基础。其三，项目教学法，就是通过一个实际或虚拟的项目操作，把前期所学的专业理论知识和技能运用于操作实践。例如，在环艺设计专业开设的"公共艺术设计"这门课程中，我们结合了学校正在征集的校园文化长廊设计方案征集活动，把文化长廊设计作为课题项目引入课堂教学中。通过前期的实地勘察、测量、收集资料、画设计草图、汇报交流、修改方案，直至完成具体的设计方案，设计的每一流程都是团队合作下完成的，达到了专业综合能力培养目标。其四，职场实训，也即行业实习或校外实训，是让学生进入相关行业公司加强职业技能训练，学生以一种"准职业人"的身份，直接参加公司的设计团队，全过程参与设计项目实践，获得一个完整"职业人"的工作流程体验。不少学生在公司实训期间，基本上与企业达成了就业意向，实现了学校与企业的无缝对接。

三、毕业设计环节"真题实做"实践教学改革

艺术设计专业是一门应用实践性很强的专业学科，实训、实践学时占整个培养总学时 2/3 以上。其中毕业设计课程又是实践教学的一个重要环节，是学生四年来所学知识与技能的系统总结和综合应用，因而，毕业设计的质量如何关系到专业人才培养质量。对于艺术设计专业来说，要提高毕业设计的质量需要本着培养创新型应用人才的质量观，结合学生实习岗位和未来的就业方向，与社会相关设计行业紧密合作，在毕业设计环节开展真题实做的改革与探索，充分调动学生的积极性、主动性和创造性，激发学生的创新思维和创新意识，同时，也可以使老师的专业业务能力得到很大的提升，增强服务社会的能力，以更好地反哺于教学，为培养更多的应用创新型人才服务。

（一）在职场实训阶段开始酝酿选题，配备毕业设计指导双导师

进入大四的第一学期，开始进入为期 8 周的职场实训课程。首先，由师生双向选择，确定好校内指导教师，再由学生通过自选或学校安排确立各自的实习单位。学生进入单位以后，通过一段时间的见习，熟悉工作内容，根据自身情况选择企业业务骨干能手作为企业指导教师，然后报备给学校。由学校指导教师和企业指导教师取得联系，共同商议该学生近一段时间实习内容和实训方案。如果该学生已参与到设计团队的项目中去，建议该同学能围绕该项目确立一个选题，再由校内外教师根据实际情况确定并指导学生制定研究任务书、开题报告、文献收集及市场调查等具体工作。在实习单位，由该单位业务骨干担当的指导老师，负责设计方案的施行工作，指导学生完成各个阶段的设计任务，因而，开展真题实做，有利于毕业选题贴近实际，克服虚题虚做、陈陈相因的弊病。并且，双师型指导教师的配备，也保证了这种贴近实际需要的毕业设计有效地进行。

（二）全面了解整个设计工作流程，熟悉相关材料、工艺及技术要点

完成一项真正意义的设计项目是一项系统性的工作，不能仅仅停留在设计图纸上的方案，而应该考虑其在多大程度上变成具有实用价值的产品，所以，学生在进入公司实习后，一般都有一个见习期，了解设计的具体流程，熟悉一些相关的材料工艺特点。比如，近些年来，我校艺术设计专业立足于

地方特色产业,与当地的袜企进行了深度合作,每年都选派一些毕业实习生进入袜企从事袜子产品包装及图案设计。学生进入袜企以后,不是马上投入设计工作,而是由企业设计人员领着去车间,了解袜子的生产工序,熟悉袜子如何由设计图样变成一款款袜子产品。正如企业管理人员所讲,之所以这样做,目的是避免设计走弯路,如果不了解袜子的生产流程,很多袜子的纹样设计在实际生产中是很难转化为产品的,这样的设计也就没有了价值。其他如包装设计、书籍设计也是如此,需要了解相应印刷工艺、纸张材质的特点等等,这些在校内都是难以接触的,只有在相关企业中才有实践的机会。也只有进入生产第一线接触生产实际,才便于发现问题和解决问题,探索理论与实践相结合的途径,这对于提高毕业设计的质量具有重要的意义。

(三)注重毕业设计成果的视觉呈现和社会效应

学生从企业实训回校以后,通过自身实践积累了一些毕业设计素材、了解了行业设计规范与要求,建立了与相关企业交流的信息渠道。返校后,学生开始集中精力进入作品的设计制作环节,教师时刻关注学生的设计进展情况,针对设计过程中遇到的问题予以解答,直至完成详细的设计样稿。设计样稿完成以后,要求学生再回到以前实习的公司去,请企业指导老师进一步审阅设计样稿,然后再定稿。在作品制作阶段,要求学生尽量在实习公司制作,每一道制作工序都要求学生亲自动手参与。作品制作完成后,就进入到一年一度的毕业大展环节。作为人才培养质量的重要检视,每年的毕业展都会精心策划,全力投入,广泛宣传,邀请相关企业前来参观指导,所以毕业大展不仅是一场视觉盛宴,同时也是同学们向社会推介自己设计作品的机遇,不少同学的作品得到了企业的青睐,有的甚至与相关企业达成了就业意向。

第六节 | 视觉传达设计专业应用型创业人才培养的成效

一、深化课程体系改革，推动应用创新性人才的针对性培养

全面梳理视觉传达设计专业的课程体系，以培养目标和专业市场需求为导向，继续完善三大课群的建设，即核心课群的专业基础教育功能，选修课群的学科通识教育和专业复合教育功能，实践课群的实践教育、素质教育、技能教育和产学研一体化的设计实践教育功能。课程体系改革的重点是着眼于学生结构能力的培养，转变知识传授为能力培养，重新梳理教学结构，将教与学有机融合在一起。

二、以"真题实做"贯穿专业教育始终，促进了专业课程和基础课程的联动改革

以"真题实做"为切入点推行应用型人才培养的改革，必将对专业基础课程和专业核心课程的改革起着促进作用，引起联动效应，因为"真题实做"可以贯穿在专业教育的每一个阶段、每一门课程当中。比如，"图案设计"课程是一门专业基础课，在学生基本掌握传统纹样知识和构成法则之后，教师可导入一些传统图案纹样的开发应用类课题训练，针对家居装修设计的应用可开发一些家居壁纸装饰的图案，或者是窗帘、布艺等软装类图案纹样等等，让学生初步感受学为所用。而进入到"企业形象设计""包装设计"等专业核心课程阶段，教师可结合自己的社会服务项目，或从相关设计公司引入项目，结合实际案例向学生传授设计的基本知识和基本技能。为了给学生身临其境的感受，教师可以采用现场教学，带领学生去相关企业，实地见习设计方案的组织、策划、实施、汇报、反馈意见、讨论修改直至方案得到认可等等流程。在学生基本掌握必备的基本知识和专业技能后,可让学生尝试参加实际项目的设计工作,在实践中进一步锤炼专业技能,从而实现"教、学、做"融为一体,全方位、多层次培养学生专业综合素质和应用技能。

三、产、学、研协同育人,促进学生职业意识的形成

以开放与外拓的精神和思路扩展独立学院视觉传达设计专业的组织架构,与社会各界广泛合作、资源共享,扩大专业产、学、研的各项业务,丰富教学内容,优化教学模式,提高专业对社会各个方面事业的贡献度,提高学生的成才率。以"设计教育产研协同发展共同体"的合作组织形式,实现产、学、研的整合,使产、学、研各界精英人士围绕人才培养、科学研究、服务社会、互利共赢的宗旨进行专业发展的商讨、决策和助力,从而提升独立学院视觉传达设计专业未来在更高层次和专门领域的学科专业特色竞争力。同时,产、学、研协同育人,给学生有更多的学以致用的机会,接触到很多实际应用的设计项目。

学生在参与实际设计项目中,与行业设计师一起工作,一起讨论方案,亲身体验了设计行业的工作方式,明确了行业的设计规范,接触到了设计行业的最新动态和设计潮流的发展方向,在学中做,在做中学,使学生在接触专业知识技能训练时,就开始有针对性地围绕选题展开"学以致用"思考,并经过亲身实践,有利于学生将课堂知识技能尽快转变为专业应用技能。学生的职业素养得到培养,毕业以后能够胜任与专业相关的工作岗位,增强艺术设计专业学生的社会竞争力。

第七节 | 独立学院视觉传达设计专业人才培养的趋势

20世纪以来,数字化媒体的出现使视觉传达设计专业发生了质的变化,涉及网络技术、数码艺术设计、数字电影电视、多媒体广告短片等。一方面,视觉传达设计由以往形态上的平面化、静态化开始逐渐向动态化、综合化方向转变,设计师们可以通过任何一种媒体来表现设计概念,例如三维动态图像、多媒体、数字电影等;另一方面,视觉传达设计领域随着科技的进步和社会发展而不断拓展,并在设计的主体上与其他领域积极交叉、渗透和融合,进而形成一个与其他视觉媒介紧密关联并相互协作的设计新领域。社会经济文化迅猛发展,互联网技术的推进,给视觉传达设计带来了更大的发展空间和选择,同时也面临着各种转型的考验。任何事物要进步要发展,必须求新求变,才能符合时代发展的要求。视觉传达设计专业的发展前景和教学改革要求适应专业人才培养的多元化发展趋势,适应社会的发展和市场的需求,向适用型人才、复合型人才、创新型人才和合作型人才培养方面发展。

一、适用型人才

所谓适用型人才是指能熟练掌握专业知识和基本技能,并能合理地应用于所从事的专业社会实践的一种专门的人才类型。视觉传达设计集创意和服务为一体,与人们的生活密切相关,正因为如此,社会各行各业才需要大量的适用型的设计师,因而,独立学院视觉传达专业应借助自身灵活的办学模式和地域环境优势,在人才培养模式上突出其适用型导向,从人才培养的各个方面认真梳理,摒弃不切实际的因素,强化职业素养和工匠精神的培养,为社会输送真正适用的人才。

二、复合型人才

在产业和行业不断转型的今天，传统的设计企业在这种趋势下需要不断转型，拓展新的复合型业务，这对独立学院视觉传达设计专业的培养复合型人才提出新的要求。所谓复合型人才应该是在各个方面都有一定能力，在某一个具体的方面要能出类拔萃的人。具体到视觉传达设计专业，指的是这个领域培养的复合型人才，不仅在专业技能方面要有突出的能力，还应具备一些与该专业交叉相关学科的知识和技能。比如在移动互联网技术当道的今天，除了必要的视觉设计美感，还必须兼顾对移动终端、网络以及相关媒体传播等方面基本知识的了解。

三、创新型人才

视觉传达设计属于创意产业，为避免审美疲劳和视觉污染的产生，创新就成为专业的立足根本。该专业创新型人才培养模式不仅要注重人才的个体创新能力的提高，也要求在人才培养过程中教与学手段的不断创新。另一方面，视觉传达设计的创新不仅要求在观念技能层面，更是要在传播层面为社会整体视觉欣赏意识的提高贡献力量。独立学院视觉传达设计专业应通过"工作室制"教学模式和产、学、研协同育人机制，加强与市场、社会、行业的联系，从而有效推动创新型人才培养模式的改革和发展。

四、合作型人才

设计学是一门跨专业、跨学科的交叉性学科，它的综合性、边缘性和交叉性很强，所包含的内容十分广泛。即便非常优秀的视觉传设计专业人才也很难做到包罗万象，很多实际设计项目也不可能通过单打独斗去实现，所以多个专业方向的人才合作是大势所趋，因而，视觉传达设计专业应培养学生的团队精神和合作意识才具有前瞻性的意义，代表了未来视觉传达设计人才培养的趋势。

第八章

中药类应用型创业人才培养的实践
——以中药学专业为例

第一节 | 浙江省康养产业发展及独立学院应用型创业人才培养的背景

一、浙江省康养产业的发展现状

近年来随着中国经济高速发展,人们对健康、养生、医疗、保健等康养产品和服务的需求迅速增长。当今人们追求的健康不仅包括疾病防治和身体机能方面的健康,还包括心理健康和精神健康。人们希望通过医疗服务、营养膳食、康体休闲等形式达到治疗、防衰、强体、养心等各种健康目标。在广泛的需求驱动下,中医药疗养、民族医药、养生旅游、大健康等众多与康业产业相关的领域都受到广泛重视。

2015年以来,我国相继出台了一系列关于康养产业的政策,尤其是2016年,康养产业被列入国家"十三五"规划之中,出台了详细的发展战略及指导性政策意见。在康养产业上也出台了相应的较为详细的规划和标准,如森林康养被纳入《全国林业"十三五"发展规划》;康养旅游也迎来了首个规范性文件《国家康养旅游示范基地标准》等。2017年习近平总书记在十九大报告中对社会主要矛盾论断的关键词是"美好生活",人民对美好生活的追求已从基本的物质需求转向物质性、社会性、心理性等方面的需求。即在物质得到满足和经济富足后,获得健康的身心和高品质的生活方式是较为迫切的。而决定人民美好生活的关键在于解决当前社会不平衡、不充分的发展问题,并满足人民日益增长的康养需要。目前康养产业覆盖面广、产业链长、影响的社会资源巨大,将成为重要的新兴战略性支柱产业之一,关乎国家的发展战略和人民的健康福祉。

目前,学术界将"康养"解读为"健康"和"养生"的集合,重点在生命养护之上，用健康和养生的概念来理解康养的内容。而产业界则倾向于将"康养"等同于"大健康"，重点将"养"理解成"养老"。两种观念都是基于自身研究和发展需要提出的，都是在关注康养的核心概念和衍生区域，并最终都扩展到了医疗、保健、科技、旅游、文创、金融、等诸多领域。

国家对中药现代化研究与产业化开发项目极为重视，在"十五""十一五""十二五"期间，国家科技部都将"中药现代化研究与产业化开发"列入重中之重项目，"十三五"期间，国家依然重视其发展，并将继续走科技化、现代化、产业化发展之路。近年来，针对顽疾的特效药、中药保健品的开发成为中药行业发展的新亮点，使得中药行业实现了超过其他行业的发展速度和效益水平，成为国内赢利能力较强的行业，与石油工业、橡胶工业等41个工业行业相比，8项经济指标中有7项名列前茅。中国中药行业发展迅速，中成药和中药饮片的销售已占国内医药市场的四成以上。在一些地区，中药产业已经成为新的经济增长点，中药材种植成为农民增收的一个重要来源。

康养产业是现代服务业的重要组成部分，链接民生健康福祉和经济社会发展。浙江是中国经济比较发达的沿海对外开放省份之一，地理位置优越，经济特色鲜明，医疗卫生事业的发展也走在全国的前列。全省医疗机构10573家，其中医院480家，全省拥有公立中医（中西医结合）医疗机构96所，全省县及县以上综合医院95%设置了中医科和中药房；省每千人口卫生技术人员数、医师数、床数均高于全国平均水平。全省现有中成药、中药饮片企业一百多家，其中总产值超亿元的就有10多家，中药工业占全省医药工业的比例超过30%。

当前浙江省处于人口老龄化加剧和经济转型发展的大背景下，正在致力发展康养产业，努力打造健康中国样本，努力实现民生改善和经济增长的协调推进的关键时期。2015年浙江省制定并出台了《浙江省健康产业发展规划（2015—2020年）》，提出健康产业的总体布局是以浙江省省会杭州市为核心，以宁波、温州、金华-义乌三大都市区为三大增长极，形成浙西浙南山区健康养生、浙东沿海健康制造、浙北平原健康休闲三大特色产业带，提出到2020年浙江省健康产业总规模要突破1万亿元。此后，国务院也通过了《长江三角洲地区区域规划》提出的浙江省建设"一基地四中心"的城市发展定位，"国际重要的旅游休闲中心"发展模式，大力发展康养产业。浙江省拥有得天独厚的自然环境和深厚的人文底蕴，而且现代服务业和健康相关产业基础扎实，对于康养产业需求巨大，具备发展康养产业的良好产业基础。

康养产业的优势在于可实现资源的异地供给，与制造业、旅游业和其他服务业等传统产业不同。康养产业首先考虑满足近距离的市场需求，被认为是可以轻松实现远距离异地供给的产业。对于资源禀赋较好的地区，可通过良好的产业形态满足异地康养需求。这与习近平总书记在浙江省提出的"绿水青山就是金山银山"这一理念相契合，同时发展康养产业也会为浙江省许多欠发达地区带来更多的发展空间。

二、浙江省康养产业对人才培养的新需求

当前浙江省康养产业已经展现了强大的发展势头和潜力，然而快速发展的过程中也面临以下问题。

(1) 政策法规相对滞后。浙江省有关康养产业政策法规的推出往往落后于产业实际发展速度，未能很好地发挥出政策预见性和行业指导性作用。

(2) 产业结构不够健全。康养产业在促进健康养生、医疗康复、康体旅游等相关产业发展的同时，也显著地带动了上下游及周边产业的发展。但目前浙江省康养产业发展由于面临着政策碎片化、发展模式粗放等因素制约，远未形成完整的产业体系。

(3) 康养产业人才较匮乏。虽然较多健康养老政策中有关于康养专业人才培养的指导意见，但难以落到实处。要着力解决浙江省省内康养人才短缺的问题，制定相应的康养人才培养和管理制度，出台从业标准，提高康养从业人员的素质和水平，并对应进行高等教育和职业教育，并提供一系列人才参与的刺激与激励政策。

三、浙江省独立学院中药学专业人才培养的现状

高等院校和大学教育作为康养行业人才培养体系的重要主体和重要一环，在为市场提供优质人力资源等方面起到重要作用。传统中药学专业培养具有中药学与中医学基础知识背景，具备良好人文和自然科学素养，系统掌握中医药学的基本理论，掌握中药研制的基本技能及现代医药学的相关知识，具有一定的中药生产、管理、销售和研究开发能力的中药学专门人才。而康养

产业的人才培养是指基于当前、着眼未来，以健康意识、预防意识、生命周期纵贯为导向的，培养具有病情诊疗和规划的新型制造和服务专业的产业人才。两者既有交叉，又有区别。

我国发布的《中医药发展战略规划纲要》和《中医药健康服务发展规划》对中医药健康养生产业规划进行了部署，促进了中医药健康事业的大发展。但长期以来，相关康养产业人才的培养集中于传统医药医疗方面，而对健康管理及养护结合等积极健康、主动干预领域关注不足。目前独立学院在康养人才培养方面主要存在以下问题。

（1）康养人才培养缺口巨大。浙江省康养人才缺口巨大，人才供给不足（王烨，2012）。国内仅有5所院校，即浙江中医药大学、广东药科大学、杭州师范大学、成都医学院、滨州医学院成立康养专业（王丽丹，2017）。同时缺少对康养产业宣传（张子豪，2009）。目前国民健康意识薄弱，对预防观念和生命周期理念认识不清。

（2）康养人才培养体系不健全。目前《普通高等学校本科专业目录和专业介绍》中并没有有关养老服务相关课程设置，也就意味着在养老服务领域，养老人才培养属于空白阶段。高校的专业课程设置不能满足毕业生就业能力培养需求。课程设置缺乏统一化标准。根据《普通高等学校本科专业目录和专业介绍》整得理得出：在康养相关学科中，高校开设课程差别较大（陈秋英，2012）。

（3）康养人才培养师资队伍建设薄弱。由于师资数量不足、日常工作繁琐等原因使得很难培养打造一支名师引领、专兼结合、高水平高素质的康养师资队伍。校企之间互动流于形式，实际对接过程中由于高校制度，在养老服务人才培养标准话语权不足等原因使高校向企业提供人才的方式单一。校企之间关系淡化，导致养老服务人才处于被动地位。

（4）康养人才培养质量不平衡。高校未建立健康产业人才培养方向战略规划，当前医学类高等院校教学体系设置课程与其他课程体系界限模糊。培训体系尚未完善。全行业未形成规范性培训模式和监督体系，加之中医药教育具有专业知识要求高，教学培养时间长，实践水平要求高等特点，无法实现高等中医药健康类人才的全面培养。

（5）康养人才培养质量良莠不齐。健康产业复合程度高，但健康管理人才培养经费投入机制单一、经费投入不足。培养健康管理人才需要跨学科、跨行业、跨领域复合型人才。高校对于实践教学不完善，导致大多数人才社会适应性差，人才就业及其狭窄。

以上问题对独立学院中药学专业应用型创业人才培养提出了新的要求与挑战。

四、浙江省独立学院中药学类人才培养面临的新形势

提升康养行业人才培养的规格与层次的关键在于打造一个"内涵拓展、横向整合、纵向提升"的系统人才发展体系。要着力发挥独立学院资源的比较优势，建设涉及康养行业跨学科交叉学科专业。要推动国内外健康产业交流平台建设，独立学院应积极加强与国内外大学及企业在战略布局、人才交流、产品特质、市场需求等方面开展多维多层次网络合作，引进并培养一流专家团队。增进国际交流，通过联合培养及海外见习的形式提升人才培养质量。

(一) 拓展人才培养的内涵

要界定清楚大健康产业的产业链、产业结构和产业范围，加强各个领域的独立学院康养人才培养。目前，康养行业高校人才培养与地方经济发展出现断层错位现象。因此，独立学院和企业需要加强合作共同研究，将康养行业各个发展领域与高校的人才培养相互配合，协调整合社会资源，最终形成康养行业各个领域人得其才、人尽其才。

(二) 注重人才培养的横向整合

独立学院新型康养人才培养过程中应基于以下宗旨：

(1)进行康养专业人才培养横向整合。一是康养人才培养要宽口径，即高校培养的康养人才不仅能够熟练掌握专业知识，而且能够胜任康养行业工作，又能适应当今老龄化背景下的时代发展要求。二是要厚基础，高校培养康养人才应以基础知识与基本技能为基石，以康养专业为基础纵深发展。三是要强技能，即康养专业作为一门实践性强的应用型专业，应在相关学科设置中增加技能的学习。

(2)进行康养专业人才培养人力资源整合。一是整合康养专业理论，进行基础型、实践型、复合型的培养模式(李延喜，2012)。高校为康养行业进

行人才培养应以当今康养市场的需求为导向，在知识整合基础上培养康养综合人才。二是整合康养管理理论，普通管理类人才已不能满足康养行业规模发展需求，康养产业以老年服务与管理专业为主要依托，在培养管理类人才的过程中，整合康养专业知识，培养一批"懂康养、会管理"的综合性人才。

(3)进行康养专业人才培养体制机制整合。一是高校注重专业倾斜，丰富康养专业课程，多方面培养康养人才。在科学性方面，高校应加强在康养专业科研投入，借鉴国外先进的康养经验。二是社会注重支持倾斜。从政府方面而言，增加对于高校康养专业的财政投入和扶持力度，与开展康养专业的高校对接"政府购买服务"。三是从高校层面而言，增加康养专业招生人数，宣传鼓励学生选择康养专业进行学习研究；强化师资队伍建设，推进产教融合，培养实践型人才。

(三)强调人才培养的纵向提升

这主要分为三个层面：技术深度、领域深度、人才层次。

(1)技术深度。提升康养行业的科技水平是进行康养行业人才培养技术基础；将3D打印技术、AI人工智能技术等科技前沿知识引入康养行业，对行业本身发展和人才培养模式的技术改进都有积极的推动作用。

(2)领域深度。提升康养行业人才培养的专业化水平和精细化程度，与市场需求保持一致性，实现在一个纵贯的产业下精细化的人才培养。

(3)人才层次。康养人才分级培养，培养出适合不同层次、不同领域优质人才。鼓励高校从科研院所、企业等机构聘请高水平产业人才担任产业教授，促进科技成果转化和科技人才投入人才市场。

第二节 独立学院中药学专业学生的特点及人才培养的定位

中药与人们的健康密切相关，随着人们生活水平的提高，大众的保健意识逐渐增强。中医药凭借其独到的保健理论和对人体系统的独到见解在康养产业有着举足轻重的作用。此外，中医药在减肥、美容、食疗等方面的优势正在为大众所熟知，其市场前景不可估量。

一、独立学院中药学专业学生的特点分析

独立学院是我国高等教育的新生事物，是办学体制、办学思路、办学模式和办学机制的一大创新。独立学院持续发展的核心是提高教育教学质量和人才培养质量。提高独立学院人才培养质量的核心是构建独立学院人才培养模式和积淀人才培养特色。独立学院中药学专业与公办中药学专业在培养方向上有所不同，前者旨在培养创新与应用兼并型人才，后者更注重于应用型人才的培养。在培养过程中，由于独立学院学生整体学习基础相对薄弱，直接套用公办教学平台的教学大纲及教学计划，并不完全适合独立学院人才的培养。

中药学专业以培养适应社会主义现代化建设需要，德、智、体、美全面发展的，具有良好的思想政治素质、职业道德素质，良好的行为习惯，健康的体魄，健全的人格，掌握中药学专业的基本理论、基本知识和基本技能，获得中药实验工程师、药剂师、药品检验师、职业药师、中药种植技术员基本能力训练，能检验常用药品及制剂，调剂中药，进行新剂型制备与改造，对天然药物活性成分进行提取、分离与鉴定，销售药品，指导中药种植、进行养生保健、健康理念传播和服务等；并具有广阔的视野，敏锐的观察力以及认识问题、解决问题的能力；能在科研单位、教育部门、医药企业、医院、

药店、药品检验所、药品销售企业、药政管理、自主创业机构等从事药品的研究、生产、中药鉴定、临床合理用药、经营和药事管理、社区服务、养生保健会所或机构等工作，对社会需求具有广泛适应性和竞争力的知识、能力、素质协调发展的应用型创业人才为主要培养目标与规格。

中药学专业要求掌握中药化学、中药学、中药制剂分析、中药学基础、中药药剂学、方剂学、中药鉴定学、中药药理学、中药炮制学、药理学、中药资源学、中药栽培与育种学、药用植物学、中医养生学、养生保健与健康、膳食营养与亚健康的恢复等方面的基础理论和基本知识，受到中药学实验技能、计算机应用、科学研究、养生保健文化、亚健康的健康恢复理念等的基本训练，并基本具有对医药产品的生产，药材种植及加工，新药的研制与开发，在亚健康人群的保健养生、健康维护和恢复方面进行传播和服务等的基本能力。

随着经济高速发展，人民生活水平日益提高，而健康水平由于压力俱增却在不断下降的背景下，21世纪倡导绿色环保，回归自然，崇尚健康保障、注重合理营养、寻求天然食品正在成为一种趋势。依靠传统中医药优势，提升康养产业核心竞争力和普适力，综合利用并开发其功能性产品和保健品正是顺应了天时、地利、人和。

二、独立学院中药学专业应用型人才培养的定位

浙江农林大学暨阳学院中药学专业共有专任教师16人，其中教授2人，副教授6人，具有博士学位6人。自2003年中药学专业成立以来，专业建设及发展迅速。专业教师团队无论从职称、学历、师资梯队均较合理，是一支团结协作、积极进取的团队。

中药学专业重点发展的特色方向为中医药保健与健康养生。专业教师以培养建设"绿色浙江"为导向，引导学生崇尚"生态、健康、绿色、养生、保健"的理念，顺应中国未来大健康产业发展的需要，引导学生在"药膳与食疗、中医健康养生、中医药保健"方面进行创业培训和自主创业。针对亚健康人群，走出一条以"药膳与食疗、保健食品、个性化健康检测评估、咨询服务、中医药调理康复、保障促进等为主的健康管理服务产业"创新创业的道路，使学生更加适应社会需求。

第三节　中药学专业应用型创业人才培养体系的构建

面向地方经济建设需求，进行校企合作办学。引导学生在中医药保健与健康养生方面进行自主创业，主要针对亚健康人群，以药膳与食疗、保健食品、个性化健康检测评估、咨询服务、中医药调理康复、保障促进等为主的健康管理服务产业进行创业，使中药学专业走出一条适应社会需求和发展的道理。

一、科教融合背景下中药学专业应用型学科建设的创新与实践

(一) 人才培养模式改革特色

本专业根据中药及相关行业和区域经济发展对人才的需求，实行递进式分段教学，即夯实基础阶段、专业学习及技能训练阶段、顶岗实习阶段三个学习阶段；以四个岗位群：中药栽培群、中药质量检验群、中药营销群、中医药保健与健康养生岗位群的工作过程为导向，确定行动和学习领域，实现综合能力和素质的提高。通过开展多渠道多样化的人才培养模式：开放实验室项目、大学生创新项目、省级挑战杯竞赛项目、省级新苗人才项目、国家创业大赛项目、中医药保健及健康养生创业项目实施、参与教师科研和毕业课题等，培养出的毕业生具有较强的动手操作能力，能较快适应工作岗位和自主创业。

(二) 教学方法和手段改革特色

以学生为学习的行动主体，将实施理论教学与实践教学相融合，实施"教、学、做、考、评"一体的行动导向的教学模式，将课堂延伸到校内外实习基地，由专任教师和兼职教师共同参与，走校企合作办学的新路子。采用

任务驱动教学法。

(三) 紧贴当地支柱产业，实施订单培养

专业开办以来，先后与多家企业开展了校企合作的"订单培养"，学生课程结束接受顶岗实习，学生在实践岗位上得到了锻炼后可以直接进入公司工作，实现了校企双赢，人才培养质量得到企业的肯定。发挥专业方向特长，引导学生在中医药保健、药膳与健康养生方向自主创业。

(四) 面向地方经济建设需求，进行校企合作办学

建立以体现专业特色，培养以中医药保健、健康饮食和理疗为主的应用型人才的合作机制。与企业建立了实习实训基地，建立起了"人才共育、过程共管、成果共享、责任共担"的合作模式，实现校企双方互利共赢。实现"教、学、做"一体化，实现就业从学校过渡到企业的对接，起到了良好的效果。

二、中药学专业应用型课程体系的创新与实践

(一) 优化人才培养方案，培养适应社会需求的创新创业人才

根据暨阳学院"宽基础、强实践、重应用、能创业"及"知识、能力、素质协调发展的应用型创业人才"的培养思路，对中药学专业的人才培养方案进行了重新制订。以能力培养为核心，课程分为专业大类课程、核心课程、专业主干课程、专业方向课程。同时，专业选修课程还增加了特色模块课程和创业教育课程。增加了素质拓展课程模块、专业发展课程模块、创新实践素质模块、文体素质课程模块、职业实训等，较大幅度地增加了学生自主选课的机会。对学生的职业综合实训进行分类培养：毕业后去企业工作的安排进行顶岗实习；有自主创业意愿的进行创业实训；有可能去医院工作的安排到医院实习；有考研意愿的引导提前进入考研备战复习。提高了学生的社会适应性和创业能力。

(二) 加强课程体系建设与教学方法、手段改革

勇于实践适合课程教学目标的新的教学方法和现代教育技术手段。以课程精品化为目标的课程建设模式取得了良好的成效，建设了一批具有示范作

用的精品课程；制订了体现自身特色的专业课程体系；着重抓好课程间知识结构衔接和教学方法的改革，推进案例教学、突出学科前沿成果、激发学生学习热情。

(三) 以学科竞赛和科研实践为手段，培养创新实践能力

借助学院的科研平台，建立了以实践能力培养为核心，分层次、多模式、开放式的本科实践教学体系。指导本科生大力开展实验室开放项目、各级大学生创新项目、学科竞赛项目及参与教师课题研究。5年内申报并获立项各类大学生创新项目23项，获得各种大赛的奖项10项以上，其中省级奖项3项；本科生作为第一作者发表SCI、EI收录论文4篇以上，核心期刊论文10篇以上，申请专利10项以上，充分体现了学生创新创业能力的提升。

三、中药学专业应用型创业人才培养特色

坚持育人为本、德育为先，以培养职业药师及具有创业能力的人才为依据，优化人才培养方案、深化课程体系和教学内容、教学方法的改革，建设促进学生实践操作能力培养的优质核心课程；着力培养专业带头人、骨干教师、双师型教师，聘请企业兼职教师，改善双师结构，打造一支专兼结合的高水平优秀教学团队，将中药学专业建设成特色鲜明的省级特色专业。

(一) 注重中药人才的技能培养，加强课程建设与改革

(1) 课程体系建设。完善专业课程方案、教学大纲、实习大纲建设；搭建课程模块化结构；完成专业课程内容遴选；完善教学素材库。完成课程教学链接；课件率100%。完善专业教学资源信息交流平台，建立习题库。改革课程考核方式，完善教学考核体系。

(2) 专业教学资源建设。大力推进专业教学资源建设，利用校园网建设共享专业教学资源平台，形成完善的专业教学，开发相应的教材、课件、软件等资源，完全对外开放，实现校校、校企共享，满足教师教学需求；创建网络互动平台，初步实现网上答疑及学习者自主学习等需要。

(3) 四大模块与四大平台相结合。将专业课程体系结构划分为公共基础课、专业基础课、专业课和选修课四大模块，教学内容分为四个平台，即基础课程平台、专业课程平台、实验技能课程平台、拓宽知识面课程平台。四

大模块结合四个平台，相互渗透，有助培养"厚基础、宽口径、强能力、重创新"的复合型人才。

(4)重点打造优质课程和精品课程。进一步加强和完善精品课程建设，并通过网络将课程内容放在网站上，方便学生自学，同时与学生进行互动式交流。如提供课堂教学大纲、实践教学大纲、多媒体课件、习题集、试题集、案例集、相关信息、在线课程答疑等。进一步申报院级、省级、国家级精品课程。建设2门双语课程。

(5)优秀教材建设。重视教材编写工作，在教材建设中坚持精品化、宁缺毋滥原则，把质量要求贯穿于教材的立项、编写、审稿和出版印刷等全过程；鼓励教师参与国家级教材的编写。

(6)将本专业教师的科研成果和前沿领域的新知识、新信息、新技术、新成果及时引入。不断更新理论和实验教学内容，在教学体系上进引入前沿技术，整合试验教学，开设综合性大实验，培养学生的自主创新能力和设计并生产产品的能力。激发学生专业兴趣，力争把现代中药技术前沿领域新知识、新信息传递给学生，将优质教学与研究资源用于本科教学。鼓励教师根据教育目标积极开展有针对性的教学研究，使学生对中药专业保持浓厚的兴趣及对专业前景充满信心。

(二)加强实践教学、培养学生的创新创业能力

(1)加强实验和实践教学建设，增强学生综合实验能力。实行多层次的实验改革，以综合性实验来融合各学科知识，通过自主设计实验来对学生进行创新训练。通过改革，使实验课程的安排更有利于学生综合实验能力的培养。加强实践教学，改革创新实验教学内容和实验教学方法，建立基础实验、综合性实验、创新性实验、研究性实验等多种实验构成的实验教学体系。探索以课题研究带动教学的模式，将研究成果和研究思维注入实验教学，帮助学生扩展知识视野，增强团队协作精神，培养科学思维方法，提高实践动手能力。

(2)形成开放实验体系，培养学生动手能力和自主创新。提倡学生自带课题进入实验教学中心，鼓励他们大胆创新。通过开放实验教学中心，让学生进行自主创新实验，不仅可使学生初步建立科研思路，进行科研工作的整体

体验，培养科研团队协作精神，并在初次的研究实践中学习到了文献检索、资料收集的方法和学术规范的意识，培养了学生的创新意识和科研能力，提高了发现问题、分析问题和解决问题的能力，调动了学生参与科研的积极性、主动性，使优秀者脱颖而出，对培养具有中医药背景的创新中药人才起到极大的促进作用。

(3) 建立本科生科研导师制。建立了本科生科研导师制度，为每位学生配备 1 名科研导师，负责学生的科研实践工作，鼓励学生利用课余、周末和节假日参加科研活动，高年级学生中已有半数以上参加了科研项目，科研氛围浓厚，对学生操作技能及科研思维进行有针对性的训练和强化，使学生不仅强化了技能，更能从导师身上学习严谨的工作作风，有利于学生职业道德的养成。要求每位同学在大学前三年必须到至少一个公司进行暑期或其他节假日社会实践，培养其与社会交流的能力，将所学知识应用于生产实践的能力。

(三) 加强教学团队及师资队伍建设

建设一支熟悉社会需求、教学经验丰富，学历、年龄、职称结构合理的师资队伍。

(1) 形成教师能进能出的教师管理制度。初步建立教师考核机制，成立专业教师考核、考评委员会，制订教师考核制度。发挥骨干教师的作用，在课程、教学、实习计划执行中起到引领作用。加大对兼职教师人才库建立的力度，确保实习与培训指导的需要。提高专业教师的双师素质，建设一支以专业带头人、教学名师为核心，以骨干教师为主要力量，形成以行业、企业技术专家参与的教学理念先进、结构合理、素质优良、实践技能较高、充满活力的优秀团队。

(2) 建立鼓励教师积极参与教学的政策措施。进一步完善教学管理制度，吸引和保证高水平教师从事教学工作，鼓励和支持骨干教师与相关企业进行合作、交流和学习。到 2018 年，打造一支以 2 名专业带头人、2 名教学名师为核心，以 20 名骨干教师为主要力量的教学团队。

(3) 按照"以人为本"的要求，不断加强新型中药人才培养的管理。突出"以教师为主体"的办学主体、"以学生为中心"的育人中心。进一步完善和规范指导教师制，修订专业技能竞赛和技能抽查制度，初步形成多方参与的质量评价机制。建立校企共同实施顶岗实习质量管理。完善毕业生追踪调查机制，为深化教学改革和提高人才培养质量提供参考。

(4)构建科学合理的教学质量保障体系和评估机制。建立教学管理质量保证体系。专业建设采用动态调整机制。初步完备的制度体系，确保专业建设顺利开展。实现对课程团队建设、课程资源体系建设等方面的预警和评估。

(四)社会服务能力的培养

面向区域校企联盟企业开展生产、咨询和技术服务，变学生消费型实习为生产型、效益型实习，有效提升社会服务能力。建立产学合作中心。完善专业服务社会的功能性建设，打造高素质和技能型人才培养培训和输送基地、技术服务与推广基地。充分利用专业教育资源，创新培训模式，面向区域相关企业开展生产、咨询和技术服务，有效提升社会服务能力。

第四节 中药学专业应用型创业人才培养的成效

中药学专业建设围绕"转变教育观念,深化教学改革,加强教学建设,提高教学质量"这一主线,认清自身定位和特色优势,明确本专业的办学特色和人才培养目标。

一、优化人才培养方案,培养适应社会需求的应用型创业人才

根据浙江省地方经济发展需求,作为独立学院制订了培养应用型、创业型人才的人才培养方案,经过专家论证,明确了10门核心课。加强实践动手环节,增加了职业实训、顶岗实习、创业实践等环节,大四进行职业实训和毕业课题研究。提高学生的社会适应性和创新创业能力,增强就业竞争力。

二、专业课程建设与教学改革研究取得一定成绩

针对本专业培养目标和发展趋势,制订了既具普遍性又体现学院特色的专业课程体系。着重抓好课程间知识结构衔接、精品课程建设和主干课程教学手段和教学方法的改革,推进案例教学,突出学科前沿成果,激发学生学习热情。期间申报各类教改项目7项,已建成校级精品课程3门,发表教改论文8篇,获校级教学成果二等奖1项,院级教学成果二等奖1项,校级暑期社会实践先进团队1项。

三、借助科研和创业平台，科研促进教学，提升学生的创新创业能力

近5年来申报并获立项各类创新项目35项，得省科技创新计划项目（新苗计划）2项，荣获"挑战杯"大学生课外学术科技作品竞赛3项，大学生生命科学竞赛、东湖杯、挑战杯奖项5项，获国家级大学生创新创业训练计划项目1项，获校级大学生科研创新项目23项，获实用新型专利7项。本科生发表科研论文18篇，其中SCI、EI收录论文4篇，核心期刊论文10篇，获得学院资助的创业项目7项，东湖杯、大学生生命科学竞赛奖8项。英语四级通过率和计算机二级通过率稳步提高，考取研究生、公务员和事业单位的学生的比例逐年增加，毕业生就业率平均95%。

四、传播健康养生理念，不断扩大专业影响力

专业教师结合"健康养生"的理念，突显中药专业特色，开设开放项目和公选课，其中，"中药保健茶饮研制""中药美白面膜研制""常用推拿手法训练与应用"等项目以及"中医养生学""中医药与健康""性健康教育"等课程最受学生欢迎。专业教师通过课堂把有用的健康知识和正确的理念向学生传播，近5年来受众超过3000人，起到了良好的引导教育作用。

五、加强校企合作，实施企业人才定向培养

先后与省内和本地的主要制药企业签订了合作办学或合作培训协议，建立了15个教学与科研实习基地及实习企业。实践教学的具体模式是采用"一认识"、二调查、三培训、四顶岗"的实验教学模式。"一认识"即安排到校外实践基地进行参观认知实习，企业导师现场指导和讲解，使学生对专业有了直观的认识。"二调查"即安排学生进行2个月的企业实践和社会调查，了解岗位需求、规章制度等。"三培训"即针对企业生产进行基本工艺和设备的培训，使学生缩短社会和企业适应期。"四顶岗"即学生以准职业人的身份到企业进行为期2个月的顶岗职业实训，企业导师对学生进行顶岗教学指导；同时注重毕业设计（论文）与顶岗实习相结合，注重顶岗教学与就业相结合。紧

密型校企合作、职业实训、顶岗实习是中药学应用型创业人才教育培养模式的主要发展方向。

六、通过在培训和顶岗实习增强实践能力

通过在企业或医院的培训和顶岗实习锻炼，使他们接触到先进的中药设施和分析设备、管理运作方式、企业工作流程，缩短了学生适应工作的时间。增强了学生就业综合竞争力。据《浙江农林大学社会需求与培养质量年度报告》(2015)调查统计，中药专业就业竞争指数在全校名列前10，毕业后一年就业率为98%，工作与专业的相关度为74%（名列全校第8），离职率位列全校各专业倒数第6，毕业生对母校的满意度达到93%，用人单位普遍反映本专业毕业生"肯干、实干、能干"，对毕业生的满意率达90%以上。

第五节 | 独立学院中药学专业人才培养的趋势

新时代，康养产业具有了更丰富的内容和更广阔的发展空间，对于独立学院中药类专业人才培养也提出了更高的要求。独立学院中药类专业的人才培养趋势主要有下面三个方向。

一、中医药康养

《黄帝内经》有载，"上医治未病，中医治欲病，下医治已病"。这一理论与康养行业的中心思想不谋而合。要利用中医治未病的理念，推动康养行业的发展。发展中医治未病服务，促进中医治未病健康工程升级。通过让中医药知识渗透日常生活中，让更多人掌握中医健康养生知识，对于一些多发病，就能在前期进行中医的干预，为群众提供健康管理、体质辨识、健康风险评估、健康教育咨询和积极的健康干预等中医药预防保健康复服务，达到"治未病"的效果。在"亚健康"的调理方面中医更合适。中医辨证论治可以根据老人身体情况，通过膳食调理、推拿针灸等方式，减少服药的副作用，改善身体状况。

需要加快培养多层次的中医药人才，同时加强对养老护理人员的中医药适宜技术培训。在医养结合中使用的中医药适宜技术和中药，要纳入项目管理，或在医保报销上给予适当倾斜，以起到医疗控费作用。中医养生保健知识推广基地要结合各地实际情况，因地制宜地建设。同时，要注重推广基地宣讲队伍的建设，加强对中医养生保健知识的梳理、分类，及时总结，保障有人推广且有实实在在的内容去推广。

二、森林康养

根据森林康养基地资源状况，利用水、土、气、生四要素，完善基础设施建设，增强森林康养基地的吸引力和市场竞争力。在保护现有林地资源、维护国家生态安全的基础上，落实《国务院关于促进健康服务业发展的若干意见》等文件精神，推进侧供给改革，以新型产业业态满足小康社会民众需求，提升公共资源服务水平，促进经济结构转型升级，推动产业融合发展。在保护生态环境的前提下，合理利用森林资源，从资源获取型发展模式转变为森林资源综合利用的绿色发展模式。统筹兼顾生态、经济、社会三大效益，深化林权改革，推进林业转型升级，创新构建森林康养新业态，提升经济发展。做到因地制宜、突出特色，带动住宿、餐饮、交通建设，提升林区生活质量。森林康养作为发掘森林的综合服务功能，对满足公众对森林深度体验的需求，改善人们的生活品质，提高大众身体健康具有积极的促进推动作用。

森林康养具有快速发展和多元参与的社会化特点。森林康养立足于生态建设和生态保护的前提下，以林业部门和森林资源为核心，实现林业、体育、城建、中医药多部门合作，推动林业产业、旅游休闲、医学康复、中医保健、体育健身、乡村旅游以及小城镇建设，促进全面发展。发挥森林多种功能，加快转变林业发展方式、激发林业生产力的重要途径，有利于发挥林业在弘扬生态文明、改善民生中的巨大潜力。

三、康养旅游

康养旅游是依托良好的自然生态环境、人文活动环境等资源条件，以维护或促进身心健康为需求动机，结合旅游观光、休闲度假、运动康体、医疗保健、养心养颜、健康膳食等形式，以达到强身健体、修身养性、医疗康复、延年益寿等目的的一种新式旅游活动。

近年来，随着人们对健康生活的重视，大健康产业正快速迈入新一轮的增长。作为把旅游业和"大健康"产业结合的康养旅游，拥有着良好的市场环境。数据显示，目前世界上有超过100个国家和地区开展康养旅游。2017年全球康养旅游市场预计收益约达6785亿美元，相比2012年的4386亿美元的市场收益足足增加了将近2400亿美元，复合增长率达9.12%。国内养生旅游还是一片蓝海。旅游人群上来看，老龄人旅游出行占20%比例，更注重旅游的质量，且有较高的消费能力。旅游也从传统的走马观花趋向于深度的体验游，更注重旅游的品质。但是目前我国康养旅游产业也还处于初级阶段，健康旅游产品的供给还不是很充分,因此国内康养旅游的市场是无可限量,存在很大的发展空间的。

随着国民对于健康和身体素质的提升需求不断增强,同时我国将步入老龄化社会,老龄化问题日益加剧,这些都为康养旅游提供巨大的市场。在"健康中国"国家战略背景下,健康产业已经成为新常态下经济增长的重要引擎,大健康时代已全面来临。随着全域旅游时代的推进,人们更加追求健康和精神享受,这也成为休闲度假旅游的主要诉求。"康养+旅游"迎来黄金发展时期。

第九章

应用型创业人才培养：大学英语课程教学改革的理念、路径与成效

　　大学英语课程是高等学校人文教育的一部分，兼有工具性和人文性双重性质。就工具性而言，大学英语课程的主要目的是以英语的实际使用为导向，以培养学生的英语应用能力为重点，使学生在日常生活、专业学习和职业岗位等不同领域或语境中能够用英语有效地进行交流；就人文性而言，大学英语课程的核心是以人为本，弘扬人的价值，注重人的综合素质培养和全面发展。大学英语作为非英语专业学生在本科教育阶段必修的公共基础课程，在人才培养方面具有不可替代的重要作用(教育部，2017)。

第一节 | 独立学院大学英语课程教学基本情况

独立学院大学英语课程教学主要由通识必修、提高公选和个性发展三大课程模块组成。每个模块均有相应的课程群，从新生入校第1学期到大四学年第7学期，分层次、分阶段、分梯度开设，四年不断线，满足了学生差异化、个性化学习需求。

大学英语课程教学主要由公共外语课程组共15名专任教师承担。通识必修阶段，开设大学英语预备级至Ⅴ级、自主学习预备级至Ⅲ级等12门课程；提高阶段有高级语言技能及跨文化交流等公选课程；个性发展阶段有出国、考研等英语模块课程。总体来说，大学英语课程种类多，任务重，量大面广，难度和要求不一。然而，尽管教学任务繁重，公共外语课程组的全体教师齐心协力、勇于创新，积极进行教学改革，探索应用型人才培养的有效路径，在提高学生语言水平和英语应用能力的同时，发展学生的自主学习能力、实践创新能力、团队合作能力、解决实际问题的能力，实现工具性和人文性的有机统一。

第二节 | 大学英语教学中应用型人才培养的基本理念

一、应用型人才培养的内涵

应用型人才与学术研究型人才概念相对，是指熟练掌握社会生产或社会活动一线的基础知识和基本技能，并能将其应用于所从事的专业社会实践的专门人才。应用型人才培养强调社会需求导向、扎实的基本理论和基本技能，突出实践应用和解决实际问题，关注个体差异，注重创新精神和创业能力的培养（刘献君，2018）。同时，应用型人才还应具有独立的人格和社会责任感、稳定的情绪、坚强的意志、进取的精神、合作的意识等心理素质以及良好的职业操守、求真务实的态度和精益求精的精神（涂向辉，2012）。

二、大学英语课程教学改革的理念与思路

作为量大面广的公共基础课，大学英语的教学目标和教学过程必须符合应用型人才培养的目标和要求，必须改变以往以教师为中心、以传授知识为主要任务、把学生看成单一的同质的"容器"、将教学看作是定向"授"与"受"的过程的观念以及由此所造成的"重教轻学、重知识轻能力、重学会轻会学"的现象，必须正确处理"供"与"需"、"教"与"学"、"知"与"行"的关系，确保大学英语教学实践与应用型人才培养目标相契合。

为此，我们根据应用型人才培养的内涵和要求，重新审视大学英语课程教学的每一个环节，提出"以需求为导向、以学生为主体、以学习为中心、以实践应用为根本、以促进学生成长为目标，构建大学英语理论+实践、教学练用一体化教学体系"的教改思路，并对课程设置、教学模式、过程管理、评价方式等进行重新设计，探索应用型人才培养的有效路径。

第三节 | 大学英语教学中应用型人才培养的路径与措施

一、重构课程体系，扩大学生学习自主权，激发学习内驱力

为尊重个体差异，满足不同层次学生的学习需求，本着"学需契合""因材施教"的原则，充分考虑学生在英语基础、个人兴趣、专业发展、职业方向等方面的差异化需求，创立了"三三制"立体化课程体系，即"三大课程模块+三个教学层次/类别/方向"。三大课程模块是指基础阶段的通识必修课(第1~3学期)、提高阶段的公共选修课(第4~6学期)和发展模块的高级限选课(第6~7学期)。三个教学层次指基础阶段的通识必修课中，考虑学生基础差异，实行分级教学，即根据学生高考入校英语成绩，按4∶4∶2的比例把学生分成Ⅱ级、Ⅰ级和预备级三个层次，在教学内容、教学进度、考试难度上有所区分；三个类别指在提高阶段的公共选修课中，开设了语言技能、文化通识和专业英语三种类别课程，供学生按个人兴趣和专业需要选择修读；三个方向指在个性发展模块中，开设了出国、考研和就业三个方向课程。出国方向有雅思/托福、中西文化比较、英语国家社会与文化等。考研方向有考研英语(学术型和专业型)，为学生考研深造创设条件。就业方向有职场英语，为学生求职就业助力打基。

这种"自助餐式"的课程设置让学生按需选课，扩大了学生学习自主权。在空间上，基础阶段、提高阶段、发展阶段三大课程模块无缝对接；在时间上，大学英语教学四年不断线；在操作上，学生自主选择课程、选择老师、选择上课时间，为学生精准定位、主动发展创造机会，极大地调动了学生学习积极性。

二、改变教学模式，实现以教师为中心向以学生为中心的转变

教学的基本问题是教什么(内容)、怎么教(方法)和教得怎么样(评价)，以及学什么(内容)、怎么学(方法)和学得怎么样(评价)(李志义，2011)。如果教学过程围绕前者来设计，就是以教师为中心的教学；如果教学过程围绕后者来设计，就是以学生为中心的教学。到底以什么为中心取决于我们的教学目的，即教学是为了教会学生知识，还是为了教会学生学习？毋庸置疑，应用型人才培养目标下，教学就是"教学生学"，教学生"乐学""会学""学会"。教师的存在不是为了教，而是为了学生的有效学习，帮助学生掌握并应用知识解决实际问题。

为使教学重心由"教"转向"学"，使学生成为教学的主体，我们采取了如下措施：

(一)采用"任务型"教学法，使学生"动"起来——先学后教，以学定教

语言的实践性和工具性属性决定了语言不是教会的，而是学会的、用会的。因此，我们必须创设情景、设计任务，促使学生去学、去用，在学和用的过程中学会使用语言、发现并解决问题。为此，在课前，我们根据教学目标和学生水平，将教学重难点设计成听说读写译学习任务或语言交际任务，布置给学生个人或学习小组。这种任务驱动式学习将"预习时间"最大化，让学生有"备"而来，而不再是课堂上的"听客""看客"。课堂教学也不再以"教"为主、单向传授，而是交流和讨论，呈现、评价任务结果，查漏补缺，提炼总结。"教"是在学的基础上、有针对性地教。在整个过程中，"教""学"两线齐头并进，有机结合。学生始终是学习的主体，学习方式实现了从被动等教到自主、合作、探究的根本性转变；而教师通过导学、督学、教学、评学等环节，帮助学生学会知识、学会学习、解决问题，促进了学生成长，提高了教学效率。

(二)提供资源，创设情境，使学习得以真正发生——协作互动，以生定材

美国学者布朗研究认为，新型学者的学习特征有：小组活动倾向、目标

与成就导向，多任务导向，重体验，爱交互（Brown，2003）。上述任务型教学和小组协作学习正好为学习创设了这样的情境。任务型教学使学生的学习活动以解决实际问题或完成具体任务为业绩目标。在这个过程中，生生（小组成员）、师生形成有共同愿景、乐于分享经验、追求共同目标的"实践共同体"，通过交往互动实现对知识结构的建构。而这正是学习得以发生的前提条件，因为根据情境学习理论，学习不仅仅是一个个体性意义建构的心理过程，而更是一个社会性的、实践性的、以差异资源为中介的参与过程（Lave & Wenger，1991）。此外，任务型教学把课前、课中、课后有机贯穿，使课外学习不再放任自流，而是目标导向、任务驱动的个性化或小组协作学习，使教学情境在空间和时间上得以有效延伸。

决定学习能否发生以及影响学习质量的另一关键因素是学习内容。为促进学生学习，采取基于学情、以生定材的措施，从"学"的角度设计教学内容，编制了适学、助学的教学材料。教学内容并不等同于教材内容，教学内容是指教师为达到教学目标而在教学实践中呈现的教学材料。为适合学生学习，首先，我们通过问题导向、项目引领和任务驱动，对教材内容进行"重构"——处理、加工、创新，使教材内容问题化、结构化、可操作化，使其切合学生已有知识体系和认知特点，在难度上使学生能"学得进"；第二、我们编制了与精读教材配套的《大学英语阅读教程》，选取报刊和网络资源中与精读课文主题相关，具有趣味性、时代性的语言材料，构建成相对完整的"主题式"词汇语义网络，使主题词汇和语言表达反复呈现，循环印证，便于理解和记忆，使学生能"学得通"；第三、我们通过导学微课进行导学启思、激趣设疑；通过课外专题讲座、课下辅导答疑等形式进行查漏补缺、策略培训，帮助学生从"不会"到"学会"到"会学"。

（三）利用网络平台，加强语言操练——促进学生自主，变"教知"为"练能"

现代外语教学理论认为，语言学习过程是输入（阅读、视听）——吸收（加工、记忆）——输出（说、写、译）的过程。要提高语言应用能力，学生首先要有足够的语言输入，即通过听觉和视觉大量感知语言材料的意义、形式和交际功能。其次，要让学生将输入的语言材料和相关知识在多种活动中反复操练、消化、加工，充分内化吸收，达到"自动化"程度。最后，学生才能在新的交际情况下，将输入的语言材料和知识重新组织、有效交流信息。可见大量的语言输入和操练是培养学生英语应用能力的前提和途径。为此，我们利用三大网络平台，开发自主学习资源，促使学生学练结合、以练促学。

一是利用朗文交互系统，开展教师指导下的网络自主学习。该系统有不同级别难度课程，供学生自主选择，每门课程都包括听力、词汇、语音、语法、阅读等模块，供学生操练；此外，我们还在朗文系统中建立了校本题库，针对教学中的重点、难点随时添加题目，扩大操练的针对性。（注：网络自主学习单独设课，共两学期，1学分/学期，24学时/学期）

二是利用新理念教学平台，进行课文自主学习和重要知识点的练习。该平台与学生的精读和听说教材配套，通过"网络课程""教辅资源""网上测试""管理平台"等模块，对学生教材内容的学习起到辅助、监控和测评作用。

三是利用批改网写作平台加强翻译和写作训练，促进学生的语言产出。批改网是基于语料库和云计算的自动批改系统，可以对作文和翻译进行词句分析并即时生成分数，给学生提供练笔、修改和提高的机会。其同伴互评系统能培养学生的读者意识、降低焦虑，促进文本输出质量。尽管批改网在语法规范、语义连贯、作文内容和结构的评判方面无法取代教师，但其实效性和互动性大大提高了教学效率。

以上三大平台，有资源、有指导、有任务，使学习时间和学习结果可视化，提高了学生主体意识和自控能力，激发了学习动力，实现了"教学练用融通、线上线下混合"的教学效果。同时，促进学生发展学习策略、反思学习过程、承担学习责任，成为乐学、善学、会学的自主学习者。

三、强化实践应用，搭建课内+课外+校外三大实践平台，促进学生知行合一

（一）通过角色扮演、任务驱动，创设课内"模拟情境"，加强语言实践

为培养学生语言能力，贯彻"用语言做事""做中学"的教学理念，在课堂教学中，我们根据单元主题和课文内容，设计一些模拟的、逼真的交际场景，要求学生使用英语完成设定的交际任务，从而使枯燥抽象的教学内容剧情化、脚本化，使学生入情入境、进入角色，主动运用语言知识和技能，维持沟通

关系，体验语言的交际功能和语言背后的情感价值意义。这种体验式教学不仅让学生"学以致用"，更能促使学生在使用语言的过程中进行知识的探究、意义的建构，把语言知识转化为语言能力。

(二) 开展学科竞赛和第二课堂活动，创设课外"真实情境"，促进语言应用

一切有意义、有目的的活动都是真实的，而真实的活动是建构主义学习环境的重要特征(李秀霞，2011)。为此，我们充分挖掘、创造可供学生"浸泡"的语言环境，引导学生积极参与语言实践。首先，学科竞赛是整合课内外实践教育教学的重要环节，能有效激发学习热情，营造比、学、赶、帮、超的学习氛围。同时，对培养和提高学生的创新思维、创新能力、团队合作精神、解决实际问题和实践动手能力具有极为重要的作用。为此，我们成立了大学英语学科竞赛教学团队，负责在全院范围内开展各类英语竞赛，其中包括全国大学生英语竞赛、浙江省大学生英语演讲与写作大赛、绍兴市大学生英语口语竞赛、21世纪杯全国英语演讲比赛、"外教社"杯暨阳学院英语演讲比赛等等。以竞赛主题为项目引领，引导学生对知识深入理解、系统整理并能够在实践中得以运用。学科竞赛给学生提供了展现自我、学用结合的机会，具有促学促用、营造良好学习氛围和建设校园文化的作用。第二课堂活动以其灵活多变的形式、丰富多彩的内容和自由宽松的环境为主要特征，能有效降低学生在传统课堂教学中的语言焦虑，有利于语言的吸入和内化。为此，我们通过大学生英语协会等学生社团，举办阳光晨读、英语角、英语戏剧表演、英语影视配音等第二课堂活动，激发学习兴趣，调动学生的学习主动性和创造性。使学生在真实语言交际活动中，提高英语应用能力。

(三) 开展校企合作，创设校外"职场情境"，促使学生知行合一

英语学习的最终目的是使学生在日常生活、专业学习和职业岗位等不同领域或语境中能够用英语有效地交流。因此，检验英语教学成效的最好方式是看学生能否满足职场岗位需求，熟练使用英语完成交际任务。相比于课内"模拟情境"和课外"真实情境"而言，对于语言学习来说，校外"职场情境"更具情境性、互动性和生成性，更能培养学生的英语应用能力、沟通能力、创新能力及综合素质，更能让学生体味什么是学以致用、用中知不足，从而反思学习过程，增强自身能力。为此，我们与校外企事业单位如诸暨赛博教育、浙江赛乐袜业有限公司、全兴精工集团有限公司等合作，为学生创造英语相关岗位实习实训机会，如中小学英语辅导、产品推介、展会翻译、兼职外贸业务员等，通过设置实践创新学分等，激励学生知行合一。

四、强化过程管理，跟踪分析学习行为和学习效果，确保教学成效

大学英语应用型人才培养强调学生的学、练、用，强调学生自身的能动性和自主性，主要源于我们的人才培养目标和语言的实践性特征。给学生以较大的自主空间是让学生有效发展，而不是放任学生。同时，为避免那些自主性、自律性、自控性略差的学生学习过程松散、学习效率低下，我们加强了过程化管理，教学管三线联动，对学生的学习过程进行跟踪、监控与分析，精准定位问题，必要时进行有针对性的干预，以提升学习效率，改善教学效果。

(一)在教师层面，加强对学生课内外学习的有效监控

我们利用朗文交互、新理念教学中心、批改网等网络平台的可视化功能，跟踪学生的学习次数、学习时间和学习结果，对相关数据进行分析，对发现的问题进行归类，并针对不同问题提出不同的解决方案。如学习结果不理想的原因可能有：态度问题致使时间投入不足；学习策略问题；知识点理解错误或掌握不牢。为此，我们或找学生谈心，或进行学习策略培训，或对知识点重新梳理并强化训练。个性化问题单独辅导，共性化问题集中讲解。网络平台对于学习行为与学习成果的可视化呈现，不仅便于教师调整教学计划，作出科学的教学决策，更有利于教师对学生的学习过程进行监控跟踪，及时给予奖励或预警，帮助学生成为负责任的学习者。

(二)在学生层面，实行"小组合作学习制"，促进学生自主自治

由于分级教学和自主选课，教学班级的学生往往来自不同专业，给教学管理带来了挑战。为有效监控学生的课内外学习，我们实行小组合作学习制。根据个人意愿，把学生分成4~5人的学习小组，自定小组长，负责组织小组活动(如口语活动、翻译和作文互评、词汇检查等)，督促组员按时完成学习任务。小组成员根据个人特长和任务需求进行分工、合作，互相取长补短。

每个成员的活动表现和任务完成质量都将影响小组成绩。这种方法有利于同学之间相互帮助、相互监督、相互促进，大大提高了学习效率和教学活动参与率。同时，小组合作学习为学生创设一个能够充分表现自我的氛围和机遇，组员之间相互交流，彼此尊重，共同分享成功的快乐，使每个学生都有责任感、成就感和归属感，培养了学生的主体意识、沟通能力、团队合作精神、社会适应能力，促进了学生的全面发展。

（三）加强与学管线的沟通与合作，实行"学习情况定期推送制"

教学管理与学生管理是高等教育中密不可分的两个主要方面。教师主要负责教学秩序、课程质量、教书育人、学业发展；辅导员主要负责学生的思想教育、日常管理、就业指导、心理健康等。然而，如果辅导员和班主任不跟踪学生的学习行为和学业进展，对学生进行单纯的德育教育，就起不到应有的作用。因而，教学线和学管线应本着分工不分家的无界化管理态度和以人为本的育人理念，互通有无、信息共享，才能更全面掌握学生信息，提升工作质量和效率。为此，我们通过"我是校园"微信公众号以及网络自主学习管理平台定期将学生的出勤情况、上课表现、学习任务完成、活动参与以及测试成绩等及时反馈给辅导员和班主任，以提前预警、齐抓共管，帮助学生解决思想、心理或学习上存在的问题和困难，实现学生管理和教学管理的无缝对接、有效联动，共同探索符合学生成长成才规律的新路径，推动人才培养质量的提升。

五、创新评价体制，采用"四化式"评价方式，促进学生发展

课程评价是检查教学目标实现程度、判定课程设计效果的重要手段。学院大学英语应用型人才培养的目标不是通过考试进行甄别和选拔，而是关注学生的全面发展，培养学生语言知识和技能的同时，提高学生的自主学习能力、实践创新能力和解决问题的能力。因此，为使评价方式与培养目标相契合，我们改变以往过于关注结果评价的做法，采用形成性评价（占40%~50%）与终结性评价（50%~60%）相结合，通过"四化式"评价方式，考察学生的知识、技能掌握程度的同时，还关注学生的学习过程和学习实效，达到以评促学促教、促进学生发展的目的。具体内容如下：

(一)评价主体多元化

评价是学生学业发展的激励机制。在传统评价中,教师往往是评价的主体。然而,教师的评价常以外部观察和学习成绩为主,而对于学生的情感态度等内部因素的评价有其局限性。而且,如果学生作为被评价者长期处于被动地位,则会导致任由评判的消极心理。为此,我们的形成性评价中除教师评价外,还包括学生自评、组内和组间互评。学生自评的过程实际是反思过程,让学生发现自己的成功与不足,形成有效的学习方法,培养自控意识,提高学习能力。而同学互评可以起到互相督促、互相学习的作用。这种多元主体评价可以确保评价客观、公正,提高评价的实效性。更重要的是真正确立学生在学习、成长过程中的评价主体地位,为他们的持续发展和终身发展提供可靠的保证。

(二)评价标准层次化

为激励不同基础水平的学生都能进步,我们针对不同级别评价侧重点和水平测试的占比有所不同。基础最好的Ⅱ级学生,学习能力和主动性较强,评价多作横向比较,激励他们你追我赶,不断超越自我;期末试卷中学业测试比重略小,水平测试比重略高,以发挥他们的学习潜能。对于中等水平的Ⅰ级学生,既横向比较,又纵向分析,在激发其不断进取的同时,注重培养自信心、良好的学习习惯和方法以及应对困难的意志、品质;期末试卷学业测试比重略有提高,水平测试的难度略低于Ⅱ级学生。对于预备级学生,多作纵向比较,从兴趣入手,注意学习任务适度、适量,注重基础知识和基本技能的训练,使学生能看到自己的进步和学习成效,从而激发其学习热情;期末试卷学业测试比重适当提高,让学生感到学有所获。

(三)评价项目多样化

每个学习者都有各自的优势。学生在意义建构过程中,表现出来的能力不是单一维度的数值反映,而是对多维度、综合能力的体现。因此,对学生学习评价应该是多方面的。既要关注学生基本知识与基本技能的理解和掌握,也要关注其学习过程中情感与态度的形成和发展;既要关注学习的效果,也要关注其在学习过程中的变化和成长。为此,我们对学生采用多元化评价。评价项目除语言知识和技能水平等成绩外,还包括出勤、课堂表现、学习策略、任务完成情况与质量、自主学习时间与效果、小组合作学习贡献、课内外活动和竞赛参与、读书笔记及其他实践项目等，注重学习结果的同时，也注重学习过程、学习方法和努力程度。评价内容从考察学习的质，拓展到学习的"质"和"量"相结合，即知识与技能、过程与方法、情感态度与价值观，以激发学习动力，促进学生发展。

(四)评价过程动态化

动态化评价是指对学生的整个学习过程进行动态的评价，强调评价给予多次机会，重视学生在过程中的转变。在形成终结性评价之前，教师对学生不断地指导帮助，并给以改正的机会。学生在这个动态评价过程中，得到动力、达到目标，充分发挥评价的诊断和反馈功能。为此，我们利用平时作业和网络平台加强过程性测评，采用"多次批改，一次评价"的方法，即如果学生对自己某次作业或测试成绩不满意，可申请重做或加试来刷新成绩，以最高分计入。动态评价不仅仅是对现时状况的价值判断，更是开展下一步学习活动的逻辑起点。这种"推迟判断"淡化了评价的甄别功能，突出反映了学生的纵向发展，能让他们看到自己的进步，感受到获得成功的喜悦，从而激发新的学习动力。

六、加强教学管理，落实教改思路，确保人才培养质量

(一)加强教师培养、管理与考核力度，确保教学质量

通过院内外调研和教研活动，探讨教改方案、制订教学计划，统一思想、明确目标；通过集体备课、听评课、教学技能比赛、交流培训等形式，促使青年教师迅速成长；利用网络教学系统，追踪教师在线记录、任务发布及师生互动情况，监管教学投入；通过期初、期中教学检查、学评教、师生座谈会等，监控教学秩序、教学计划执行情况和教学效果，及时发现问题、解决问题；通过平时成绩客观化、可视化和期末考教分离，规范教学行为、杜绝水课；制定公外教师教学业绩考核指标与细则，奖勤罚懒、激发教改热情，确保教学效果。

(二)加强体制建设，上下联动，提高教学成效

学院领导非常重视大学英语教学改革，把其作为学院应用型人才培养的

一个质量工程来抓，多次在全院层面举行大学英语教学专题研讨会，参加人员包括学院领导、各职能部门及二级学院领导、学生办主任及辅导员等，统一思想认识，确保大学英语的学分、课时、教学软硬件设施落实到位，在全院范围内营造优良学风，把大学英语教学质量作为各教学单位年终考核的重要一项，为大学英语教学改革创造了前提条件，提供了基础保障。

在基层管理层面，实行教研室—教学科研团队—课程组/项目组三级管理体制。从 2018 年 7 月新的岗位聘任起，在原有三级管理体制基础上，实行公外负责人统领下的分团队负责制。根据课程建设任务需要，组建分级教学、学科竞赛、对外交流与合作等 5 个分团队，采用自荐和互荐方式产生分团队负责人，再根据教师个人特点和兴趣所在双向选择产生各分团队成员，实现"合理分工、责任到人、你中有我、携手同行"的运行机制，确保各项工作有序进行、责任到人。

(三) 加强制度建设，提高工作计划性、组织性和规范性

为确保教改思路得以有效实施，制定了"大学英语"课程建设规划（2015—2017 年）及分学期教研室工作计划和课程教学计划，明确工作任务及教学目标、教学内容、教学要求、教学进度、考核方式等，以统一思想、同向同行；为确保教学质量，修订了各门课程教学大纲，制定了《大学英语自主学习管理规定》《大学英语重修班和四六级辅导班相关管理规定》《公外教师教学业绩考核指标与细则》等一系列教学管理文件；为统一行动，步调一致，采取了集体备课制，即同一课程的教师课程标准、教学目标、教学进度、考核方式等基本相同。针对同一教学单元，由主讲教师主备课，其他教师对教学内容、教学设计与方法等提出改进意见，补充并共享教学资源，发挥集体智慧和团队力量，实现优势互补，提高授课质量与教学效果。

第四节 | 独立学院大学英语课程教学改革成效

几年来,暨阳学院大学英语应用型人才培养质量显著提升,改革成效明显,主要体现在以下几个方面:

一、大学英语四六级通过率逐年显著提高

2014年6月以前,受传统办学定位及以教师为中心注重知识传授的方法影响,学院大学英语教学改革停滞不前,致使大学英语四级通过率明显下降,人才培养质量受到严重影响。

然而,实施大学英语应用型人才培养方案以来,尽管近几年随着高校招生竞争愈演愈烈,学院生源基础明显下滑,且2013年以来,四六级题型变化频繁,考试难度明显加大,但在全院上下共同努力下,近几年四六级通过率逐年显著提升(图9-1、图9-2),2018届(2014级)毕业生四级过级率达66.90%,六级过级率达12.95%,均创6年来新高。

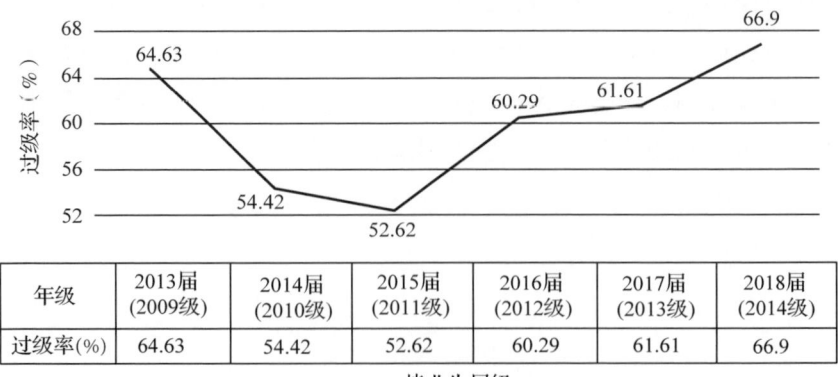

图9-1　2009—2014级大学英语四级过级情况

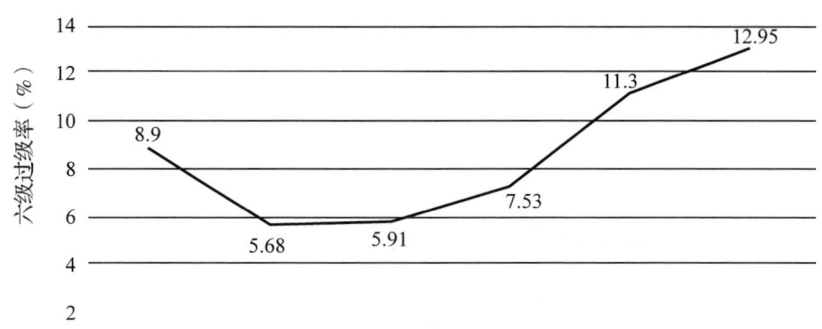

图 9-2　2009—2014 级大学英语六级过级情况

二、国内外研究生考取率呈上升趋势

随着学院大学英语教学改革的深入，学生的英语水平逐年提高，为学生国内外深造和高质量就业创造了前提条件。学院 2017 届和 2018 届毕业生研究生考取率分别为 6.86% 和 6.65%。相对于学院的生源基础来说，这个成绩的取得已是非常喜人，是学院大学英语教学改革成效的最好例证（表 9-1、图 9-3）。

表 9-1　2013—2018 届毕业生考取国内外研究生情况统计

毕业级届	毕业生人数	考取国内外研究生人数	研究生考取率(%)
2013 届	1712	33	1.93
2014 届	1462	33	2.26
2015 届	1511	46	3.04
2016 届	1521	88	5.79
2017 届	1516	104	6.86
2018 届	1608	107	6.65

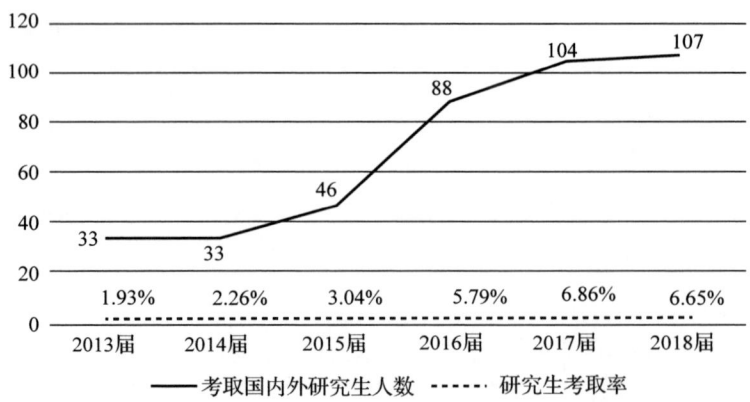

图 9-3　2013—2018 届毕业生考取国内外研究生情况

三、学生在各级各类英语竞赛中取得良好成绩

在学科竞赛教学团队牵头下，公外课程组以几大赛事为载体、多样化形式为手段，在全院范围不断营造英语学习氛围，培养学生英语学习热情，为学生提供学以致用的平台和机会，提高语言应用能力和批判性思维能力。

近年来，公外课程组致力于以赛促教、赛教结合，先后承担浙江省大学生英语演讲与写作比赛、绍兴市大学生英语口语竞赛、全国大学生英语竞赛、中国日报社"21世纪杯"大学生英语演讲比赛等四大省市级赛事，并取得一定的成果。据不完全统计，2014年7月以来，公外教师指导学生参加市级以上学科竞赛获奖共计37项，其中省级一等奖16项，二等奖1项，三等奖4项，优胜奖11项；市级二等奖1项，三等奖4项。

四、教师在教学科研成果荣誉等方面收获颇丰

大学英语教学团队注重加强理论学习，提升教学科研水平。据不完全统计，自2014年7月以来，课程组教师主持教学科研课题共计27项，其中省级课题2项，厅局级课题9项，市级课题9项；发表论文共计35篇，其中CSSCI 1篇，ESCI 1篇，核心期刊5篇，学报17篇；教学成果奖3项；出版教材3部、专著1部、译著2部；获市级教学成果奖1项，院级教育教学研究优秀论文多篇。

大学英语教学团队勤于钻研业务，提高教学能力。先后获得"外教社杯"全国高校外语教学大赛浙江省赛三等奖 3 项，浙江农林大学青年教师教学技能大赛二等奖 2 项，荣获院级青年教师教学技能大赛各等奖项共计 20 余项。此外，先后有近 30 人次荣获"十佳教师""我心目中的好老师""教学工作先进个人""三育人先进个人""暨阳学院先进工作者""事业家庭兼顾型先进个人"等荣誉称号。

五、可推广的基本经验

近年来，公外团队面对教学任务繁重、生源质量下滑的现实，主动谋划、寻找突破，并成功摸索出一条适合学院院情的应用型人才培养的有效途径。总结起来主要有以下几个方面：

（一）有计划，有措施，有组织，抓落实

公外团队奉行的总体思路是：以计划统思想，以制度保过程，以管理促实效，以考核评结果，确保团队各项工作顺利进行。无论是之前的公外教研室还是如今的公外课程组，团队自组建之日起就着手起草和制定了一系列计划和制度，从明确的分年度任务目标和年度建设计划到课程组工作计划和课程教学计划再到团队架构和公共事务考核细则等，无不凝聚了团队成员的集体智慧。

（二）集中备课，过程控制，成效考核

公外团队一直注重过程化管理和平时成绩客观化的考核评价方式。为了切实保证平时成绩的客观公正及有效性，课程组内部各分课程组已经形成了集中备课的习惯和优良传统。根据同一年级学生不同专业英语水平的实际情况，选定大致教学内容，补充类似的辅导材料，商定合理的教学进度，确定相应平时成绩范畴；针对同一单元，采用主讲教师为主、其他成员补充、辅助、更新、共享课程资源的方法。此外，教师随时记录各自在教学中采用的改革举措，连同相关佐证材料一并作为年终考核的重要依据。

（三）相互学习，交流经验，坚持不懈

大学英语课程具有量大面广的特性，公外团队教师往往多人同时任教同一年级或同一课程，客观上为老师们茶余饭后的聊资增加了素材。无数次看

似不经意的交流分享不断碰撞出思想火花，不但反拨教学、拓宽教改思路，而且一定程度上解决了教师因学生基础薄弱或态度不端或方法不当而产生的困惑，给予了老师们新的方法与举措、新的勇气和希望，成为了公外教师为提升学院应用型人才培养而不断努力的动力和源泉。

（四）目标明确，行动一致，忘小我做大我

为确保大学英语教学改革成效，使教改思路落地做实，学院领导层面、相关职能部门、各二级学院、公外课程组教师上下同心、团结协作，在全院范围内营造了上下联动、同向同行、攻坚克难、锐意进取的良好氛围。公外教学团队成为了学院潜心教学改革的典范。公外教师们在课多人少、教学压力大、年轻妈妈多的客观现实面前，充分发挥团队合作精神和乐于奉献的精神，克服身体、家庭等重重困难，忘小我做大我，为学院大学英语人才培养质量的提升做出了应有的贡献。

第十章

在应用型人才培养中思政课堂教学理论+实践的基本经验和成效

  思想政治理论课承担着对大学生进行系统的马克思主义理论教育的任务，是巩固马克思主义在高校意识形态领域指导地位、坚持社会主义办学方向的重要阵地，是全面贯彻党的教育方针、落实立德树人根本任务的主干渠道和核心课程，是加强和改进高校思想政治工作、实现高等教育内涵式发展的灵魂课程。

第一节 构建全员、全方位、全过程育人的格局

在教学实践中，立足于巩固思想政治理论课建设全员、全方位、全过程育人的格局。以德育教育为基础的思政理论课要努力做到"三接"——"接天气"，把坚持立场、坚定信仰、坚守阵地作为精神追求；"接地气"，把突出中国特色、突出实践特征、突出高校特点作为重要方法；"接人气"，把融入主流、注入情感、深入心灵作为价值取向。创新德育课堂实践教学和课外实践教学方式，逐步完善"行走的课堂""对话课堂""经典课堂""创意课堂""叙事课堂""互联网+在线指导"等实践教学系统工程。积极探索专题式教学、问题导入式教学、案例教学、讨论式教学、情境模拟教学等具有实践内涵的教学方法和环节。

一、把握了高校思想政治理论课的双重属性，进一步增强理论认同、政治认同、情感认同

思想政治理论课具有双重属性：既是知识体系，又是价值观念；既是一门学科，又是意识形态。因此，思想政治理论课建设不仅要考虑一般课程的共同性，更要注意它的特殊性。在向学生传授知识的同时，思想政治理论课要更加重视价值观教育，进行意识形态引导，坚持育人为本、德育为先，用中国特色社会主义理论体系武装学生。我们在全面深化思想政治课综合改革过程中，既要有自觉的学科意识，更要有敏锐的意识形态眼光，不断"强化政治意识、责任意识、阵地意识和底线意识"，自觉把握思想政治理论课的双重属性及其功能，从而牢牢掌握高校意识形态工作的领导权、话语权。

二、正确处理理论性阐述与针对性批判的关系，在进行理论性阐述的同时，对错误的价值观念、社会思潮进行针对性批判

思想政治理论课还要加强针对性批判，没有针对性批判，错误的价值观念、社会思潮就会泛滥；没有理论性研究，针对性批判就缺乏深刻的批判力度。我们必须把思想政治理论课的理论性阐述与针对性批判有机结合起来，并运用理论性研究的成果批判错误的价值观念、社会思潮，从而让学生终身受益。

三、崇尚实践精神，转识成智，化理论为德性

实践是人们能动地改造和探索现实世界的一切社会性的客观物质性活动，是主观见于客观的活动，实践过程是主观认识同客观事物联系的桥梁。参与实践活动能将人的认识、意识转变为智慧。高校思想政治理论课承担着马克思主义教育、推进马克思主义大众化的重要使命。思想政治理论课必须把化理论为德性作为德育的重要任务，把培养大学生的理想人格作为根本落脚点。教学实践过程中，"突出知识层面的逻辑性、能力层面的梯度性、方法层面的集成性、过程层面的系统性、态度情感层面的接受性与认同性、价值层面的指导性、实践层面的指向性"，注重基础知识、基本理论、基本技能教学，培养学生的创新精神和实践能力。

第二节　多联互动坚持以推行体验式教学为突破口

思想政治理论课作为对大学生进行德育的主渠道、主阵地和基本环节，它直接影响高校思想政治教育的实效性，是高校立德育人的基本保证。高校思想政治理论课改革坚持以推行体验式教学为突破口，理论教学、校园文化、社会实践活动三大课堂联动，注重与培养目标、与专业课程、与校园文化三结合，突出知识层面的逻辑性、能力层面的梯度性、价值层面认同性、实践层面的指向性，合力提升大学生的思想道德素质、科学文化素质以及创业创新能力等三个能力目标。

一、以生定学，以学定教

大学思想政治理论课一律使用国家统编教材，而在教学实践中则需要区分学生的专业学科素质，针对教学内容进行科学合理安排，要根据学生基本素质选择使用不同的教学方法。以学定教，依据学情确定教学的起点、方法和策略。所谓学情包括学生的知识、能力基础，学生的年段认知水准，学生课前的预习程度，学生对新知的情绪状态等学习主体的基本情况。而定教，就是确定教学的起点不过低或过高，在恰当的起点上选择最优的教学方法，运用高超的教学艺术，让每一位学生达到最优化的发展。思想政治理论课需要传输正能量，但要学生能够接受，就要求教育者必须目中有人，尊重学生，以人为本，以生为本，真正体现教学是为了学生主体的发展。

二、自主学习，合作探究

自主探究教学法就是导引学生的自主学习以促使学生进行主动的知识建构的教学模式。以学生作为学习的主体，通过学生独立的分析、探索、实践、质疑、创造等方法来实现学习目标，改变课程实施过于强调接受学习、死记硬背、机械的现状，倡导学生主动参与、乐于探究、勤于动手，培养学生搜集和处理信息的能力、获取新知识的能力、分析和解决问题的能力以及交流与合作的能力。合作探究就是指合作小组通过独立地、自主地发现问题、处理信息、表达与交流等探究活动，获得知识与技能、过程与方法、情感与态度等方面发展的学习方式和学习过程。

三、精讲多练，互动交流

课堂教学设计要求尽可能做到精讲多练。精讲是要求教师在课堂教学中对教材的考点和重点的点拨；多练是安排时间给学生独立训练或集体交流训练。高效课堂就是学生主动学习、积极思考的课堂，是学生充分自主学习的课堂，是师生互动、生生互动的课堂，是学生对所学内容主动实现意义建构的课堂。思想政治理论课的教学就是要坚持以学生为中心，有效地组织教学，关注全体学生，及时合理地对学生进行评价，把课堂的主动权交给学生，让学生自主学习、自主管理、自主发展，就能优质高效地完成课堂教学的任务，大面积地提高教学质量。思想政治理论课的学习过程，就是让大学生"被吸引——参与——互动——体验"的过程，使学生得到发展。

四、展示质疑，体验成功

成功的教学离不开质疑，在质疑中分享成功。在课堂教学中必须遵循理论教学为主、实践教学为辅，要求学生在共同参与中体验、感悟教学内容，达到知识转化为智慧、理论转化为实践的能力的目标。通过设置展示释疑学习活动，进一步培养学生的交流、表达、沟通能力；培养学生的自我展示意识、大胆质疑精神；让学生体验成功感、荣誉感，激发自尊自信。学生喜欢把自己当成探索者、研究者、发现者，并且在发现自己的观点与其他人不一样时才会产生要证实自己想法的愿望，从而彻底激发他们探究的潜能，向着目标努力探索，直到通过动手实践、自主探究来解决问题。大学思想政治理论课堂需要注重营造民主、平等、激励、和谐的人文课堂环境，以大学生的积极参与为前提，倡导自主、合作、探究的学习方式，把思考的权利、时间和空间还给学生，为学生搭建充分表达自己思想和展示思维的过程，让他们在质疑问难和讨论交流中获取知识，提升体验成功的喜悦。

　　思想政治理论教育引导培养理论认同、政治认同、情感认同，可以增强大学生的使命感和责任意识，主动关心社会、走进社会、贴近实际，不断提高熟悉运用所学理论分析解决问题的能力、逻辑思维能力、写作能力、语言表达能力、社会交往能力，形成进入竞争社会的创新创业能力。

第三节 | 积极探索思想政治教育的新途径

一、思想政治理论课与校园文化建设无缝对接

在学校党委领导下，加强与团委、学工部门的合作，积极支持和指导学生社团活动，引导学生社团健康发展；积极开展符合学生特点的生动有效的思想政治教育活动，丰富校园文化生活。

1. 构建以德育教育为基础的全新独立学院思想政治理论课教学大纲课程体系

在此基础上，坚持以马克思主义理论研究和建设工程国家统编教材为主，配套地方性的德育辅助教材，不断充实德育教育鲜活内容。与时俱进，以教材体系、人才体系、教学体系建设为核心，以学科支撑体系、综合评价体系、条件保障体系建设为关键，以推动综合改革创新为动力，以问题为导向，以教育教学实效性为评价标准，落实思想政治理论课在高校立德树人工作中的战略地位，把培育和践行社会主义核心价值观融入教书育人全过程。

2. 灵活运用第一课堂与第二课堂、理论教学与实践教学、课堂教学与网络教学相互支撑、多向联动的德育课教学体系

"思想政治理论课是巩固马克思主义在高校意识形态领域指导地位，坚持社会主义办学方向的重要阵地，是全面贯彻落实党的教育方针，培养中国特色社会主义事业合格建设者和可靠接班人，落实立德树人根本任务的主干渠道，是进行社会主义核心价值观教育、帮助大学生树立正确世界观人生观价值观的核心课程"。因此，要积极推进专题教学，凝炼教学内容，强化问题意识，构建重点突出、贴近实际的教学体系。

3. 建立完整科学实用的思想政治理论课的考核体系

推广德育教育考核，注重平时表现，轻期末考试分数；注重理论联系实

际,轻死背硬记;注重创新思维,轻照本宣科。评价和考核方式的科学化、多样化。德育教育中的思想政治理论课是知行统一的课程,在教学考核中,既要考核学生的"知",也要考核学生的"行"。因此,思想政治理论课程总成绩由课堂平时成绩、理论考试成绩以及实践教学成绩三部分组成。根据课程特点探索多种评价方式,把考试与考核相结合,客观评价和主观评价相结合,知识点考核与应用能力培养相结合。通过笔试、演讲、调研报告、研究论文等形式,促进和检验学生的学习和接受程度,最终形成过程性评价和目标性评价相结合的考核机制。

二、思政课堂延伸至社会直指实践第一线

行走的课堂是思想政治理论课教学改革的一种新探索和新尝试。自从学院整体搬迁办学以来,每年暑期都要组建社会实践示范小分队,由一线任课老师带队,把课堂由校园延伸到社会,从教室移动到实地,这已成为暨阳学院莘莘学子学习和实践的重要方式。行走课堂的创新特点是让大学生们充分地身临其境,亲身体验和亲身感受自然及人文环境,将抽象的理论具体化,将生硬的内容生动化,把理论和实践充分地结合在一起,极大地提高了大学思想政治理论课的针对性和实效性。

传统课堂授课是在学校教室进行,而现在的课堂可以是行走的,一边参观考察调研,一边现场讲解,答疑解惑,理论与实践实地对接。行走的思政课堂,把马克思主义基本理论与社会实践紧密结合在一起,对于培养大学生坚定的信念、健全的人格、强壮的体魄、健康的心理、饱满的热情、积极的探索精神、强烈的团队合作意识,对于增强大学生建设中国特色社会主义,实现"两个一百年"奋斗目标的认同感,对于提升大学生自觉运用马克思主义基本理论思考、分析和解决现实问题的能力,都具有积极的促进作用。

"助力乡村振兴战略宣讲社会实践团"全体成员在老师的精心指导和带领下,深入农村基层第一线,走村串户,一边宣传一边调研,受到村民的普遍赞扬,引起腾讯、搜狐等多家媒体的关注。搜狐新闻和青春暨阳于2018年先后报道《乡村振兴,你我同行——公共基础部"助力乡村振兴战略宣讲"暑期社会实践团队》、《"枫桥经验"发源地枫源村调研纪实——"助力乡村振兴战略宣讲"社会实践团队调研纪实》、《"助力乡村振兴战略宣讲"社会实践团队

枫源村访谈》和《助力乡村振兴战略宣讲团队考察东和乡"春风十里小镇"和诸暨农具博物馆》等四篇新闻；腾讯新闻先后报道《乡村振兴，你我同行——"助力乡村振兴战略宣讲"暑期社会实践团队》和《"枫桥经验"发源地枫源村调研纪实》两篇新闻。团队获得"绍兴市2018年大中学生暑期社会实践人气团队"的荣誉，并在绍兴青年微信公众号报道；团队制作的"一分钟带你领略乡村振兴新篇章"短视频在微博上发布后，受到了很多人的关注。

第四节 思政课提升大学生基本素质和能力的基本经验

思想政治理论教育是人的灵魂的教育，而非单纯的理智知识和认识的堆积。因此，应紧密结合大学生思想实际，进一步改革教学内容，创新教学方法，完善教学手段，增强思想政治教育的感召力、亲和力和凝聚力。当代大学生非常渴望生动鲜活的思政课课堂教学，要充分利用现代化教学手段，综合运用研究式、讨论式、辩论式、实践式等教学方法和手段，把历史观、国情观和价值观教育有机融于课堂教学实践中，积极调动大学生学习思想政治理论的兴趣和热情。当然，不论哪种方法与手段的运用都必须遵循教学规律，依据教学大纲，结合教学内容，才能收到较好的教学效果。教学方法与手段的改革，一定要体现教师主导与学生主体的相互统一、教与学的统一。

经验之一，思想政治理论课课堂教学理论教学和实践教学实行无缝对接

在课堂教学中必须遵循理论教学为主、实践教学为辅，要求学生在共同参与中体验、感悟教学内容，达到知识转化为智慧、理论转化为实践的能力的目标。理论教学采用的方式方法主要是专题式、案例式，学生通过教师的讲授，具体的个案，影像画面接受系统的理论知识，感知正能量；实践教学采用的方式方法主要是研究式、讨论式，学生在课堂上讨论、辩论、自由发言，实践体验为主，传送正能量。课堂教学过程始终由教师主导，学生充分发挥主体作用，用所学理论分析问题解决问题，在实现自身的社会角色转化中内化情感、坚定信念、指导行动，进而实现知与行的统一。通过内心体验、互动交流、认知提升、实际应用，课堂整个教学环节立足于双向互动沟通，调动教师、学生的积极性，充分发挥整体教育合力。

经验之二，提升和拓展学生"四能"素质是思政课课堂教学的价值取向

所谓"四能"，一是"能用"，学生能比较熟练地运用所学马克思主义基本理论，思考分析解决问题。二是"能做"，学生走出课堂，走进社会，参加社会实践调查，体验现实社会生活。三是"能写"，学生坐下来能把自己所见所闻、所思考的结果，用文字比较准确地表述出来，形成有一定参考价值的书面报告成果。四是"能讲"，学生能主动走上讲台，用流利的语言，把学习调查的成果或现实社会中的理论热点难点问题进行交流或者开展辩论。"四能"联动，环环相扣，相辅相成。学生在学习中接受马克思主义基本理论的教育，获取知识的洗礼，美好心灵得到净化，正能量得到传递，增强中国特色社会主义理想和信念；正确运用马克思主义的立场观点方法分析解决问题，服务社会，报效国家和人民。

经验之三，由思政课小课堂教学延伸到社会大课堂，拓宽大学生全面发展的渠道

一是理论与实际相结合，符合教学的客观规律，实践教学，把理论教育与社会实践结合起来，把理论知识真正落实在大学生的思想上、行动上，在实践教学中提高大学生的思想觉悟和政治理论水平，做到知行合一，逐渐提高大学生的综合素质。二是思政课教学与校园文化融为一体，提升校园学习和生活的品质。党课、文娱活动、演讲比赛、辩论赛、知识竞赛、主题班会、团学活动等平台，为思想政治理论课延伸开辟了广阔的发展空间，同时又促进校园文化的开展。三是提高大学生创业创新素质，增强综合能力。马克思主义是科学的世界观和方法论，中国特色社会主义理论是解决当代中国复杂问题的指导思想。思政课教育引导培养的理论认同、政治认同、情感认同，可以增强大学生的使命感和责任意识，主动关心社会、走进社会、贴近实际，不断提高熟悉运用所学理论分析解决问题的能力、逻辑思维能力、写作能力、语言表达能力、社会交往能力，形成进入竞争社会的创新创业能力。

综上所述，高校思想政治理论课坚守育人为本、德育为先，积极培育和践行社会主义核心价值观，不断坚定广大师生中国特色社会主义道路自信、理论自信、制度自信，培养德智体美全面发展的社会主义建设者和接班人。因此，加强思想政治理论课课堂改革的新思路，在于坚持以推行体验式教学为突破口，理论教学、校园文化、社会实践活动三大课堂联动，踏石留印，抓铁有痕，讲求实效，合力提升大学生的思想道德、科学文化素质以及创业创新能力。学生通过思想政治理论课的理论学习，一是能够较好地运用科学理论思考和解决现实问题。二是在老师的指导下，纷纷走出校门，进行社会调查，撰写报告。三是在课堂上主动走上讲坛进行交流和研讨，并进行自我评价。受益学生能运用马克思主义基本理论思考和分析问题，坐下来能写，站起来能讲，走出去能做。教学实践证明：德育教育内化于心，外化于行。大学生思想政治理论素养明显提升，普遍注重个人品德修养；创业创新素质明显提高，个人综合能力得到较大增强。

主要参考文献

安东尼·范·阿格塔米尔,弗雷德·巴克,2017. 智能转型:从锈带到智带的经济奇迹[M]. 徐一洲,译. 北京:中信出版集团:2-30.

陈柏良,何巧利,郑艳芳,等,2010. 构建"校企合一""工学双全"的职场化教育新模式:以电子商务人才培养为例[J]. 福建商业高等专科学校学报(14):55-61.

陈秋英,2012. 台湾高校创业教育的发展及借鉴[J]. 创新与创业教育,3(6):100-103.

陈荣,李文瑛,尹文莉,等,2018. 基于创新创业视角的市场营销专业人才培养模式优化研究:以蚌埠学院为例的分析[J]. 淮南师范学院学报,20(03):42-45,51.

程春,2018. 工商管理专业五位一体实践教学研究:以仰恩大学为例[J]. 创新与创业教育,9(02):150-154.

程杨阳,2013. 浅析媒介融合视域下高校新闻摄影专业人才的培养[J]. 大众文艺(10):218-219.

崔宏秀,于光,2018. 民办高校应用型工商管理人才培养模式研究[J]. 现代营销(经营版),307(07):20.

丁剑波,蔡杭锋,2008. 独立学院创新人才培养模式的探索[J]. 实验技术与管理(6):22-24,33.

方大春,王海晨,2017. 新常态下产业转型升级对人才培养的新要求及对策建议[J]. 对外经贸(03):140-141.

费志勇、陈梦玲,2018. 产教融合背景下应用型高校创新创业教育教学改革若干问题探究[J]. 中国成人教育,451(18):99-103.

甘尔丹,2018. 基于"工匠型人才"培养的应用型本科市场营销教学改革研究[J]. 人力资源管理(3):133-134.

龚芬,2018. 基于"产教融合"视角的地方本科院校应用型人才培养模式研究[J]. 长春大学学报,28(2):52-55,82.

郭士清,龙泽明,庄宇,等,2018. 地方应用型高校工科类人才创新创业能力培养探究[J]. 湖北函授大学学报,31(21):1-2,15.

何浩,戴欢,2012. 独立学院园林专业优势及特色浅议[J]. 科教导刊(12):189-190.

何敏,2008. 高职艺术设计教育"职场化"实践教学模式研究[D]. 南京:南京艺术大学:22-23.

胡鞍钢,2017.中国进入后工业化时代[J].北京交通大学学报(社会科学版),16(01):1-16.

胡博,2014.新形势下提升大学生高质量就业能力的策略分析[J].现代企业教育(24):84.

冀宏,顾永安,张根华,等,2016.应用型人才培养视阈下的创新创业教育探索[J].江苏高教,188(4):77-80.

江帆,张春良,萧仲敏,等,2018.机械专业创新创业教育的建构[J].高等工程教育研究(06):168-173.

杰勒德·德兰迪,2010.知识社会中的大学[M].黄建如,译.北京:北京大学出版社:152.

康贤刚,2014.独立学院本科教育差异化人才培养研究[J].湖北社会科学(9):149-157.

赖惠芬,2010.独立学院机械设计制造及其自动化专业人才培养方案改革探索与研究[J].机电工程技术,39(11):119-121,146.

雷婧,2018.高校市场营销专业应用型创新人才培养模式研究[J].企业科技与发展(2):116-117.

李荣,2018.未来大学人才培养的五种趋势[J].北京教育(高教)(09):14-18.

李荣华,彭绪铭,2016.独立学院向高职本科教育转型探析[J].教育与职业(04):5-9.

李松丽,2012.美国大学与城市的关系演变及其启示[J].高等农业教育(12):92-95.

李松丽,2013.19世纪至20世纪美国大学与城市的关系及其启示[J].内蒙古师范大学学报(教育科学版),26(5):40-43.

李陶,2018.我国工商管理专业应用型人才培养的问题及对策研究[J].时代金融(2):327-327.

李秀霞,2011.建构主义学习环境下学科竞赛的信息化研究与实践[J].电子技术(12):63-65.

李延喜,刘井建,2012.复合型金融人才的创新实践互动培养模式研究[J].大学教育,1(10):13-15.

李政伦,陈欣,2018.地方综合性大学创新创业孵化体系研究[J].当代教育实践与教学研究(11):145-146.

李志义,2011.关于研究型大学本科教学的若干反思[J].中国大学教学(9):9-12.

梁景胡,2018.融入创新创业教育的专业教学改革探讨:以应用型本科市场营销专业为例[J].才智(20):144-145.

梁牧云,马天文,李凯,2018.高校大学生创新创业成果孵化问题及对策:以西南石油大学为例[J].现代商贸工业,39(23):89-90.

梁秋荣，2010. 机械专业实践教学体系的构建[J]. 装备制造技术(7)：27-29.

林健，2018. 多学科交叉融合的新生工科专业建设[J]. 高等工程教育研究(01)：32-45.

林娟娟，施永川，李鹏，2017. 构建"产业、专业、创业"集成融合的应用型人才培养生态[J]. 中国高等教育(22)：43-45.

林巍，2018. 应用技术型高校人才培养模式研究：以温州商学院工商管理专业为例[J]. 教育理论与实践，38(15)：15-17.

林伟连，伍醒，许为民．2006. 高校人才培养目标定位"同质化"的反思：兼论独立学院人才培养特色[J]. 中国高教研究(5)：40-42.

林颖，2018. "互联网+"背景下应用型高校创新创业人才培养体系研究[J]. 普洱学院学报，34(2)：132-133.

刘光华，张玉荣，2006. 独立学院办学定位的思考[J]. 江西财经大学学报(6)：118-120.

刘广明，2011. 大学边界论[M]. 郑州：河南人民出版社．

刘慧，2018. 工商管理类创新型人才培养的学习体系建构策略分析[J]. 价值工程，37(23)：282-283.

刘剑，田家林，朱爱武，等，2018. 创新创业视角下应用型市场营销人才培养模式的探索：以金陵科技学院商学院为例[J]. 中国商论(3)：178-181.

刘丽英，毕海平，2018. 市场营销专业高级应用型人才培养的几点设想：基于"识、学、才"的三维视角[J]. 商业经济(1)：60-61，157.

刘威娜，冯研，2018. 民办高校市场营销专业实践教学模式研究[J]. 经贸实践(13)：356-357.

刘献君，2018. 应用型人才培养的观念与路径[J]. 中国高教研究(10)：6-10.

刘向阳，2008. 独立学院机械工程专业高级应用型人才培养的探索与实践[J]. 科技信息(17)：16，26.

刘曜，孙玺，吕翀，等，2009. 独立学院经济管理类专业教学体系改革研究[J]. 民办教育研究(1)：53-59.

罗倩文，2018. 基于创新创业能力培养的应用型工商管理专业实践教学改革研究[J]. 北京财贸职业学院学报，34(5)：44-47.

马骥雄，1985. 论本科[J]. 华东师范大学学报(教学科学版)(01)：39-47.

马陆亭，2017. 一流学科建设的逻辑思考[J]. 高等工程教育研究(1)：62-68.

马晓芸，程云行，2011. 独立学院"职场化"实践教学模式的文献综述[J]. 中国电力教育(2)：113-114.

毛曦，2004. 试论城市的起源和形成[J]. 天津师范大学学报(社会科学版)(5)：38-42.

孟繁华，2018. 高校要构建高水平人才培养体系[N]. 中国教育报，2018-10-11(6).

潘远智，蔡军，刘维东，等，2004. 园林学科创新人才培养模式研究与实践[J]. 四川农业大学学报，22(s1)：4-6.

庞洁，马多，蒋文宇，等，2013. 关于独立学院园林专业课程改革的探讨[J]. 职业教育研究（12）：140-142.

齐源，2012. 职场化教学中校企对接的三重模式[J]. 工会理论研究(上海工会管理职业学院学报)（5）：40-41.

郄海霞，陈超，2013. 城市与大学互动关系探讨：以纽约市与其高等教育系统的互动为例[J]. 清华大学教育研究（1）：73-79.

邵雪伟，2010. 基于可持续发展视角的职场化实训体系建设[J]. 职教论坛（30）：67-69.

施春风，黄超英，2005. 在全球化世界中的城市与大学的互动发展：小岛国家的视角[J]. 复旦教育论坛，3(6)：15-17.

孙晓园，崔伟，2018. 大学人才培养的未来趋势探讨[J]. 北京教育（高教）（11）：8-12.

唐志良，2019. 发达国家再工业化影响我国制造业转型升级的机制研究[J]. 西部经济管理论坛（01）：58-70，86.

涂向辉，2012. 本科层次高等职业教育培养目标及其内涵探析[J]. 中国职业技术教育（12）：15-20.

汪瑞，2017. 应用型本科高校人才培养模式创新研究：基于"产教融合和校企合作"的视角[J]. 启迪与智慧(教育)（5）：4-6.

王海稳，2008. 试论大学与城市互动发展的历史：困境及实现[J]. 高等农业教育（5）：16-19.

王建勋，黄立志，李俊芬，2007. 高职院校实践教学体系与基地建设的比较研究[J]. 职业技术教育(教科版)（34）：55-58.

王立人，顾建民，2008. 国际视野中的本科生应用型人才培养[M]. 杭州：浙江大学出版社．

王丽丹，秦侠，汤质如，等，2017. 我国高校健康管理专业发展现状分析[J]. 中国农村卫生事业管理，37(3)：252-254.

王喜文，2015. 中国制造 2025 解读：从工业大国到工业强国[M]. 北京：机械工业出版社．

王烨，秦博文，董振花，2012. 健康管理类技能型人才培养构想[J]. 护理实践与研究，9(4)：112-113.

王长林，2015. 行业特色高校协同创新能力提升机制研究：基于教师职业能力的视角[J]. 信阳师范学院学报(哲学社会科学版)，35(5)：75-78.

魏振水，2016. 关于教师教育新形态教材建设的实践与思考[J]. 中国编辑（05）：57-61.

吴程，朱晓军，2018. 科技创新驱动传统产业转型升级发展研究[J]. 无线互联科技，15

(03): 127-128.

吴军, 2016. 智能时代[M]. 北京: 中信出版集团.

吴少红, 2001. 新加坡高等职业教育模式的特点与启迪[J]. 中国成人教育 (9): 57-58.

吴昭华, 孟凡辉, 卢健, 2010. 通过空间规划提高我国大学城建设质量[J]. 山西建筑 (22): 26-27.

向远章, 孙丛军, 寇晓慧, 2009. 独立学院经济管理专业实践教学改革探讨[J]. 学理论 (11): 157-159.

肖猛, 2008. 独立学院机械专业实践教学环节的探讨[J]. 中国现代教育装备 (4): 119-120.

辛焕平, 刘丽辉, 2018. 地方高校工商管理专业应用型人才培养模式研究: 以佛山科学技术学院为例[J]. 价值工程, 37(14): 218-220.

徐兴林, 赵梅莲, 2018. 学分制下应用型民办高校人才培养方案的创新优化[J]. 教育与职业 (1): 49-53.

许小年, 2018. 后工业化时代的企业方向[N/OL]. 搜狐财经, 2018-07-27 [2019-06-15]. http://www.sohu.com/a/243749537_475931.

闫春荣, 2009. 高职市场营销专业"职场化"人才培养模式的构建[J]. 职业技术教育(14): 67-68.

杨汉清, 1997. 比较高等教育概论[M]. 北京: 人民教育出版社: 102-103.

杨林, 陈书全, 韩科技, 2015. 新常态下高等教育学科专业结构与产业结构优化的协调性分析[J]. 教育发展研究, 35(21): 45-51.

杨晓宏, 2018. 论独立学院之办学定位[J]. 教育与教学研究, 32(11): 28-35, 124.

姚思宇, 何海燕, 2019. 一流大学和一流学科建设的逻辑关系[J]. 学位与研究生教育 (1): 19-26.

于慧力, 毕耕, 高宇博, 等, 2010. 建立完善的实践教学体系, 培养学生的实践能力和创新意识[J]. 实验室科学, 12(6): 3-6

翟崑, 曲韵笙, 于蕾, 2018. 以培养应用型人才为目标建立基于校企合作的创新创业人才培养体系[J]. 文教资料 (4): 131-132.

张丙元, 陈永强, 2009. 独立学院经管专业实践教学体系的再探讨[J]. 成功(教育)(10): 201-202.

张德祥, 2017a. 大学与城市互动发展研究[J]. 现代教育管理 (9): 1-6.

张德祥, 2017b. 高校一流学科建设的关系审视[J]. 教书育人: 高教论坛 (2): 33-39.

张军峰, 2017. 基于产教融合的应用型人才培养模式的实践[J]. 西部素质教育(24): 169-170.

张黎,王丽敏,魏莎莎,2008. 基于创新创业能力培养的工商管理专业群建设研究[J]. 中国商论(1):174-175.

张子豪,2009. 传统康体休闲业发展现状分析[J]. 内江科技,30(2):3-4.

赵小蕾,许喜斌,李晓宁,2019. 创新思维驱动及校企深入协同的创新应用型人才培养模式[J]. 计算机教育(02):119-122.

郑斌斌,2018. 应用型大学市场营销专业课程创新与整合[J]. 管理观察,685(14):94-95,105.

郑庆柱,2008. 独立学院人才培养模式探究:结合浙江省温州市所属独立学院人才培养模式分析[J]. 教育研究(07):103-106.

郑晓梅,2005. 应用型人才与技术型人才之辨析:兼谈我国高等职业教育的培养目标[J]. 现代教育科学(高教研究)(1):10-12.

智文媛,2012. 独立学院办学特色的研究与实践:论山西农业大学信息学院的办学特色[J]. 当代教育理论与实践(7):64-65.

周建华,2007. 国外职业教育发展概况[J]. 湖北生态工程职业技术学院学报,5(2):25-29.

朱慧子,2017. 要在传统制造业上打一场必胜的硬仗,浙江底气何在?[N/OL]. 新蓝网. 浙江网络广播电视台,2017-09-12[2019-05-08]. http://n.cztv.com/yaowen/12668206.html

庄西真,2008. 学校为什么要与其他组织发生关系:基于组织间关系理论的视角[J]. 教育理论与实践(11):23-27.

Brown, M B, Lippincot J K, 2003. Learning space: more than meets the eye[J]. Educause Quality(1):14-16.

Elizabeth van der Meer, 1997. The university as a local source of expertise[J]. April,(4):359-367.

Lave J, Wenger E, 1991. Situated Learning: Legitimate Peripheral Participation[M]. New York: Cambridge University Press.